ro
ro
ro

«Simone muss gelesen und diskutiert werden. Weil erst durch sie der von Sartre abstrakt gedachte Existenzialismus konkret wird, weil sie manchmal so herzerweichend poetisch und dann wiederum ganz nüchtern Alltagsszenen schildert, weil sie eine eigenständige Denkerin ist, die mit kühlem Kopf und klarem Verstand moralische Fragen analysierte. Schlicht, weil diese Frau das Potenzial hat, einen mit der Wucht ihrer Gedanken umzuhauen.»

Julia Korbik wurde 1988 im Ruhrgebiet geboren und arbeitet heute als freie Journalistin und Autorin in Berlin. Ihre journalistischen Schwerpunkte sind Politik und Popkultur aus feministischer Sicht, aber auch europäische und französische Themen – egal, ob politisch, gesellschaftlich oder kulturell. Korbik studierte European Studies, Kommunikationswissenschaften und Journalismus und pendelte dafür im Jahresrhythmus zwischen dem nordfranzösischen Lille und dem westfälischen Münster. Sie ist ehrenamtlich für das sechssprachige Europa-Onlinemagazin cafébabel aktiv, vor allem als Vize-Präsidentin von Babel Deutschland e. V. und als Vorstandsmitglied des Vereins Babel International. 2014 erschien ihr erstes Buch *Stand Up. Feminismus für Anfänger und Fortgeschrittene* (Rogner & Bernhard). 2016 rief Korbik den Blog *Oh, Simone* ins Leben, der einzige deutschsprachige Blog, der ganz Simone de Beauvoir gewidmet ist.

www.juliakorbik.com
www.eaudebeauvoir.com

Für meine Mama

«Ich liebe das Leben so sehr und verab-
  scheue den Gedanken,
eines Tages sterben zu müssen.
Und außerdem bin ich schrecklich gierig;
ich möchte vom Leben alles,
ich möchte eine Frau, aber auch ein Mann
  sein,
viele Freunde haben und allein sein,
viel arbeiten und gute Bücher schreiben,
aber auch reisen und mich vergnügen,
egoistisch und nicht egoistisch sein ...»[1]

Simone de Beauvoir

Inhalt

Das Paris der Simone de Beauvoir

Musée d'Art Moderne
de la Ville de Paris

Grand
Palais

Petit Palais

L'Obélisq

Cours Albert 1er

Cours la Reine

Place
de la Concorde

Quai des Tuileri

Seine

Quai d'Orsay

Rue de l'Université

Assemblée
Nationale
Pal. Bourbon

Tour Eiffel
(Eiffelturm)

Rue Saint Dominique

Musée d'Or

Rue de Grenelle

Hôtel des Invalides

ST.-GERMAIN
DES-PRÉS

Parc du Champs de Mars

Musée Rodin

Rue de Varenn

Rue Saint-Hor

1 Geburtshaus
(Boulevard du Montparnasse Nr. 103)

Picquet

Place
de l'École Militaire

2 Grundschule *Cours Desir*
(Rue Jacob Nr. 41)

Rue de Babylone

Le Bon Marché

3 Zweite Familienwohnung
(Rue de Rennes Nr. 71)

4 *Jardin du Luxembourg*
(6. Arrondissement)

5 Erstes eigenes Zimmer
(Avenue Denfert-Rochereau Nr. 91)

Rue de Sèvres

Rue du Cherche-

6 *Bibliothèque Nationale*
(Rue de Richelieu Nr. 58)

Boulevard Garibaldi

Av. de Lowendal

Av. de Ségur

Av. de Breteuil

Rue de Vaugir

7 *Le Jockey*
(Boulevard du Montparnasse Nr. 146, später Nr. 127)

8 Zweites eigenes Zimmer
(Rue de la Bûcherie Nr. 11)

MONTPARNASSE

9 *Le Dôme*
(Boulevard du Montparnasse Nr. 108)

Rue de Vaugirard

10 *Les Deux Magots*
(Place Saint-Germain-des-Prés Nr. 6)

11 *Café de Flore*
(Boulevard Saint-Germain Nr. 172)

Jardin
Atlantique

12 *Shakespeare & Company*
(heute Rue de la Bûcherie Nr. 37)

Rue Dutot

13 Die eigene Wohnung
(Rue Schœlcher Nr. 11A)

14 *Cimetière Montparnasse*
(Boulevard Edgar-Quinet Nr. 3)

Avenue du Maine

Das Paris der Simone de Beauvoir

Geburtshaus (Boulevard du Montparnasse Nr. 103)
Hier wird Simone-Ernestine-Lucie-Marie Bertrand de Beauvoir am 9. Januar 1908 um vier Uhr morgens geboren. Unten im Haus befindet sich das Café *La Rotonde*, Anfang des 20. Jahrhunderts ein bekannter Treffpunkt für Künstler und Schriftsteller – und noch heute in Betrieb.

Grundschule *Cours Desir* (Rue Jacob Nr. 41)
Mit fünfeinhalb Jahren wird Simone 1913 in die katholische Privatschule *Cours Desir* geschickt. 1925 macht sie hier ihr Abitur.

Zweite Familienwohnung (Rue de Rennes Nr. 71)
1919 zieht die elfjährige Simone mit ihrer Familie in eine Wohnung im fünften Stock. Familie Beauvoir muss sparen, ein Umzug aus der großen Wohnung am Boulevard du Montparnasse ist deswegen unumgänglich.

Jardin du Luxembourg (6. Arrondissement)
Simones Lieblingspark. Im «Luxemburggarten» ist sie schon als kleines Mädchen mit Schwester und Kindermädchen unterwegs. Als junge Frau nutzt Simone den Park zum Lesen, als Studentin verabredet sie sich hier mit Freunden.

Erstes eigenes Zimmer (Avenue Denfert-Rochereau Nr. 91)
Die Enge der elterlichen Wohnung fühlt sich für Simone an wie ein «Gefängnis», also zieht die 21-jährige Junglehrerin 1929 in ein Zimmer im Haus ihrer Großmutter.

Bibliothèque Nationale (Rue de Richelieu Nr. 58)
Während sie sich auf die *agrégation*, die Prüfung für angehende Gymnasiallehrer, vorbereitet, verbringt Simone viel Zeit in der Bibliothek: Hier lernt sie alleine oder zusammen mit Kommilitonen. Auch später kommt sie gerne für Buchrecherchen hierhin zurück.

Le Jockey (Boulevard du Montparnasse Nr. 146, später Nr. 127)
Während ihres Studiums kommt Simone gerne und oft ins *Jockey* – sie gibt sich wild und verrucht und versucht, die anderen Gäste zu provozieren.

Zweites eigenes Zimmer (Rue de la Bûcherie Nr. 11)
Jahrelang wohnt Simone in verschiedenen Hotels, sie findet das bequem und praktisch. Doch 1948 hat sie genug vom Hotelleben und zieht in ein möbliertes Zimmer, nahe der Seine.

Le Dôme (Boulevard du Montparnasse Nr. 108)
Eines der Stammcafés von Simone und Sartre. Ab 1936 kommt Simone regelmäßig hierher, um zu schreiben und zu arbeiten, sie sitzt stets im hinteren Teil des Cafés. Das *Dôme* hat auch heute noch geöffnet.

Les Deux Magots (Place Saint-Germain-des-Prés Nr. 6)
1929 ist Simone zum ersten Mal im *Deux Magots*, zwischen 1945 und 1947 arbeitet sie hier und trifft sich regelmäßig mit

Sartre. Noch immer lädt das Café zum Verweilen und Menschengucken ein.

Café de Flore (Boulevard Saint-Germain Nr. 172)

Zuerst geht Simone ab 1938 abends mit Freunden ins *Flore*, später kommt sie zum Arbeiten. Während des Krieges ist das Café im Gegensatz zu Simones Hotelzimmer geheizt und sie bemüht sich stets, den besten Platz neben dem Ofenrohr zu ergattern.

Shakespeare & Company (heute Rue de la Bûcherie Nr. 37)

Als junge Frau stöbert Simone gerne in der von Sylvia Beach gegründeten Buchhandlung und Leihbibliothek herum, *dem* Zentrum angloamerikanischer Literatur in Paris. Regelmäßig kann man dort auf James Joyce oder Ernest Hemingway treffen. Der von George Whitman nach dem Zweiten Weltkrieg neu eröffnete Laden entwickelt sich in den 1950er und 1960er Jahren zum Treffpunkt der Beat-Generation.

Die eigene Wohnung (Rue Schœlcher Nr. 11A)

1954 erhält Simone für *Die Mandarins von Paris* den *Prix Goncourt*. Die Buchverkäufe schießen in die Höhe und vom so verdienten Geld kauft Simone sich 1955 ein Studio-Appartement, in dem sie bis zu ihrem Tod lebt.

Cimetière Montparnasse (Boulevard Edgar Quinet Nr. 3)

Simones letzte Ruhestätte – hier wird sie 1986 neben Sartre beigesetzt.

Prolog

Simone-Lucie-Ernestine-Marie Bertrand de Beauvoir und ich begegneten uns zum ersten Mal in der Schule, genauer gesagt im Religionsunterricht in der 9. Klasse. Eine Mitschülerin und ich sollten ein Referat über den berühmten Philosophen Jean-Paul Sartre halten. Damals kam mir diese Themenwahl nicht besonders seltsam vor: Im Religionsunterricht hatten wir bisher unter anderem *Romeo und Julia* sowie *Das Parfum* gelesen – ein existenzialistischer, atheistischer Philosoph fiel da nicht weiter auf. Zur Vorbereitung lasen meine Mitschülerin und ich Sartres Drama *Die Fliegen*, oder vielmehr taten wir so. Für die 9. Klasse mussten ein paar Seiten «Anlesen» und die Zusammenfassung aus dem Internet eben auch genügen. Überfordert blätterten wir durch das im wahrsten Sinne des Wortes gewichtige *Das Sein und das Nichts* mit seinen weit über 1000 Seiten. Im Internet suchten wir nach passenden Bildern für die Präsentation und fanden etliche Karikaturen, denn mal ehrlich, für so was war das Sartre'sche Gesicht hervorragend geeignet: monströse Pfeife im Mund, riesige Ohren und ein wild herumwanderndes Auge. Ab und zu war neben ihm eine Frau zu sehen, sie trug eine Art Turban und blickte streng. Laut Bildbeschreibung handelte es sich dabei um eine gewisse Simone de Beauvoir – ich hatte noch nie etwas von ihr gehört. Eine kurze Google-Suche ergab, dass sie Sartres Lebensgefährtin war. Schriftstellerin, Philosophin, Feministin. So weit, so uninteressant. Ich hielt das Referat, ohne mich weiter mit der strengen Turbanträgerin, dieser «Frau von Schönblick», zu beschäftigen.

Einige Zeit später, ich war nun in der 11. Klasse, erspähte ich im Buchladen Simone de Beauvoirs Roman *Die Mandarins von Paris* – und ich erinnerte mich an mein Referat. Plötzlich war ich von prickelnder Aufregung erfüllt: Der Einband versprach einen «faszinierenden Einblick in das Paris der Existenzialisten», das Titelfoto zeigte eine Gruppe von Menschen, darunter Sartre, die in einem Café miteinander diskutierten. Ich war 17, frankophil und sehnte mich nach Pariser Cafés, der Seine, dem Intellektuellen-Milieu. Ich *brauchte* dieses Buch, es war ein nahezu körperliches Bedürfnis – wie Hunger oder Durst. Mehrere Wochen schlich ich um die *Mandarins* herum. Ein Freund schenkte mir das Buch schließlich zum 18. Geburtstag. Ich fing an, Simone de Beauvoir zu lesen. Und hörte nie wieder auf.

Seit über einem Jahrzehnt begleitet Simone de Beauvoir mich nun schon. So lange, dass ich oft nur als «Simone» an sie denke. Ihre Bücher und Texte haben mir Orientierung gegeben und tun es immer noch. In manchen Jahren habe ich Simone systematisch gelesen, mich durch ihre Memoiren und Briefe gearbeitet und mich dann ihren Romanen zugewendet. In anderen Jahren habe ich wenig von ihr gelesen – fühlte mich aber beruhigt durch den Anblick der Bücher in meinem Regal: Wenn ich Simone bräuchte, sie wäre da. Sie hat mich während meines Studiums in Frankreich begleitet und bei meinem Umzug nach Berlin. Von anderen Büchern kann ich mich leicht trennen, von ihren nicht. Besonders teuer ist mir eine alte Taschenbuchausgabe von *Alle Menschen sind sterblich*, dabei mag ich von allen Beauvoir-Romanen diesen am wenigsten. Aber vorne im Buch, da hat jemand eine Widmung hinterlassen: «Kannst du dich noch erinnern an das Bistro und den Kakao, wir haben über Unsterblichkeit gesprochen. Hier ist das Buch dazu, viel Spaß beim Lesen.» Ich lese die Widmung und denke, dass da noch wer anders ist, den Simone berührt hat.

Mir und offenbar auch anderen hat Simone so viel gegeben, aber manchmal habe ich den Eindruck, sie selbst und vor allem ihr Werk sind in Vergessenheit geraten. Nur alle paar Jahre erinnert die Welt sich daran, dass es die Schriftstellerin, Philosophin, Feministin Simone de Beauvoir gegeben hat. Zum letzten Mal im großen Stil zu ihrem 100. Geburtstag am 9. Januar 2008. Würdigungen erscheinen, vielleicht werden einige ihrer Bücher neu aufgelegt. Danach ebbt das Interesse ab, und die Französin verschwindet erneut in der Versenkung. Zumindest ist das mein Eindruck. Vielleicht bin ich zu nah dran an Simone, an ihren Büchern, Ideen, an ihrem Leben. Vielleicht werde ich deswegen immer finden, dass sie nicht genug Aufmerksamkeit bekommt. Heute gilt Simone de Beauvoir einfach nicht mehr als relevant. Sie ist für immer erstarrt in Schwarzweißfotos aus den 1940er Jahren in Paris, wo sie konzentriert an Café-Tischen sitzt oder mit Sartre ins Gespräch vertieft ist. Irgendwie hat sie es nicht so richtig ins 21. Jahrhundert geschafft. Wenn überhaupt über sie gesprochen wird, dann meistens im Zusammenhang mit *Das andere Geschlecht* (Feminismus!) oder mit Jean-Paul Sartre (offene Beziehung!). Dabei war Simone viel mehr als eine feministische Ikone oder die Lebensgefährtin eines berühmten Philosophen.

In den feministischen Kreisen, in denen ich mich bewege, kennt man Simone de Beauvoir natürlich. Sie ist die Autorin des Klassikers *Das andere Geschlecht*, die Urheberin des Zitats «Man wird nicht als Frau geboren, man wird es». Natürlich hat man von ihr gehört. Vielleicht hat man das Buch sogar gelesen – vielleicht aber auch nicht. Oft höre ich von anderen jungen Feministinnen: «Ich sollte das ja mal lesen, aber …», begleitet von einem schuldbewussten Schulterzucken. So ist Simone zu einer Autorin geworden, die sehr viel zitiert, aber sehr wenig gelesen wird. Sie ist mehr Mythos als Realität, man traut sich einfach nicht richtig an sie heran. Wie oft habe ich von Bekannten und Freundinnen gehört, sie würden gerne mal ein Buch von dieser Simone de Beauvoir lesen, seien aber von ihr und ihrem Werk irgendwie eingeschüchtert. Simone steht für sie oben auf einem Podest – aber da gehört sie nicht hin.

Nein, Simone muss gelesen und diskutiert werden. Weil erst durch sie der von Sartre abstrakt gedachte Existenzialismus konkret wird, weil sie manchmal so herzerweichend poetisch und dann wiederum ganz nüchtern Alltagsszenen schildert, weil sie eine eigenständige Denkerin ist, die mit kühlem Kopf und klarem Verstand moralische Fragen analysierte. Schlicht, weil diese Frau das Potenzial hat, einen mit der Wucht ihrer Gedanken umzuhauen. Dafür muss man sie aber erst einmal von diesem Podest herunterholen, auf dem sie so überlebensgroß thront. *Oh, Simone!* ist eine Einladung, genau das zu tun: Sich frei zu machen von dem, was man über Simone de Beauvoir gelesen und gehört hat – und sich mit ihr auseinanderzusetzen. Sie nicht auf die Rolle der strengen Gefährtin Sartres zu reduzieren, deren Werk nicht mehr als ein Kommentar zum Schaffen des großen Philosophen ist und darüber hinaus für heutige Leser nichts Neues bietet, keine Dringlichkeit mehr besitzt. Sie nicht nur als feministische *Grande Dame* zu sehen, als Unberührbare, hoch oben auf ihrem Podest. Simone verdient den herablassenden Umgang mit ihrer Person und ihrem Werk nicht, aber auch nicht die Überhöhung und Mystifikation, die ihr heute oft zuteilwerden.

Simone mag schon über 30 Jahre tot sein, an der Aktualität ihres Denkens, ihrer Art, Fragen zu stellen und nach Antworten zu suchen, ändert das nichts. Egal, ob es um ihr feministisches Engagement, ihre politischen Aktivitäten, ihre Philosophie, ihr literarisches Werk geht oder schlicht darum, wie Simone ihr Leben gelebt hat. Diese Frau verdient es, in all ihren Facetten erforscht zu werden. *Oh, Simone* will genau das: Denken, Lesen, Lernen, Lieben und ja, auch Lachen, mit Simone de Beauvoir – einer modernen Frau.

TEIL I

Werden

«In meiner Jugend habe ich begonnen,
auf die Meinung der anderen zu pfeifen.»[1]

Chronik

1908	9. Januar: Geburt von Simone in Paris
1910	6. Juni: Geburt der Schwester Hélène
1913	Einschulung am *Cours Desir*
1914	Beginn des Ersten Weltkriegs
1917	Vater Georges verliert einen Großteil seines Vermögens, die Familie zieht in die Rue de Rennes
	Bekanntschaft mit Élisabeth Lacoin, genannt Zaza
1918	Ende des Ersten Weltkriegs
1922	Simone verliert mit 14 ihren katholischen Glauben
1924	*premier baccalauréat*
1925	*baccalauréat*
	Fortsetzung der Schulbildung am Institut Sainte-Marie in Neuilly
1926	Beginn des Philosophiestudiums an der Sorbonne
1927	Engagement in einem der von Robert Garric gegründeten *Équipes sociales*
1928	Bekanntschaft mit Maurice Merleau-Ponty *licence*
1928/29	Vorbereitung auf die *agrégation* in Philosophie
1929	Lehrpraktikum am Lycée Janson-de-Sailly

«Jetzt bin ich fast 50 Jahre alt», schreibt Simone in ihrem Memoiren-Band *Der Lauf der Dinge*, der 1963 in Frankreich erschien. Sie erinnert sich an eine unveröffentlichte Aufzeichnung und sinniert:

«Das kleine Mädchen, dessen Zukunft zu meiner Vergangenheit wurde, existiert nicht mehr. Manchmal glaube ich, dass ich die Kleine in mir trage, dass es möglich wäre, sie meinem Gedächtnis zu entreißen, ihre zerknitterten Wimpern zu glätten, sie unversehrt neben mich hinzusetzen. Das ist falsch. Sie ist verschwunden, ohne dass auch nur eine winzige Spur an ihren Weg erinnerte.»[2]

Das Ganze ist leicht melodramatisch, denn natürlich ist die erwachsene, berühmte Simone nicht einfach so vom Himmel gefallen. Sie war mal genau jenes kleine Mädchen mit den zerknitterten Wimpern – und dieses Mädchen hat bei ihr durchaus seine Spuren hinterlassen.

Zwischen Religion und Weltlichkeit

Simone-Lucie-Ernestine-Marie Bertrand de Beauvoir wird am 9. Januar 1908 um vier Uhr morgens in Paris geboren. Für Françoise und Georges de Beauvoir, 21 und 30 Jahre alt, ist sie das erste Kind. Zweieinhalb Jahre später folgt Simones Schwester Hélène, wegen ihres zarten Aussehens nur *Poupette* (dt. Püppchen) genannt. Simone hat prinzipiell nichts gegen ein weiteres Familienmitglied, ist es aber gewohnt, dass sich alles um sie dreht – sie ist gerne «die Erste» und genießt die Aufmerksamkeit der Erwachsenen. Das kleine Mädchen mit den blauen Augen und dem weichen braunen Haar wird beschützt und verhätschelt und ist so von seiner eigenen Wichtigkeit überzeugt. Manchmal allerdings kriegt

Simone Wutanfälle, bei denen sie violett anläuft und sich auf den Boden wirft. Ihrer Mutter machen diese Vorfälle Angst, ihren Vater erfüllen sie eher mit Stolz: So klein, und schon so eigensinnig! Die Autorität der Erwachsenen stellt Simone trotzdem nicht ernsthaft in Frage. Hélène hat das Pech, die Zweitgeborene und außerdem nicht der erwünschte Junge zu sein: «Meine Eltern interessierten sich dann auch nicht weiter für mich: Sie hatten schon eine erste Tochter, die hübsch war und intelligent, und mehr hatte ich auch nicht zu bieten.»[3] Trotzdem verstehen die beiden Schwestern sich gut, sie sind Komplizinnen und ergänzen sich gegenseitig: Simone ist es, die sich sämtliche gemeinsame Spiele ausdenkt und darin stets die Hauptrolle verkörpert – Hélène übernimmt klaglos die Nebenrolle. Sie ist die fromme Büßerin zu Simones Heiliger. Simone stellt fest: «[S]ie ermöglichte mir auch, mein Alltagsleben vor dem Verschweigen zu retten: In ihrer Gesellschaft gewöhnte ich mich daran, mich ständig mitzuteilen.»[4]

Hélène de Beauvoir (1910 – 2001) – Künstlerin & ewige Zweite

Die kleine Schwester einer Ausnahmefrau, immer die Andere, die Zweite zu sein – das ist nicht leicht. «Ich hätte sie hassen müssen», sagt Hélène über ihre Schwester. «Aber das ging nicht. […] Simone behandelte mich als kleine Schwester, nie als Unterlegene.»[5] Trotzdem ist ihr früh klar, dass sie ihren eigenen Weg gehen muss – und entscheidet sich für die Malerei. Nach dem Abitur 1927 studiert Hélène an verschiedenen Pariser Kunstschulen, das dafür benötigte Geld verdient sie in einer Galerie. Sie kommt gerade so über die Runden: Simone schießt von ihrem Lehrerinnengehalt etwas dazu und lässt Hélène ihre Manuskripte abtippen – die kleine Schwester gehört zu den wenigen Menschen, die ihre Handschrift lesen können. 1936 hat Hélène ihre erste Einzelausstellung in der Pariser Galerie *Bonjean*, Pablo Picasso zeigt sich auf der Vernissage vom Talent der jungen Künstlerin (und ihrem attraktiven Äußeren) begeistert und befindet, ihre Malerei sei «originell».[6] Simone mag heute die Berühmtere der beiden Schwestern sein – doch es ist Hélène, die sich zuerst einen Namen macht. 1942 heiratet sie in Portugal Lionel de Roulet, einen ehemaligen Schüler Jean-Paul Sartres. Lionel ist Diplomat, und so reist das Paar viel, lebt in den unterschiedlichsten Ländern: Portugal, Marokko, Österreich, Jugoslawien, Italien, Frankreich. Egal, wo sie ist, Hélène lässt sich inspirieren. In ihrer Malerei macht sie sich frei von aktuellen Trends – lieber greift sie kunsthistorische Einflüsse auf und schafft daraus etwas ganz Eigenes. Ein gewisser Erfolg stellt sich ein, ihre oftmals bunten, flächigen Gemälde werden in Galerien weltweit ausgestellt. In den 1960er Jahren werden Hélènes Werke politischer: Die Künstlerin beginnt, sich in Straßburg für Frauenrechte zu engagieren und übernimmt den Vorsitz von *SOS Misshandelte Frauen*. Auch die Studentenunruhen im Mai 1968 wühlen Hélène auf: Sie schafft eine Reihe von Gemälden, die sie ironisch *Wonnemonat Mai* nennt. Simone belächelt das «bürgerliche» Leben Poupettes, die doch früher genau wie sie den Zwängen der Bourgeoisie entkommen wollte. Trotzdem unterstützt sie die Jüngere, die beiden Schwestern arbeiten sogar zusammen: 1968 erscheint Simones Buch *Eine gebrochene Frau*, illustriert von Hélène. Doch als 1990, ein paar Jahre nach Simones Tod, ihre Briefe an Sartre veröffentlicht werden, bietet sich ein ganz anderes Bild: Poupette sei eine schlechte Malerin ohne Talent, schreibt Simone eiskalt. Hélène, stets loyal, stets Simones größte Bewunderin, ist am Boden zerstört. Als sie 2001 im elsässischen Goxwiller stirbt – elf Jahre nach Lionel –, hinterlässt sie mehr als 3000 Werke, darunter Ölbilder, Aquarelle, Zeichnungen, Kupferstiche und Holzschnitte. «Ich wollte ein interessantes Leben»[7], schreibt Hélène in ihren *Souvenirs*. 60 Jahre ihres Lebens hat sie der Kunst gewidmet, sie damit verbracht, etwas Eigenes, Besonderes zu schaffen. Und nicht nur «die kleine Schwester» zu sein.

Die Schwestern wachsen in einem gutbürgerlichen Elternhaus auf, mit eigenem Dienstmädchen und ausgeprägtem Klassenbewusstsein. Allerdings: Die gesellschaftlichen und kulturellen Ambitionen der Familie übersteigen die tatsächlich vorhandenen finanziellen Mittel bei weitem. Das adelige *de* vor dem Nachnamen ist nicht mehr als ein Souvenir. Man lebt hauptsächlich von einer Erbschaft, denn Vater Georges fühlt sich eher dem müßigen Lebensstil zugetan als harter Arbeit. Berufliches Streben und Ehrgeiz sind ihm suspekt, er sieht sich als lebenslustig-sorgloser *Bonvivant*. So hat er zwar Jura studiert, die Tätigkeit als Angestellter in einer renommierten Kanzlei macht ihm aber wenig Spaß. Lieber widmet er sich den schönen Dingen des Lebens: Theater, Literatur, Frauen. In Simones Worten:

«Niemand in meiner Umgebung war so komisch, so interessant, niemand glänzte wie er; niemand hatte so viele Bücher gelesen, wusste so viele Gedichte auswendig oder diskutierte mit solcher Leidenschaft. Mit dem Rücken an die Wand gelehnt, redete er viel und mit vielen Gesten; alle hörten ihm zu.»[8]

Georges' Lebenswandel ist liberal, seine politischen und moralischen Ansichten sind es nicht: Er ist ein konservativer Nationalist, über seine Vaterlandsliebe pflegt er zu sagen: «Sie ist meine einzige Religion»[9]. Von Frauen verlangt er Treue, Mädchen sollen keusch und unberührt in die Ehe gehen. Für Männer hingegen gelten selbstverständlich andere Regeln und Freiheiten, von denen er selbst auch reichlich Gebrauch macht: «[E]ine Dame, die wusste, was sich gehörte, durfte weder zu weit dekolletiert noch mit zu kurzen Röckchen erscheinen, ihr Haar weder färben noch kurz schneiden, sich nicht schminken, sich nicht auf einem Diwan rekeln noch ihren Mann in den Schächten der Metro küssen; überschritt sie diese Regeln, so war sie eine ‹gewöhnliche› Person.»[10]

Mutter Françoise ihrerseits tut alles dafür, eine mustergültige katholische Ehefrau zu sein. Aus ihrer Kindheit ist sie ein luxuriöses Leben gewohnt, ihr Vater Gustave Brasseur leitete die erfolgreiche Banque de la Meuse. Doch die musste 1909 Konkurs anmelden, die von Françoise in die Ehe eingebrachte Mitgift wurde nie ausgezahlt. Georges fühlt sich betrogen, schließlich hat er Françoise nicht nur wegen ihres hübschen Gesichts geheiratet – vielmehr sollte sie ihm ein bequemes Leben frei von Arbeit garantieren. Und nun das! Von wegen gute Partie. Françoise ihrerseits schämt sich für die Pleite ihres Vaters. Die Schande will sie mit besonderer Tugendhaftigkeit wettmachen und mit perfekter Anpassung an die in ihrem Milieu geltenden gesellschaftlichen Konventionen. So ganz gelingt ihr das nicht, Georges stylische Freunde lästern hinter ihrem Rücken über die biedere und provinzielle Françoise. Georges ist zu sehr mit sich selbst beschäftigt, um für die Probleme seiner Frau großes Interesse aufzubringen. Er belächelt ihre Gläubigkeit, heißt sie aber auch gut: Religion, findet er, ist eine Sache für Frauen und Kinder.

Zwischen den Eltern Beauvoir besteht ein ideologischer und intellektueller Gegensatz: Hier der mondäne Dandy Georges mit seiner Verachtung für alles Religiöse, dort die häusliche und tiefkatholische Françoise, die es ihrem Mann immer recht machen will: «Ihre Jugend und Unerfahrenheit, ihre Liebe zu meinem Vater machten sie verwundbar; sie fürchtete kritische Äußerungen, und um sie zu vermeiden, gab sie sich größte Mühe, es ‹so zu machen wie alle Welt›.»[11] Es gilt, nach außen den Schein zu wahren. Papa Beauvoir träumt von besseren Zeiten, Mama Beauvoir versucht, diese herbeizubeten. Ihre Ehe ist funktional, aber alles andere als harmonisch – sie ist meistens sogar richtig mies. Dabei sind die ersten Ehejahre glücklich und (auch sexuell) erfüllt, Françoise ist sehr verliebt in ihren Mann und dieser vernarrt in sie. Doch dann verliert Georges das Interesse an seiner Ehefrau.

Wie die Mutter, so die Tochter …

… heißt es zumindest. Simone setzt stattdessen alles daran, bloß nicht so zu werden wie Françoise de Beauvoir. Das Verhältnis der beiden ist von Anfang an kompliziert, doch mit der Zeit finden sie eine Art, halbwegs rücksichtsvoll miteinander umzugehen. Georges de Beauvoir stirbt schon 1941 und hinterlässt Françoise keinen Cent. Die muss mit 54 Jahren nun plötzlich lernen, auf eigenen Beinen zu stehen. Von einer unzufriedenen, ewig nörgelnden Frau entwickelt sie sich zu einem völlig neuen Menschen, einem Menschen, der seine neue Freiheit zu schätzen weiß: «Sie hatte ihre wiedergewonnene Freiheit dazu ausgenutzt, sich ein Leben aufzubauen, das ihren Neigungen entsprach. [...] Sie hatte Prüfungen abgelegt, ein Praktikum durchgemacht und ein Zeugnis erhalten, das ihr ermöglichte, als Hilfsbibliothekarin im Dienste des Roten Kreuzes zu arbeiten.»[12]

Françoise lernt Fahrradfahren, um zu ihrem Arbeitsplatz zu kommen, engagiert sich ehrenamtlich, vertieft ihre Englischkenntnisse und fängt mit Deutsch und Italienisch an. Diese neue, lebensfrohe und zufriedene Françoise beschreibt Simone zärtlich in *Ein sanfter Tod* – das Buch, in dem sie den Krebstod ihrer Mutter 1963 verarbeitet. Françoise hat sich mehr oder weniger mit dem Lebensstil und Beruf ihrer Tochter abgefunden, ist stolz auf sie. Und Simone hat gelernt, ihre Mutter zu respektieren, trotz aller Meinungsverschiedenheiten. Als die *Memoiren einer Tochter aus gutem Hause* 1958 erscheinen, sagt Françoise zu Simone: «Eltern verstehen ihre Kinder nicht, aber das gilt auch umgekehrt ...»[13]

Trotz ideologischer Differenzen ist es für beide Eltern völlig selbstverständlich, Simone und Hélène katholisch zu erziehen – eben *comme il faut*. Die Familie bewohnt eine große Wohnung am Boulevard du Montparnasse an der *Rive Gauche*, dem linken Seine-Ufer. Das Montparnasse-Viertel gilt als Hort der Kreativität, das Nachtleben dort ist legendär, Künstler und Intellektuelle diskutieren ihre neuesten Ideen in der *Coupole* oder der *Closerie des Lilas*. Davon bekommen die wohlbehüteten Schwestern Hélène und Simone natürlich nicht viel mit. Kindermädchen Louise übernimmt die tägliche Versorgung der beiden, kocht für sie und geht mit ihnen in den Park. Mama Beauvoir hingegen gibt die elegante

Hausherrin – Simone himmelt die entrückt-duftende Mutterfigur an. Papa Beauvoir verbringt die Zeit lieber mit seinen zahlreichen kulturellen Hobbys oder im Bett einer Mätresse. Jedes Jahr im Sommer reist die Familie für zweieinhalb Monate aufs Land: Erst verbringt sie einige Zeit mit Verwandten im Schloss La Grillère in der Auvergne, dann bei der Familie väterlicherseits im Landhaus Meyrignac, im Département Corrèze. Simone liebt das Land: Sie wandert durch die Umgebung, freut sich an dem einfachen Leben und an der Gesellschaft ihres Großvaters, Ernest-Narcisse. Die Sommer in Meyrignac sind für Simone zeit ihres Lebens willkommene Fluchten aus dem Alltag, aus dem Getöse der Großstadt. Hier entdeckt sie ihre Liebe zur Natur, saugt die Gerüche und Farben in sich auf.

Keine gute Partie

1913, mit fünfeinhalb Jahren, wird Simone im katholischen Mädcheninstitut Cours Desir eingeschult. Eine Klosterschule wäre Françoise natürlich lieber gewesen, die hätte aber mehr gekostet und weniger Bildung geboten – wer wüsste das besser als Françoise, selbst ehemalige Klosterschülerin und deshalb von intellektuellen Minderwertigkeitskomplexen geplagt. Unterrichtsniveau und Lehrinhalte an der Schule sind mittelmäßig. Vor allem geht es darum, die Schülerinnen streng katholisch zu erziehen und sie auf ihre Rolle als gebildet-distinguierte Ehefrau und Mutter oder Nonne vorzubereiten. Das sind die einzigen beiden Alternativen, die jungen Frauen aus gutem Haus zu dieser Zeit offenstehen. Die Leiterin der Unterstufe erklärt Simone: «Wir sind keine Lehrerinnen, sondern Erzieherinnen.»[14] So gibt es ein Fach, das

«Allgemeinkultur» heißt. Hier lernen die Mädchen, Knickse zu machen und Teegesellschaften zu geben. Die Dinge, die damals im Leben einer Frau eben zählen. In der Schule ist es durchaus üblich und erwünscht, dass die Mütter dem Unterricht beiwohnen. Sie sitzen dann hinten im Klassenraum und stricken. Simone ist trotz allem begeistert von der Schule und von dem neuen Leben, das auf sie wartet: «Der Gedanke, von nun an ein Leben für mich allein zu haben, berauschte mich. Bis dahin hatte ich nur gleichsam nebenher mit Erwachsenen gelebt; von nun an aber würde ich meine Schultasche, meine Bücher und Hefte, meine Aufgaben haben; meine Wochen und Tage würden nach meinem eigenen Stundenplan ihre Einteilung erhalten [...].»[15]

Simone ist intelligent, wissbegierig, fleißig und meist Klassenbeste. Eine richtige kleine Streberin. Sie bekommt eine Menge Preise, die am Cours Desir ständig verteilt werden: für gutes Betragen, Pflichterfüllung und Frömmigkeit. Für so etwas Weltliches wie Noten bringt das Lehrpersonal hingegen wenig Interesse auf. Die Schule ist eine hermetisch abgeschlossene heile Welt, die die Schülerinnen von schändlichen äußeren Einflüssen abschirmt, ein Bollwerk gegen die laizistische Republik. Morgens vor der Schule besucht Simone mit Mutter und Schwester brav die Frühmesse, abends nach den Schularbeiten gibt es auch noch eine Gebetsstunde. Mama Françoise nimmt großen Einfluss auf die Erziehung und Bildung ihrer ältesten Tochter: Sie besucht den Unterricht, kontrolliert die Hausaufgaben und lernt sogar Englisch und ein wenig Latein, um Simones Lektionen folgen zu können.

1914 bricht der Erste Weltkrieg aus, der Cours Desir verwandelt sich zeitweise in ein Lazarett. Georges de Beauvoir wird eingezogen, Anfang 1915 aber wegen Herzproblemen aus dem Kriegsdienst entlassen. Glück im Unglück. Den Rest des Krieges verbringt er als Angestellter des Pariser Kriegsministeriums. 1917 dann der große Schock: Georges verliert einen Großteil seines Vermögens während der russischen Oktoberrevolution – er hatte dummerweise in russische Aktien investiert. Das Ergebnis: Die Beauvoirs können ihre prekäre finanzielle Situation nicht länger ignorieren. Sie gehören nun zu den «neuen Armen» und müssen aus der großen Wohnung am Boulevard du Montparnasse in eine günstigere in der Rue de Rennes ziehen. Die neue Wohnung ist nur ein paar Straßen weiter, aber viel kleiner und im fünften Stock – Simone hasst sie. Es gibt kein Badezimmer oder fließendes Wasser, auch für ein Kindermädchen ist kein Geld mehr da. Papa Beauvoir müht sich in wechselnden, schlecht bezahlten Stellen ab. Die logische Konsequenz wäre nun, die beiden Töchter von der teuren Privatschule abzumelden – Georges findet, auf einem öffentlichen Lycée seien Simone und Hélène genauso gut aufgehoben. Aber irgendwie kratzt Françoise das Schulgeld doch immer wieder zusammen.

Von nun an tragen die Schwestern Beauvoir Klamotten so lange, bis sie fast auseinanderfallen, und machen einen generell schäbigen Eindruck. An allen Ecken und Enden wird gespart, Françoise wacht genauestens über Einnahmen und Ausgaben. Nichts darf verschwendet werden! Zum ersten Mal in ihrem Leben muss Simone sich ein Zimmer mit Hélène teilen. Der Abstand zwischen den Betten ist so eng, dass die beiden Mädchen nicht gleichzeitig stehen können. Die Enge der Wohnung bedrückt Simone, sie hat kein eigenes Eckchen, und so flüchtet sie sich in Bücher. Françoise betrachtet das literarische Interesse ihrer Tochter argwöhnisch, schließlich lauern auf den Seiten potenziell verderbliche Einflüsse. Jede Lektüre wird auf unmoralische und unsittliche Stellen untersucht, bevor sie an Simone übergeben wird. Oft heftet Françoise sogar Buchseiten zusammen, die ihr bedenklich erscheinen.

«Gegen sich selbst anzudenken, kann fruchtbar sein, doch bei meiner Mutter war es anders: Sie hat gegen sich selbst angelebt. Reich an Gelüsten, hat sie all ihre Energie darauf verwandt, sie zu verdrängen, und sie hat diese Selbstverleugnung im Zorn durchlitten.»[16]

Mittlerweile hat der unfreiwillig zum Familienernährer mutierte Georges erkannt, dass er seinen beiden Töchtern keine angemessene Mitgift zahlen kann. Ungerührt verkündet er ihnen: «Heiraten, meine Kleinen […] werdet ihr freilich nicht. Ihr habt keine Mitgift, da heißt es arbeiten.»[17] Für die Eltern Beauvoir ist das eine Art Weltuntergang, das Ende ihrer gesellschaftlichen Ambitionen. In ihren Memoiren stellt Simone es so dar, als hätte sie schon damals einen Beruf der Ehe vorgezogen – sie gibt sich nonchalant. Aber hat sie die Ankündigung ihres Vaters wirklich so cool gelassen? Wohl kaum. Die junge Simone hat durchaus Sinn für Romantik und nicht grundsätzlich etwas gegen die Ehe. In ihrem Tagebuch schreibt sie:

«Vielleicht werde ich eines Tages heiraten; wenn es auch nicht sehr wahrscheinlich ist, so ist es doch wenigstens möglich. Auf jeden Fall ist es das größte Glück, welchem ich in diesem Leben begegnen kann; es ist das größte Glück, denke ich, welches jede Frau, jeder Mann vom Leben erwarten kann.»[18]

Fakt ist: Die Situation der Schwestern Beauvoir ist kurz nach dem Ersten Weltkrieg nicht ungewöhnlich. Viele Familien haben Vermögen verloren, neue wirtschaftliche Zwänge entstehen, und zahlreiche junge Frauen blicken statt einer Versorgerehe der Berufstätigkeit entgegen. Und obwohl sie romantisch veranlagt ist, findet Simone diese Aussicht generell gar nicht schlecht, im Gegenteil. Als sie als Teenagerin ihrer Mutter beim Abwasch hilft, hat sie eine Erkenntnis:

«Jeden Tag Mittagessen, Abendessen, jeden Tag schmutziges Geschirr! Unaufhörlich begonnene Stunden, die zu gar nichts führten – würde das auch mein Leben sein? […] Nein, sagte ich mir, während ich einen Tellerstapel in den Wandschrank schob; mein eigenes Leben wird zu etwas führen.»[19]

Noch ist Simone eine kleine *Bourgeoise* – aber eine, die sich insgeheim längst danach sehnt, auszubrechen. Die familiäre Armut trägt ihr Übriges dazu bei, dass Simone sich für sich selbst mehr wünscht und es unbedingt zu etwas bringen möchte. Erst in der Schule, dann im Leben.

In der Schule freundet Simone sich mit Élisabeth Lacoin an, einem lebenslustigen und frechen Mädchen, genauso intelligent und aufgeweckt wie Simone selbst. Die beiden wetteifern um den Posten als Klassenbeste und sind bald als «die Unzertrennlichen» bekannt. Der dunkelhaarigen Élisabeth, von Simone nur «Zaza» genannt, macht es Spaß, die Autorität Erwachsener herauszufordern – Simone ist dafür viel zu angepasst und höflich. Im Gegensatz zur ernsthaften Simone hat Zaza außerdem natürlichen Schwung und Spontaneität und Simone deswegen ständig Angst, sie könne Zaza langweilen. Zaza, stellt Simone neidisch fest, hat im Gegensatz zu ihr selbst das, was man «Persönlichkeit» nennt: «Ich entdeckte keine Spur einer subjektiven Haltung in mir.»[20]

Der Verstand eines Mannes

Je älter Simone wird, desto mehr Interesse zeigt ihr Vater an ihr. Da es keinen männlichen Nachkommen gibt, mit dem Georges von gleich zu gleich sprechen könnte, bleibt nur die Erstgeborene Simone: Er behandelt sie wie einen Sohn und unterhält sich ernsthaft mit ihr über Kultur und Literatur. «Simone denkt wie ein Mann», pflegt Georges stolz zu sagen[21]. Er verkörpert für Simone die geistige, männliche Sphäre – Freiheit außerhalb der engen elterlichen Wohnung. Das Verhältnis zwischen Simone und ihrer Mutter hingegen verschlechtert sich zunehmend. Françoise ist grundsätzlich unzufrieden mit ihrer älteren Tochter, kontrolliert sie und geht ihr mit ihrem religiösen Eifer auf den Keks. Die Armut hat Françoise zu einer anstrengenden Märtyrerin gemacht, bereit, sich für ihre Familie aufzuopfern. Wenn schon kein Geld mehr da ist, so ihr Motto, können doch zumindest die gesellschaftlichen Standards gewahrt werden. Ihr Seelenheil findet Françoise dadurch nicht: Sie ist oft launisch und missgünstig. Der intellektuelle Gegensatz zwischen ihren Eltern fällt Simone nun deutlich auf: Ihr Vater repräsentiert für sie das Leben des Geistes, ihre Mutter das seelische Dasein – für Simone zwei völlig unterschiedliche Sphären, «zwischen denen es keinen möglichen Austausch gab».[22] Georges weltlicher Individualismus steht im krassen Gegensatz zu Françoises strenger katholischer Moral: «Diese Unausgewogenheit, die mich zur Auflehnung treiben musste, erklärt zum großen Teil, dass eine Intellektuelle aus mir geworden ist.»[23]

Simone in 14 (überraschenden) Fakten

1. Beim Rauchen inhaliert Simone nicht, sondern pafft nur vor sich hin.

2. Françoise, eine der Hauptfiguren in *Sie kam und blieb*, ist nach Simones Mutter benannt.

3. 1941 hat Simone bei einer Fahrradtour mit Jean-Paul Sartre in den Alpen einen Unfall: Sie will zwei entgegenkommenden Radfahrern ausweichen, kann nicht mehr rechtzeitig bremsen, kommt ins Schleudern, landet auf der Straße – und schlägt sich einen Zahn aus.

4. Simone hat ein Problem mit der vertraulichen Ansprache «du»: Sie und Sartre siezen sich bis an ihr Lebensende.

5. Sie kocht nie selbst, sondern isst lieber in Cafés und Bistros. Ausnahme: der Zweite Weltkrieg, als Nahrungsmittel knapp sind und es günstiger ist, selbst zu kochen.

6. Ihr berühmter Turban entsteht aus der Not: Simone beginnt ihn deshalb zu tragen, weil sie sich während des Krieges nicht regelmäßig die Haare waschen kann. *No more bad hair days!*

7. Sie liebt den Stierkampf, leidenschaftlich – die *political correctness* ist ihr dabei egal.

8. Simone ist eine enthusiastische, aber sehr schlechte Autofahrerin.

9. Auch Schwimmen liegt ihr nicht: Sie hat es nie richtig gelernt und kann sich im Wasser mehr oder weniger nur treiben lassen. Während eines Urlaubs 1950 mit ihrem damaligen Geliebten Nelson Algren ertrinkt Simone fast im Michigansee.

10. Simone hat zwei «Laster»: Schallplatten und Reisen.

11. Sie kennt viele ihrer berühmten Zeitgenossen und spart in ihren Briefen und Memoiren nicht mit Kommentaren über diese: Der Schriftsteller Truman Capote sieht mit «seinem weiten weißen Pullover und seinen blauen Samthosen […] aus wie ein weißer Champignon»[24], die Schriftstellerin Colette beeindruckt mit ihrem «olympischen Blick»[25].

12. Anlässlich von Simones 100. Geburtstag am 9. Januar 2008 druckte das Magazin *Le Nouvel Observateur* ein wenig bekanntes Nacktfoto von ihr auf die Titelseite. Dieses zeigt sie in der Chicagoer Wohnung von Nelson Algren.

13. In Paris ist eine Seine-Brücke nach Simone benannt: Die Passerelle Simone-de-Beauvoir verbindet das 12. mit dem 13. Arrondissement und wurde 2006 eingeweiht.

14. Zum 106. Geburtstag Simones am 9. Januar 2014 widmete Google ihr eines seiner Doodles.

Von Auflehnung aber ist bei der jungen Simone noch nichts zu merken. Stattdessen will sie ihren Vater unbedingt mit ihrem Intellekt und ihren schulischen Leistungen beeindrucken. Das klappt gut, allerdings legt Georges auf andere Dinge sehr viel mehr Wert: Als sie zwölf Jahre alt ist, teilt er seiner Tochter mit, sie sei hässlich. Vielleicht sollte das ein Scherz sein – vielleicht aber auch nicht. Simone jedenfalls ist tief getroffen und wird sich ihr ganzes Leben lang an diesen Vorfall erinnern.[26] Die Pubertät ist für sie generell keine leichte Zeit: Sie hat schlechte Haut, fettige Haare, fühlt sich linkisch und unwohl – das Schicksal nahezu aller Teenager. Georges trifft mit seiner Bemerkung also genau ins Schwarze, und das weiß er vermutlich auch. Ach, wäre Simone doch nur wie die blonde, hübsche Hélène! In der Welt von Georges de Beauvoir schlägt Aussehen Intellekt. Immer. Simone schluckt seinen Kommentar, an ihrer Bewunderung für Georges ändert sich nichts. Sie sieht weiterhin zu ihm auf, übernimmt viele seiner Ansichten und Meinungen. Das wird immer deutlicher beim Thema Religion. Georges begegnet allem Religiösen mit amüsierter Distanz, während Simone sich bußbereit gibt:

«Jedes Jahr machte ich eine Retraite; den ganzen Tag über hörte ich die Weisungen eines Priesters an, ich nahm an jedem Gottesdienst teil, ich betete den Rosenkranz und gab mich frommer Betrachtung hin. [...] Ich trug meine seelischen Aufschwünge sowie meine Entschlüsse zur Heiligkeit in ein Heftchen ein.»[27]

Fromm, frömmer, Simone. Doch langsam beginnt sie, an ihrem Glauben zu zweifeln: Es fällt ihr immer schwerer, die allgegenwärtige Frömmigkeit am Cours Desir ernst zu nehmen. Die Lehrerinnen erscheinen ihr nun nicht mehr als «Priesterinnen des Wissens», sondern eher als «lächerliche Betschwestern»[28]. Zusammen mit der jederzeit zu Schandtaten bereiten Zaza lehnt Simone sich gegen das göttliche Lehrerinnen-Regime auf – prompt werden die beiden Mädchen mit Strafpredigten und Liebesentzug bestraft. Noch dreister ist Hélène, am Cours Desir wie auch zu Hause stets nur die «andere» Beauvoir: Sie gründet mit einer Freundin die Zeitung *Écho du Cours Desir*. Zaza und Simone schließen sich an, und gemeinsam verfassen die Mädchen aufrührerische Pamphlete gegen das, was sie an ihrer Schule nervt. Und das sind insbesondere die Lehrerinnen:

«Ihre salbungsvollen Reden, ihr feierliches Wiederkäuen von immer denselben Dingen, [...], dumm war es, albernen

Kleinigkeiten Wichtigkeit beizumessen, sich auf Hergebrachtes zu versteifen; Gemeinplätze, Vorurteile, Plattitüden im Munde zu führen [...].»[29]

Mademoiselle de Beauvoir lernt das Selberdenken. Ihr fällt auf, dass viele große Schriftsteller und Denker nicht gläubig sind, genau wie ihr Vater. Und obwohl vornehmlich Frauen zur Kirche gehen und aufgrund ihres Glaubens eine privilegierte Stellung auf Erden haben sollten, sind es die Männer, die bestimmen.[30] Irgendwas passt da nicht zusammen, und für Simone ergeben sich jede Menge Fragen. Sie hadert mit sich und ihrem Glauben – und verliert ihn schließlich. Es passiert während der Sommerferien in Meyrignac:

«Es war mir unmöglich, mich länger selbst zu betrügen: Systematischer beständiger Ungehorsam, Lüge, unreine Träumereien waren kein Verhalten, das man als harmlos bezeichnen konnte. Ich versenkte meine Hände in die Kühle der Kirschlorbeerbüsche und hörte dem Glucksen des Wassers zu. Mit einem Male war ich mir klar darüber, dass nichts mich zum Verzicht auf die irdischen Freuden vermögen würde. ‹Ich glaube nicht mehr an Gott›, sagte ich mir ohne allzu großes Erstaunen.»[31]

Wohlgemerkt, das sagt eine junge Frau, die ernsthaft darüber nachgedacht hatte, Nonne zu werden, und jede Menge religiöse Spiele und Züchtigungsrituale erfindet. Simone ist 14, als sie ihren tiefen katholischen Glauben verliert. Ihrem Umfeld sagt sie erstmal nichts davon – auch nicht der brav katholischen Teilzeitrebellin Zaza. Und schon gar nicht ihrer Mutter, vor deren Reaktion sich Simone zu Recht fürchtet. Stattdessen geht Simone weiter brav zur Messe und Kommunion und tut so, als sei nichts passiert. Innen rebellisch, außen angepasst: Simone fühlt sich als Trägerin eines furchtbaren Geheimnisses. Als sie ihrer Mutter letztendlich den Verlust ihres Glaubens gesteht, reagiert die wie erwartet: tränenreich und verzweifelt. Das Kind, es ist verloren.³² Die Auseinandersetzungen zwischen Mutter und Tochter häufen sich. Also zieht Simone sich noch mehr in ihre Bücher zurück, lernt wie besessen für die Schule. Heimlich ist sie in ihren Cousin Jacques Champigneulle verliebt und träumt davon, ihn zu heiraten. Jacques ist ein paar Monate älter als Simone, gutaussehend und smart. Unabhängig und selbstsicher übt er sich früh im Leben der *Bohème* – kein Wunder, dass Georges sich hervorragend mit ihm versteht und Jacques bei den Beauvoirs ein und aus geht. Allerdings fällt es dem liberalen Jacques zunehmend schwer, sich Georges stramm konservative Ansichten ruhig anzuhören. Der junge Champigneulle begeistert sich für Surrealismus und Dichtung, für alles, was irgendwie avantgardistisch und modern ist. Simone freut sich über Jacques' Aufmerksamkeit, denn Georges hat mittlerweile jegliches Interesse am Austausch mit seiner Tochter verloren. Zwischen Cousine und Cousin läuft nie etwas, aber Simone verbringt viel Zeit damit, an Jacques zu denken, ihn anzuschmachten und sich die gemeinsame Zukunft auszumalen. Es ist ein ewiges Auf und Ab der Gefühle, das sich über Jahre hinzieht. Oh, *l'amour*.

Verrat an Milieu und Geschlecht

Im Juli 1924, mit 16 Jahren, legt Simone ihr *premier baccalauréat* ab, ein sogenanntes erstes Abitur – natürlich besteht sie mit Auszeichnung. Zufällig ist 1924 auch das Jahr, in dem eine umfassende Reform des französischen Bildungssystems in Kraft tritt: Frauen haben nun einen gleichberechtigten Zugang zur allgemeinen Reifeprüfung, dem *baccalauréat* (kurz:

bac). Nur dieses berechtigt zum Studium an einer Hochschule, und der Cours Desir bietet die für den Erwerb erforderlichen Kurse in einem zusätzlichen Unterrichtsjahr an. Simone und Zaza erhalten beide die Erlaubnis, das *bac* zu machen. Simone ist glücklich, und Mama Beauvoir willigt ein, sie im Jardin du Luxembourg lernen zu lassen: Mit ihrem weißen Faltenrock, der blauen Bluse – abgelegte Klamotten ihrer Cousine – und einem Matrosenhut auf dem Kopf kommt Simone sich wie eine Erwachsene vor. Sie und Zaza nehmen Privatunterricht in Mathe, am Cours Desir bereitet sie ein alter Priester auf die Philosophieprüfung vor. Das Unterrichtsniveau ist mies, bei den Prüfung zum *bac* 1925 besteht Simone in Philosophie so gerade eben. Egal: Bestanden ist bestanden, sowohl Simone als auch Zaza haben ihr *bac*.

Georges und Françoise de Beauvoir sind zwar stolz, machen sich aber auch Sorgen um die Zukunft ihrer Tochter. Denn Simone hat es sich in den Kopf gesetzt, Philosophie zu studieren – ein Fach, das Georges für «pures Gequassel»[33] und Françoise für unmoralisch hält. Überhaupt, was will das Kind damit? Simone hingegen will ihren Lebensunterhalt als Philosophielehrerin verdienen und ist von ihrer Wahl überzeugt:

«An der Philosophie zog mich vor allem an, dass sie meiner Meinung nach unmittelbar auf das Wesentliche ging. [...] sie begab sich sofort ins Innerste der Dinge hinein und entdeckte mir anstelle einer trügerischen Wirrnis an Tatsachen oder empirischer Gesetzmäßigkeiten eine Ordnung, eine Vernunft, eine Notwendigkeit.»[34]

Die Eltern leisten hartnäckig Widerstand, aber auch Simone kann bockig sein. Sie bleibt so lange stur, bis Papa und Mama nachgeben. Für die bedeutet die Berufswahl ihrer

Tochter eine Demütigung, sie ist der Beweis ihres eigenen gesellschaftlichen Scheiterns: Jahrelang hat man sie auf eine teure katholische Privatschule geschickt, nur damit sie jetzt einen Job im öffentlichen Schulwesen antritt, wo, wie jeder weiß, das Verderben lauert.

Bei der Studienwahl geben die Eltern also nach, aber sie wollen ihr Töchterchen trotzdem so lange wie möglich von den verderblichen Einflüssen der Universität fernhalten. Mama Beauvoir macht sich mit Feuereifer daran, die richtige Bildungseinrichtung für Simone herauszusuchen. Schließlich entscheidet sie sich für das private katholische Institut Sainte-Marie im Pariser Vorort Neuilly: eine religiös ausgerichtete Einrichtung, die in einem ehemaligen Kloster untergebracht ist und auf die Examina an der Sorbonne vorbereitet. Simone akzeptiert. Und sie lässt sich breitschlagen: Statt Philosophie wählt sie Philologie als ihr Studienfach. Am Institut Catholique wird sie Mathematik studieren und sich Philosophievorlesungen an der Sorbonne anhören. Es ist der bestmögliche Kompromiss, und Simone ist glücklich:

«Die Zukunft war nur noch Hoffnung, und ich rührte bereits an sie. Vier oder fünf Studienjahre und dann eine Existenz, die ich mir selbst gestalten würde. Mein Leben würde eine schöne Geschichte sein, die in dem Maße zur Wahrheit wurde, wie ich sie mir selbst erzählte.»[35]

Die Eltern finden sich nur widerwillig mit der Berufswahl ihrer Tochter ab. «Wie schade, dass Simone nicht ein junger Mann ist: Sie hätte auf die École Polytechnique gehen können»[36], seufzt Georges. Ihren Eltern kann Simone es einfach nicht recht machen. Keine Mitgift, keine standesgemäße Partie – das wissen die Eltern und nehmen es ihrer Ältesten trotzdem übel, dass sie einen Beruf ergreifen muss und wird. Indem sie sich den wirtschaftlichen Zwängen beugt, verrät sie gleichzeitig ihr Milieu und ihr Geschlecht. So sieht es vor allem der professionelle Müßiggänger Georges.

> *«Die Zurückhaltung meines Vaters erstaunte und verletzte mich [...]. Er hätte sich für meine Bestrebungen, meine Fortschritte interessieren und mir freundschaftlich von den Autoren sprechen sollen, die ich studierte: Er bezeigte mir nur Gleichgültigkeit und sogar eine unbestimmte Feindseligkeit.»*[37]

Für Simone beginnt 1925 ein neuer Lebensabschnitt. Die Neu-Studentin ist wie beflügelt, wohnt allerdings immer noch bei ihren Eltern, die im Umgang mit ihren Töchtern so locker sind wie eh und je. Also gar nicht. In der Schule muss Simone sich reinhängen, denn das Institut Sainte-Marie hat einen anspruchsvollen und strengen Lehrplan. Ihre am Cours Desir erworbene Vorbildung ist semioptimal, aber Simone gibt alles und gehört bald zu den Besten am Institut. Mama Beauvoir ahnt gar nicht, in was für eine Anstalt sie ihre Tochter da guten Glaubens geschickt hat: Das Institut wird nämlich von Madame Daniélou geleitet, einer fortschrittlichen und modernen Frau, die an die befreiende Kraft der Bildung für Frauen glaubt. Einmal in Fahrt gekommen, ist Simone nicht mehr zu stoppen: Sie erwirbt einen Leistungsnachweis nach dem anderen. Doch so gut es an der Uni auch läuft – im Umgang mit den anderen Studentinnen tut Simone sich schwer. Sie ist eher schüchtern, platzt aber manchmal ungebeten mit lauter Stimme in Unterhaltungen hinein. Einerseits hat Simone keine Ahnung, wie man überhaupt Kontakte knüpft, andererseits aber hohe Erwartungen an potenziell daraus entstehende Freundschaften. Sie ist von anderen schnell gelangweilt oder enttäuscht, ist einsam und unzufrieden mit ihrem Studium: Simone fühlt sich isoliert und anders als die anderen. Die Uni, die ihr eine neue Welt eröffnen sollte, wirkt plötzlich gar nicht mehr so vielversprechend:

«Bis dahin hatte ich mich dem Leben im Käfig angepasst, denn ich wusste, dass eines Tages, der täglich näher rückte, die Tür sich öffnen würde; jetzt aber hatte ich sie durchschritten und fühlte mich noch immer eingesperrt. Welche Enttäuschung für mich!»[38]

Simone dachte, alles würde sich ändern, wenn sie den verhassten Cours Desir erst einmal hinter sich gelassen hat – aber das erhoffte Glücksgefühl stellt sich nicht ein. Eine der Dozentinnen am Institut Sainte-Marie schlägt ihr 1926 vor, es doch noch mit der Philosophie zu versuchen. Simone beschließt, genau das zu tun, und das Wunder geschieht: Ihre Eltern geben nach. Vielleicht, weil sie ihre Tochter endgültig aufgegeben haben und ihr Seelenheil für unrettbar halten. Simone jedenfalls ist zufrieden. An ihrer Einsamkeit ändert das allerdings nichts. Zwecks Erforschung ihres Innenlebens beginnt sie, Tagebuch zu führen. Die Tochter aus gutem Haus fühlt sich unsicher: «Ich entfernte mich von der Klasse, der ich angehörte: Wohin aber sollte ich gehen?»[39] Eine schwierige Frage für eine 18-Jährige, die weniger aus Überzeugung als vielmehr aus Not zur Rebellin und Standesverräterin geworden ist.

Weil sie keine anderen Freundinnen hat, wendet Simone sich wieder ihrer jüngeren Schwester Hélène zu. Die freut sich sehr darüber, obwohl sie im Gegensatz zu Simone keinerlei Kontaktschwierigkeiten und ihren eigenen Freundeskreis hat. Wie schon zu Kinder- und Jugendzeiten bilden die Schwestern eine gemeinsame Front gegen Mama Beauvoir. Hélène, die kurz vor ihrem Abschluss am Cours Desir steht, ist nicht mehr bereit, sich Françoises Kontrollwahn zu beugen – und schlägt der entsetzten Simone eine Rebellion vor: Von nun an soll Françoise an ihre Töchter adressierte Briefe nicht mehr öffnen und lesen dürfen. «Ich gehe jetzt zu Mama und verbiete ihr, noch einen meiner Briefe aufzumachen, und du kommst am besten gleich mit.»[40] So geschieht es. Hélène triumphiert, und Simone fühlt sich ihrer Schwester verbundener denn je.

Irrungen, Wirrungen

Wenn sie nicht mit Hélène zusammensteckt, verbringt Simone viel Zeit mit Cousin Jacques. Sie ist hin und weg von ihm, und auch ihre Mutter hofft auf eine Heirat – Mitgift hin oder her. Vielleicht fühlt es sich für sie auch nur an wie ein *déjà-vu*: Als junge Frau war Françoise ebenfalls in ihren Cousin verliebt, Jacques' Vater Charles. Aus der Hochzeit war nichts geworden, und so setzt Françoise alles daran, dass ihre Tochter Simone mehr Erfolg mit den charmanten Champigneulle-Männern hat als sie. Simone und Jacques flitzen in seinem kleinen Sportwagen durch die Gegend, gehen spazieren und unterhalten sich. Er empfiehlt ihr Lektüre, schenkt ihr Gedichtsammlungen und Aufmerksamkeit. Der sonst stets um Anpassung bemühten Simone ist plötzlich egal, was ihre Mutter wohl von all dem hält: Sie fängt an zu rauchen und zu trinken und kehrt oft erst in den frühen Morgenstunden nach Hause zurück. Mama Beauvoirs Misstrauen ist geweckt. Jacques ist für Simone vor allem ein intellektueller Mentor: Er berät sie in Sachen Lektüre und diskutiert mit ihr, ist schlau und unterhaltsam – aber auch unzuverlässig und sprunghaft. Manchmal verschwindet er ohne ein Wort, lässt sich tagelang nicht blicken und steht dann wieder vor der Tür. Simone macht das wahnsinnig, ihre Tagebucheinträge quellen über vor sehnsüchtigen Worten: Was hat Jacques wohl gemeint, als er das und das sagte? Mag er sie? Wann sehen sie sich wieder? Verzweifelt vertraut Simone ihrem Tagebuch an:

«Ich leide. Dienstagabend während des Abendessens bei ihm hat er mir so bedrückende Worte gesagt [...]. Ich habe Angst vor ihm, ich habe Angst vor mir. Ich spüre zu sehr meine Schwäche, meine unheilbare Dummheit, die mich dazu bringt, einen Scherz zu dramatisieren, mich wegen ein paar dahingesagter Worte zu quälen. [...] Was kann ich für ihn sein? Inwiefern bin ich notwendig?»[41]

Nur gut, dass es 1927 noch keine Handys und soziale Medien gibt und die überanalytische Simone sich bei der Bewertung von Jacques' Zuneigung nur auf Briefe sowie das gesprochene Wort stützen kann. Ist Jacques gut drauf, ist Simone es auch. Meldet er sich nicht, interpretiert sie das sofort als Zeichen mangelnder Zuneigung. Die Gefühle kochen hoch, in der Familie gelten Simone und Jacques als quasi verlobt. Tatsächlich läuft aber nicht viel zwischen den beiden, nicht mal Händchenhalten ist drin.

5 Dinge, die Simone hasst

1. Käse
2. Menschen, die ihren schnellen Gedankengängen nicht folgen können
3. Menschen, die ihrem schnellen Redetempo nicht folgen können
4. Die Bourgeoisie
5. Älter werden

Simone ist sehr bemüht, Jacques zu beeindrucken, und fängt im Frühjahr 1927 an, sich in einem katholischen Bildungs- und Wohltätigkeitsverein, dem *Équipe sociale*, zu engagieren. Gegründet wurde dieser von dem jungen Philosophieprofessor und glühenden Katholiken Robert Garric: Er will den Arbeiterfamilien im Pariser Norden helfen und setzt seine Studierenden dort als Lehrer und Ausbilder ein. Simone schwärmt ihn an:

«Endlich begegnete ich einem Mann, der, anstatt sich einfach einem gegebenen Los zu fügen, sein Leben selber wählte; mit einem Zweck, einem Sinn begabt, verkörperte sein Dasein eine Idee und bezog daraus die hochgemute Gewissheit seiner Notwendigkeit.»[42]

Plötzlich hat Simone das Gefühl, ihr eigenes Leben zu verschwenden, und versucht nun, jede Sekunde des Tages mit Lektüre und Lernen zu verbringen: «Ich verbot mir oberflächliche Lektüre, überflüssiges Geschwätz sowie alle Zerstreuungen; […] An den Esstisch kam ich mit einem Buch […]»[43] Sie betäubt sich mit Arbeit, um die Leere in sich zu füllen. In Garrics *équipes* gibt sie sich alle Mühe, jungen Frauen etwas literarisches und philosophisches Grundwissen beizubringen – mit eher geringem Erfolg. Egal, zumindest kann sie so einen Abend in der Woche außer Haus verbringen, fernab von den wachsamen Augen der Mutter. Zusätzlich arbeitet Simone am Institut Sainte-Marie als Assistenzlehrerin und besucht dort Kurse über Logik und Philosophie, an der Sorbonne ist sie seit dem Wintersemester 1926 für Philosophie immatrikuliert. In ihrem Kopf schwirrt Cousin Jacques herum, der ihr immer wieder ausweicht: Er ignoriert ihre Briefe und will sich offenbar nicht festlegen. Dabei hätte Simone und besonders ihre Mutter Françoise gerne eine Entscheidung: Hochzeit ja oder nein?

Um sich von dem nervenaufreibenden Liebeswirrwarr abzulenken, trifft Simone sich wieder öfter mit Zaza, die ebenfalls das Institut Saint-Marie besucht. Auch sie hat mit einer gluckenhaften Mutter zu kämpfen, die sich in alles einmischt und über ihr Leben bestimmen will. Die beiden jungen Frauen reden ausgiebig über ihre intimsten Gefühle und Männer: Zaza, davon ist Simone überzeugt, ist ihre Seelenverwandte. Simones Mutter heißt die Freundschaft gut, Zazas Mutter hingegen hält nicht viel von Simone. Im Gegensatz zu Familie Beauvoir hat Familie Lacoin nämlich Geld und erwartet von Zaza eine standesgemäße Hochzeit: Zaza soll sich ganz auf die Suche nach einem passenden Ehemann konzentrieren und ihre Zeit nicht mit unvorteilhaften Freundschaften verplempern. Die Eltern Lacoin wollen auf jeden Fall verhindern, dass Zaza das gleiche Schicksal ereilt wie Simone – Berufstätigkeit. Simone gilt als schlechter Einfluss. Also müssen Simone und Zaza ihre Treffen vor Madame Lacoin geheim halten.

Emotional geht es für Simone auf und ab, und auch der ersehnte Uni-Abschluss, der Freiheit und Selbständigkeit bieten soll, liegt noch in weiter Ferne. Mit zarten 19 Jahren gerät Simone in eine Existenzkrise – eine aus heutiger Sicht vorgezogene *Quarterlife Crisis* – und fragt sich, was das alles eigentlich soll: «Ich arbeitete, um später einmal einen Beruf zu haben; ein Beruf aber war ein Mittel: zu welchem Zweck? Eine Heirat, wozu? Kinder erziehen oder Hefte korrigieren, alles war der gleiche, völlig sinnlose Trott.»[44] Sie fühlt sich von allen ungeliebt, hat Angstzustände wegen der unsicheren Liebessituation mit Jacques und erlebt immer wieder depressive Episoden. Die Gegenwart ist trostlos, und Simone kann es kaum erwarten, dass das «richtige» Leben beginnt. Aber wann? Und wie?

Selbst ist die Frau

Simone erkennt, dass die Einzige, die sie aus dieser Lage befreien kann, sie selbst ist. Es nützt nichts, auf etwas zu warten, ein Ereignis, eine Rettung. Selbst ist die Frau! Statt also weiter unglücklich zu sein, trifft Simone im Frühjahr 1928 eine Entscheidung: Sie will ihre Studienzeit verkürzen und ein ganzes Jahr einsparen. Das bedeutet ein unfassbares Arbeitspensum – aber daran ist Simone sowieso gewöhnt. Sie beginnt, sich gleichzeitig auf ihr Lehrerdiplom in Philosophie sowie die *agrégation* vorzubereiten. Die *agrégation*, das ist *die* prestigeträchtige und wettbewerbsorientierte Prüfung (*Concours* genannt) für angehende Gymnasiallehrer. Wer sie besteht, dem wird eine Anstellung auf Lebenszeit mit wenig Unterrichtsstunden und guter Bezahlung in den besten Gymnasien der Republik garantiert. Simone triumphiert: «Als ich beschloss, mich auf den ‹Concours› vorzubereiten, war ich endlich dem Labyrinth entronnen, in dem ich seit drei Jahren immer im Kreis herumlief: Ich hatte den Weg betreten, der mich in die Zukunft führte.»[45]

Im Sommer 1928 hat Simone alle für ihre *licence* in Philosophie notwendigen Leistungsnachweise gesammelt, dem Lehrerdiplom steht nichts mehr im Weg. Ihr Alltag besteht aus Lernen, Lernen und noch einmal Lernen. Und so langsam dämmert Simone, dass das irgendwie nicht alles sein kann: «Ich war haarscharf daran, mir selbst die Wahrheit einzugestehen: dass ich nämlich genug davon hatte, ein reiner Geist zu sein.»[46] Simone will nicht nur lernen, sie will leben! Durch ihr Studium hat sie Maurice Merleau-Ponty kennengelernt, der die Elitehochschule École normale supérieure besucht. Die beiden werden enge Freunde und haben auf den ersten Blick viel gemeinsam: Beide wurden katholisch erzogen, haben sich vom christlichen Glauben und von der dazugehörigen Moral losgemacht – und sind trotzdem nachhaltig durch diese geprägt. Sie mögen ungefähr die gleichen Bücher und teilen die Leidenschaft für Philosophie. Doch bald stellt sich heraus, dass Maurice viel religiöser ist als behauptet und weniger rebellisch, als Simone sich das erhofft hat. Ihre Freundschaft bleibt bestehen, aber es ist nicht die Freundschaft zwischen absolut Gleichgesinnten, wie Simone sie sich wünscht. Dafür findet Zaza Gefallen an Maurice – und er an ihr. Die beiden sind verliebt, sprechen von Heirat. Bis Zazas Mutter interveniert und Maurice als nicht passend für ihre Tochter ablehnt.

Élisabeth Lacoin (1907–1929) – beste Freundin & Muse

Millionen von Lesern lernen Élisabeth «Zaza» Lacoin 1958 in den *Memoiren* als Simones beste Freundin «Zaza» kennen. Da ist Zaza schon fast 30 Jahre tot. Wie Simone ist auch Zaza eine Tochter aus gutem Haus: Der Vater hat eine hohe Stellung als Eisenbahningenieur, die Mutter widmet sich ganz den gesellschaftlichen Verpflichtungen und ihrer großen Kinderschar – Zaza hat acht Geschwister, sechs davon jünger als sie selbst. Zaza und Simone lernen sich 1917 am Cours Desir kennen und werden schnell Freundinnen. Im Gegensatz zur ernsthaften und schüchternen Simone ist Zaza lebhaft, frech, spontan, hat natürlichen Schwung und steht gerne im Mittelpunkt. Doch mit der Zeit wird Zaza immer melancholischer: Ihre ältere Schwester bereitet sich auf ein Leben als Ehefrau vor, und Zaza schwant, dass auch sie demnächst dran ist. Die junge Frau ist hin und her

gerissen zwischen Gehorsam gegenüber der von ihr verehrten Mutter und ihren eigenen Wünschen. Sie schafft es
nicht, sich von den Erwartungen ihrer Familie und ihres
konservativ-christlichen Milieus loszumachen. Zwar erlauben ihre Eltern Zaza die Aufnahme des Studiums, aber
auch das ist nicht mehr als ein Aufschub – für Zaza ist eine
«Karriere» als Ehefrau und Mutter vorgesehen. Traurig zitiert Zaza den Schweizer Schriftsteller Charles-Ferdinand
Ramuz: «Die Dinge, die ich liebe, lieben sich untereinander nicht.»[47] Doch dann stellt Simone ihr Maurice Merleau-Ponty vor, Kommilitone und guter Freund. Zaza und
Maurice verlieben sich ineinander, und eigentlich wäre der
junge Mann ein durchaus geeigneter Heiratskandidat: Er
kommt aus einer guten Familie, ist praktizierender Katho-
lik und steht vor einer aussichtsreichen Karriere als Gymnasiallehrer. Madame Lacoin lehnt ihn trotzdem ab, Hoch-
zeiten kommen im Lacoin'schen Milieu eben nicht auf
diese Art zustande. Liebesheirat? Sicher nicht! Außerdem
ist Maurice ein Freund Simones, und von der hält Madame
Lacoin nicht viel. Erst später stellt sich heraus, dass Mon-
sieur Lacoin einen Detektiv auf Maurice angesetzt hat: Der
enthüllt die Affäre von Maurice' Mutter mit einem angesehenen Professor – und die somit uneheliche Geburt ihres
Sohnes. Ein Skandal, der den nichtsahnenden Maurice als
Ehemann disqualifiziert. Derweil soll Zaza auf elterlichen
Wunsch ihr Studium beenden, noch einmal ein Jahr nach
Berlin gehen und dann schleunigst einen geeigneten Ehemann finden. Doch bevor es so weit ist, wird Zaza plötzlich
schwer krank. Sie stirbt 1929 in einer Klinik im Pariser Vorort Saint-Cloud. Die Ärzte sprechen von Meningitis und
Enzephalitis, Simone hingegen ist überzeugt: Zaza ist an
gebrochenem Herzen gestorben. Von den beiden Töchtern

aus gutem Haus hat es nur eine geschafft, sich gegen Konventionen und Erwartungen ihres Geburtsmilieus aufzulehnen. Simone fühlt sich schuldig: «Zusammen haben wir beide gegen das zähflüssige Schicksal gekämpft, das uns zu verschlingen drohte, und lange Zeit habe ich gedacht, ich hätte am Ende meine Freiheit mit ihrem Tode bezahlt.»[48]

In diesem Sommer trifft Simone eine weitere Entscheidung: Sie will sich von ihrem zweiten Hauptfach Philologie trennen. Das Fach langweilt sie, und wenn sie ihr Lehrerdiplom nur in Philosophie macht, kann sie ein weiteres halbes Jahr einsparen. Ihre Eltern maulen – Papa Beauvoir findet einen Abschluss in zwei Fächern viel prestigeträchtiger –, aber das ist Simone egal.

Für ihr Abschlussdiplom muss sie noch eine schriftliche Abschlussarbeit über ein philosophisches Thema vorlegen und entscheidet sich für die Begriffslehre von Gottfried Wilhelm Leibniz. Mama Beauvoir gesteht ihrer Ältesten mittlerweile widerstrebend gewisse Freiheiten zu – aber jede davon muss mühsam errungen werden, und manchmal entscheidet Françoise sich spontan wieder anders. Mal erlaubt sie Simone den Umgang mit Jacques, mal nicht. Es bleibt kompliziert zwischen Mutter und Tochter; Françoise findet keinen wirklichen Zugang zu ihrer Tochter, fühlt sich ihr unterlegen: «Ich hatte Mama immer etwas eingeschüchtert, weil sie viel von meiner Intelligenz hielt [...].»[49]

Im Studium läuft es rund, und auch in Sachen Freundschaft macht Simone Fortschritte: Über Zaza lernt sie in den Sommerferien 1928 Stépha kennen, eine lebenslustige Ukrainerin, die mal als Kindermädchen für die Lacoins gearbeitet hat. Im

Herbst stellt Hélène ihrer Schwester Géraldine Pardo, genannt Gégé vor, mit der sie sich auf der Kunstschule angefreundet hat. Bald wird die quirlige Gégé auch zu Simones Freundin. Mit Stépha zieht Simone in Paris abends um die Häuser, flirtet mit Männern und gibt sich verwegen. Stépha versucht, die nachlässig gekleidete Simone aufzuhübschen und ihr ein paar grundlegende Dinge über das Schminken beizubringen. Sie ist ganz anders als Simone und Zaza: Manchmal nimmt sie Simone einfach so in den Arm, ist ungezwungen, sinnlich und selbstbewusst, was ihre Sexualität betrifft. Die 20-jährige Simone hingegen hat keinerlei sexuelle Erfahrung und ist eher naiv, nahezu prüde. Hier kommt die Erziehung ihrer Mutter durch: Für Françoise sind Sünde und Sexualität ein und dasselbe. Über körperliche Dinge spricht man im Haus Beauvoir einfach nicht. Richtig aufgeklärt wurde Simone nie – was sie über Sexualität weiß, hat sie sich aus Büchern, Beobachtungen und den Ausführungen ihrer Cousine Madeleine zusammengereimt. Als Françoise einfällt, dass es da noch etwas gibt, was sie Simone beibringen sollte, sind Mutter und Tochter gleichermaßen peinlich berührt: «‹Es gibt da gewisse Dinge, die du wissen musst›, sagte sie. Ich errötete ebenfalls: ‹Ich weiß sie›, gab ich eilig zurück.»[50]

Dann wäre das ja geklärt. Simone mag sich in der Öffentlichkeit also verrucht und herausfordernd geben, in Wahrheit hat sie aber keine Ahnung von Sex oder Männern. Dass ihre Freundin Stépha nackt für den Maler Fernando Gerassi, ihren späteren Ehemann, posiert, findet Simone anrüchig und skandalös. Stépha hingegen ist einigermaßen entsetzt, wie frivol Simone sich in den Pariser Bars gibt: Von fremden Männern lässt sie sich Getränke ausgeben, mit Hélène zettelt sie gespielte, lautstarke Auseinandersetzungen an und übergibt sich später in der Métro. Manche der Situationen mit angetrunkenen Männern gehen gerade noch so glimpflich aus. Bei dem Versuch, ihrem Leben ein bisschen Schwung zu verleihen und sich gegen ihr verhasstes Geburtsmilieu aufzulehnen, übertreibt Simone mächtig. Vielleicht auch deshalb, weil ihr eigener Körper sie verwirrt: So gerne Simone sich selbst als ernstes, geistiges Wesen sehen möchte – in ihr regt sich etwas, sexuelles Verlangen, ein Bedürfnis nach körperlicher Nähe. Regungen, für die Simone sich schämt und bei denen sie nicht weiß, wie sie damit umgehen soll.

«Ich tanzte, Arme umschlangen mich, und mein Körper ahnte Formen des Entrinnens, des Sichgehenlassens, die leichter zu finden und beschwichtigen waren als meine Verzückungen.»[51]

1928 und 1929 stehen ansonsten ganz im Zeichen des nahenden Uni-Abschlusses: Simone bereitet sich intensiv auf die *agrégation* in Philosophie vor und besucht dafür Vorlesungen und Seminare an der Sorbonne und der École normale supérieure. Im Januar 1929 macht sie das für das Diplom notwendige Lehrpraktikum am Lycée Janson de Sailly, zusammen mit ihren Kommilitonen Maurice Merleau-Ponty und Claude Lévi-Strauss, dem später berühmt gewordenen Ethnologen. Es geht in den Endspurt: Die ersehnte Freiheit ist schon ganz nah. Simones Objekt der Begierde, Cousin Jacques, hat inzwischen zum zweiten Mal sein Jura-Examen verhauen und verbaut sich damit seine Zukunft. Spätestens jetzt geht ihm wohl auf, dass er eine Frau mit guter Mitgift heiraten muss. Simone kommt als Ehefrau also nicht in Frage – wenn Jacques das überhaupt je ernsthaft erwogen hat. Die Themen Liebe und Hochzeit hat er stets geschickt vermieden. Simone muss eigentlich intensiv für die *agrégation* lernen, aber es bleibt ihr trotzdem genügend Zeit, ihr Tagebuch mit sehnsüchtigen Appellen an Jacques vollzuschreiben: Jacques, komm zurück, Jacques, melde dich. Noch ist selbst Simone nicht klar, was ihr letztendlich wichtiger ist: akademischer Erfolg oder eine Heirat mit Jacques? Erst einmal ist Jacques aber sowieso außer Reichweite, und das im wahrsten Sinne des Wortes: Seit dem Frühling 1928 leistet er seinen 18-monatigen Militärdienst in Algerien ab.

Nur noch ein paar Prüfungen trennen Simone von dem Leben, nach dem sie sich schon so lange sehnt. Wenn sie die *agrégation* bestanden hat, kann sie endlich ihren eigenen Lebensunterhalt verdienen, ihr Elternhaus verlassen: ein Leben zu ihren Bedingungen, ohne sinnlose Vorschriften und Überwachung. Simone ist 21 Jahre alt und muss nun ein Lebensmodell finden, das zu ihr passt. Auf Vorbilder kann sie dabei kaum zurückgreifen: Noch haben es nicht viele Töchter aus gutem Hause gewagt, ihren eigenen Weg zu gehen. Ihr Geburtsmilieu und die damit verbundenen Erwartungen hat Simone hinter sich gelassen – ohne allerdings zu wissen, worauf sie ihr Leben stattdessen aufbauen soll. Es ist *trial* und *error*, ein ständiger Kampf um die eigene Autonomie. Mit Anfang 20 hat sie schon Sinnkrisen durchgemacht, die die meisten eher mit Mitte 20 oder noch später erleben. Sie hat zwar einen kühlen Verstand, erlebt aber alles um sie herum sehr intensiv: Ihr Tagebuch sprudelt über vor Vitalität, vor einem fast schon beängstigenden Willen zu leben. Leben nach eigenen Regeln und frei von bourgeoisem Standesdünkel. Schon früh hat Simone begriffen, dass sie ihr Leben selbst in die Hand nehmen muss – Bildung bot den Weg aus der Armut, Entschlossenheit den Weg zum Erfolg. Ungewollt, quasi aus Versehen, ist Simone zur Rebellin geworden. Wäre ihr Leben anders verlaufen, wenn ihre Familie nicht verarmt wäre und ihr eine gute Mitgift hätte zahlen können? Wahrscheinlich. Doch so bleibt der Tochter aus gutem Hause gar nichts anderes übrig, als ihren eigenen Weg zu gehen. Ein Weg, den sie durch Denken und Handeln selbst schaffen muss. Andere 21-Jährige wären vor dieser Herausforderung zurückgewichen. Simone stürzt sich einfach hinein. Was ihr jetzt noch fehlt, ist ein *partner in crime*.

TEIL II

Lieben

«In Sartre konnte ich hineinsehen wie in mich selbst: welche Beruhigung!»[1]

Chronik

1929 Bekanntschaft mit René Maheu, Jean-Paul Sartre
und Paul Nizan und gemeinsame Prüfungsvorbereitung
agrégation
Tod Zazas
Pakt mit Sartre
Sartre tritt seinen 18-monatigen Militärdienst an
1931 Philosophielehrerin in Marseille
Sartre als Philosophielehrer in Le Havre
1932 Philosophielehrerin in Rouen
Bekanntschaft mit Olga Kosakiewicz
1935 Beginn des «Trios»
1936 Philosophielehrerin in Paris
1937 Wanda Kosakiewicz kommt nach Paris
1938 Bekanntschaft mit Bianca Bienenfeld
Beginn des zweiten «Trios»
Beginn der Affäre mit Jacques-Laurent Bost
1939 Beginn der Beziehung mit Nathalie Sorokine
1947 Bekanntschaft und Beginn der Beziehung mit
Nelson Algren
1951 Ende der Beziehung mit Algren
1952 Beginn der Beziehung mit Claude Lanzmann
Lanzmann zieht bei Simone ein
1958 Ende der Beziehung mit Lanzmann
1960 Bekanntschaft mit Sylvie Le Bon

Ein Juli-Abend 1929. Im Pariser Jardin du Luxembourg, in der Nähe des Medici-Brunnens, diskutieren ein junger Mann und eine junge Frau. Es geht um das Problem einer philosophischen Moral: Die junge Frau hält hartnäckig an der von ihr selbst erfundenen «pluralistischen Moral» fest, der junge Mann gibt ihr keine Chance: Stück für Stück nimmt er ihre Darlegung auseinander. Drei Stunden kämpft die junge Frau, dann gibt sie auf. Zu Hause angekommen, notiert Simone, jene junge Frau aus dem Park, aufgeregt in ihrem Tagebuch: «Enthüllung eines Lebensreichtums, der unvergleichbar ist mit dem des zu verschlossenen Parks, in den ich mich einschließe. […] Ich fühle in mir etwas Beunruhigendes, das mir Angst macht, eine Heftigkeit, die mich aufreibt.»[2] Jean-Paul Sartre, ihr 24-jähriger Kommilitone, hat Simone mit der Macht seines Denkens einfach weggefegt – und sie zieht sich nicht verschüchtert zurück, sondern nimmt die intellektuelle Herausforderung an. Hier ist endlich ein Mann, der sich ohne falsche Zurückhaltung mit ihr misst, der einen ebenso scharfen Verstand hat wie sie selbst. Die perfekte Symbiose. Oder?

Der Mann, das unbekannte Wesen

An der Sorbonne kennen sich die Studierenden fast alle untereinander, doch eine kleine Gruppe scheint unnahbar: Jean-Paul Sartre, Paul Nizan und René Maheu. Simone erinnert sich später: «Sie verkehrten mit niemandem, erschienen nur bei einigen ausgewählten Vorlesungen und saßen dann völlig abseits von den anderen. Sie hatten einen schlechten Ruf. Es hieß, es fehle ihnen an ‹Sympathien für die Dinge›.»[3] Das Trio denkt sich Streiche aus, kultiviert eine gewisse Elitenverachtung und bildet quasi eine Drei-Mann-Burschenschaft. Dass sie selbst Studenten der angesehenen École normale supérieure sind und damit ebenfalls Teil der Elite? Egal. Elite ist, was man draus macht, beziehungsweise wen. Der kleine, nicht sonderlich attraktive Sartre gilt als der Schlimmste von allen: Es heißt, er sei zwar schlau, aber auch ein Zyniker und Trinker. 1928 ist er zum Erstaunen aller – ihn selbst eingeschlossen – durch die *agrégation* gefallen. Also muss Sartre 1929 noch einmal ran und bereitet sich zeitgleich mit Musterstudentin Simone vor, die ein ganzes Studienjahr übersprungen hat. Sie beäugt das *Trio infernale* aus der Ferne, fasziniert und abgestoßen zugleich. Immer öfter taucht ab dem Frühjahr 1929 der Name René Maheu in ihrem Tagebuch auf: «Habe Maheu in der B. N. (Bibliothèque Nationale, Anm.) bemerkt, sehr sympathisch: unerwartet!»[4] Wenn Sartre und Nizan dabei sind, ignoriert Maheu Simone, begegnet er ihr alleine, unterhalten sie sich. Schon bald treffen die beiden sich regelmäßig zum Lernen in der Bibliothek, gehen zusammen mittagessen, tauschen philosophische Ansichten aus. Simone ist heftig verknallt in den gutaussehenden Maheu, aber ach, der ist ja dummerweise schon verheiratet. Wobei: Maheu findet, ein Mann sollte auch nach der Hochzeit frei sein – eine

65

Meinung, die Simone natürlich nur allzu gerne teilt. Durch Maheu merkt sie zum ersten Mal, dass sie Eigenarten hat, die anderen Menschen auffallen: Sie hat eine eigene Art zu gehen, zu sprechen, zu sein! Dinge, die sie, und sie allein ausmachen! Für Simone eine aufregende Entdeckung. Sie fängt an, sich mehr Mühe mit ihrem Aussehen zu geben. Maheu gefällt's. Er ist nicht der Einzige, der Simone umschwärmt: Auch der Kommilitone Maurice de Gandillac bewundert sie und würde sie sogar gerne heiraten. Simone kann diese ungewohnte Aufmerksamkeit von Männern gar nicht fassen – neben Zaza, Hélène, Gégé und Stépha ist sie sich immer wie das hässliche Entlein vorgekommen. Nun stellt sich heraus: Simones weiches, braunes Haar, ihre vergissmeinnichtblauen Augen, ihre schlanke Figur sowie offensichtliche Intelligenz wirken auf eine Reihe junger Männer extrem anziehend. Natürlich auch auf Jean-Paul Sartre, der ungeduldig darauf wartet, dass sein Kumpel ihm die neue Bekanntschaft endlich vorstellt. Denn so will es die Etikette: Weil Simone Maheus Bekanntschaft vor ihm gemacht hat, kann Sartre sie nicht einfach ansprechen. Maheu allerdings denkt überhaupt nicht daran, seine Simone mit irgendjemandem zu teilen – schon gar nicht mit dem Möchtegern-Casanova Sartre. Der gibt nicht auf: Eines Tages überreicht Maheu Simone im Auftrag Sartres eine anzügliche Zeichnung, die ihr gewidmet ist: *Leibniz im Bade mit Monaden*. In der Philosophie sind Monaden die Quelle von spontanem Wirken in der Natur, was Simone als Leibniz-Expertin natürlich weiß.

Zunächst ist sie Sartres Charme gegenüber aber immun. In ihrem Tagebuch wimmelt es nur so von schwärmerischen Einträgen über Maheu. Auch Jacques, der immer noch seinen Militärdienst in Algerien leistet, kann Simone nicht vergessen. Obwohl die Liaison mit ihm hoffnungslos zu sein scheint, kommt sie von ihrem Cousin nicht so richtig los. Zufällig bekommt sie mit, dass Jacques eine Affäre mit einer unstandesgemäßen Frau hatte und nun alles dafür tut, diese Frau loszuwerden. *Mon dieu!* Simone heult die Nacht durch: Wie konnte Jacques nur? Wie gut, dass es Maheu gibt! Mit ihm wird Simone immer vertrauter, und er ist es, der ihr ihren Spitznamen *Castor* (dt. Biber) verpasst: «In der ersten Zeit redete er mich betont mit ‹Mademoiselle› an. Eines Tages schrieb er in großen Buchstaben auf mein Heft: BEAUVOIR = BEAVER. ‹Sie sind ein Biber›, sagte er. ‹Die Biber leben in Gemeinschaften und haben einen konstruktiven Geist.›»[5] Simone gefällt der Gedanke, einen Spitznamen zu haben, den Maheu ihr gegeben hat – etwas, das zunächst nur ihnen beiden gehört; später werden alle engen Freunde sie so nennen. Doch auch der perfekte Maheu hat seine Schattenseiten: Bald stellt sich heraus, dass er Männern zwar alle Freiheiten zugesteht, von Frauen aber tadelloses Verhalten erwartet. Natürlich müssen Frauen unberührt in die Ehe gehen! Entsetzt stellt Simone fest, dass Maheu sich in dieser Hinsicht kaum von ihrem Vater unterscheidet. An ihrer Verliebtheit ändert das nichts: Sie will Maheu. Körperliches Verlangen meldet sich, aber sie hat Angst, Maheus Respekt zu verlieren, wenn sie mit ihm schläft. In ihren Memoiren, in Interviews und gegenüber ihren Biographen betont Simone später stets, sie und Maheu hätte nicht mehr als eine enge Freundschaft verbunden – eine Lüge. Vieles deutet darauf hin, dass Simone sehr wohl mit Maheu schläft, irgendwann im Sommer 1929. Sogar Sartre bestätigt in einem Interview 1971, dass nicht er Simones erster Liebhaber war.[6]

So glücklich Simone das Techtelmechtel mit Maheu auch macht: Dieser ist verheiratet und somit unerreichbar. Aber da ist ja noch Sartre, der weiterhin auf seine Chance wartet. Die kommt, als Maheu ein paar Tage verreisen muss. Vor seiner Abreise lädt Maheu Simone ein, sich nach seiner Rückkehr zusammen mit ihm, Sartre und Nizan – den *petits cama-rades* – auf die mündliche Prüfung vorzubereiten. In der Zwischenzeit, so richtet Maheu aus, wolle Sartre ihre Bekanntschaft machen: Er schlage ein Treffen am nächsten Abend vor. Der eifersüchtige Maheu bittet Simone, die Einladung nicht anzunehmen, und natürlich will sie der Bitte ihres geliebten «Lamas» – so Maheus Spitzname – nachkommen. Doch der zu allem entschlossene Sartre spricht Simone direkt an, lädt sie ein – und sie sagt überrascht zu. Nur, um im selben Augenblick schon zu überlegen, wie sie aus dieser Nummer wieder herauskommt. Die Lösung: Schwester Hélène wird zum Treffen geschickt. «Wie sieht er denn aus?», will die wissen. Simone beschreibt Sartre als unansehnlichen Mann mit Brille: «Du wirst jedoch nicht enttäuscht sein, denn er besitzt jede Menge Humor.» Eine Einschätzung, die Hélène nach ihrem Stellvertreter-Date mit Sartre nicht teilt: «Er ist wirklich hässlich und keineswegs so komisch, wie ihm nachgesagt wird.»[7]

Kleiner Mann auf großer Mission

Wer genau ist dieser hässliche und unwitzige Jean-Paul Sartre eigentlich? Seine Freunde nennen ihn *petit homme*, also Männlein – denn der intellektuell riesige Sartre misst nur knapp 1,56 Meter. Sein Vater, ein Marineoffizier, stirbt 15 Monate nach der Geburt des kleinen Jean-Paul an Gelbfieber. Mutter Anne-Marie zieht mit ihrem Sohn zurück zu ihren

Eltern nach Paris. Dort nimmt sich vor allem der Großvater Charles Schweitzer, ein Onkel Albert Schweitzers und elsässischer Deutschprofessor, der Erziehung an. Bildung und Fleiß sind den bourgeoisen Schweitzers wichtig und gehören zum Familien-Ethos. Jean-Paul ist ein schwächliches Kind mit einem offensichtlichen Augendefekt und wird bis zu seinem zehnten Lebensjahr von Hauslehrern und seinem Großvater erzogen. Er gefällt sich in der Rolle des «kleinen Erwachsenen», der verwöhnt und bewundert im Mittelpunkt steht. Anne-Marie verhätschelt ihn, er ist ihr goldgelockter Engel. Mit dem Engeldasein ist es allerdings vom einen auf den anderen Tag vorbei: Großvater Charles, der die Verweiblichung seines Enkels fürchtet, nimmt den damals Siebenjährigen kurzentschlossen mit zum Friseur und lässt ihm die Locken abschneiden. Was darunter zum Vorschein kommt, schockt die ganze Familie – der kleine Jean-Paul ist hässlich! Sartre erinnert sich: «Es gab Geschrei, aber keine Küsse, und meine Mutter schloss sich weinend in ihrem Zimmer ein. Man hatte ihr Töchterchen gegen einen kleinen Jungen vertauscht.»[8] Seine Hässlichkeit ist für Jean-Paul eine Tatsache, mit der er fortan leben muss. Andere Kinder meiden ihn, er ist oft einsam. Also lernt er, mit Worten zu überzeugen, zu verzaubern und denkt schon früh daran, Schriftsteller zu werden. 1917 heiratet Anne-Marie erneut und zieht mit Kind und Ehemann in die westfranzösische Hafenstadt La Rochelle. Der 12-jährige Sohn hasst Papa Nr. 2 sowie die Tatsache, dass er *Mamans* Aufmerksamkeit nun mit jemandem teilen muss. Dem ungeliebten Zuhause entflieht Jean-Paul im Alter von 15 Jahren, 1920 geht er als Internatsschüler nach Paris. Dort lernt er am Lycée Henri IV seinen ersten richtigen Freund Paul Nizan kennen, der ebenso literaturbesessen ist wie er selbst. Gemeinsam bereiten die beiden sich auf die Aufnahmeprüfung für die École normale supérieure vor. Nizan motiviert ihn, sich ernsthaft dem Schreiben zu widmen, herumzuprobieren, einen eigenen Stil zu finden. Jean-Paul bringt einige Novellen und Romankapitel in kleinen Zeitschriften unter und beginnt, sich für Philosophie zu interessieren. Das isolierte Einzelkind blüht auf und wird langsam, aber sicher zu dem Sartre, dem Simone 1929 begegnen wird: unterhaltsam, kreativ und stets zu Blödsinn aufgelegt. Das Bedürfnis, im Mittelpunkt zu stehen und andere mit seiner Persönlichkeit und Intelligenz zu beeindrucken, prägt den erwachsenen Sartre – sein blondgelocktes früheres Ich wird er nie ganz los. Er stellt fest: «Da ich niemandes Sohn war, wurde ich meine eigene Ursache […].»[9] Der unansehnliche Sartre verführt durch seine Persönlichkeit. Als er Simone trifft, hat er bereits eine gescheiterte Verlobung und eine unglückliche Affäre mit der Schauspielerin Simone Jollivet hinter sich. Mit Simone Nr. 2 soll es besser laufen, dafür will Sartre sorgen.

Vor dem ersten Date mit Sartre hat Simone sich gedrückt, aber Maheus Einladung, sich mit ihm, Sartre und Nizan auf die anstehende mündliche Prüfung vorzubereiten, akzeptiert sie allzu gerne – auch wenn es in ihrem Tagebuch noch heißt: «Sartre ist mir nicht sympathisch»[10]. Die Lerngruppe trifft sich in Sartres Studentenbude: überall Papiere, Bücher und Zigarettenstummel. Anfangs ist Simone eingeschüchtert und geschockt vom derben Humor ihrer drei Kommilitonen, aber sie gewöhnt sich schnell daran. Die kleine Gruppe verbringt auch außerhalb Sartres Zimmer viel Zeit zusammen, zieht durch die Gegend und macht Ausflüge, oft in Begleitung von Nizans Frau Henriette. Simone schwärmt: «Wie ich ihre Gesänge liebe, wie ich es liebe, unter ihnen zu sein, und an diesem wundervollen Dasein teilzuhaben, das sie schaffen!»[11]

Zähneknirschend «erlaubt» Maheu Sartre, eine Freundschaft mit Simone zu beginnen. Die ist extrem angetan von Sartres Charme, seiner Intelligenz und seinem offensichtlichen Interesse an ihr. Simone, Männermagnet. Maheu versucht, die Besitzverhältnisse zu klären: Er fände es ja gut, dass sie sich mit den *petits camarades* so gut verstehe, aber … Simone beruhigt ihn: «Natürlich bin ich Ihr Castor»[12]. Maheu und sein Biber gehören zusammen. Oder? Tatsächlich fällt es Simone immer schwerer, Sartres einnehmendem Wesen zu widerstehen. «Wunderbarer intellektueller Trainer», notiert sie, «sein Denken scheint mir mehr und mehr als außergewöhnlich stark.»[13] Sartre hört nie auf zu denken, sein Geist ist immer in Bewegung:

«Das bedeutet aber nicht etwa, dass er nun bei jeder Gelegenheit Formeln und Theorien von sich gab: Er hatte einen Horror vor jeder Schulmeisterei. […] Er kannte keine Erschlaffung, Schläfrigkeit, Gedankenflucht, Abschweifung, Ermattung, aber auch keine Vorsicht und keinen Respekt. Er interessierte sich für alles und nahm niemals etwas als selbstverständlich hin.»[14]

Umgekehrt beeindruckt Simone Sartre mindestens genauso. Maheu schmollt: «Sartre ist von Ihnen verzaubert […], aber wer ist das nicht?»[15]

Trotz Lernstress verleben die *petits camarades* und Simone unbeschwerte Tage und Nächte; doch dann kommt der Tag, an dem die Ergebnisse der schriftlichen Prüfung verkündet werden: Maheu ist Gegensatz zu den anderen durchgefallen und damit nicht zur mündlichen Prüfung zugelassen. Überstürzt verlässt er die Stadt. Sartre nutzt seine Chance sofort: Er werde sich nun um sie kümmern, erklärt er der aufgewühlten Simone, glaubt man deren Memoiren und Erinnerungen.

Kein Jacques, kein Maheu, nur pure Zweisamkeit. So einfach stellt es sich allerdings nicht dar: Zwar sind Simone und der *petit homme* Sartre während der kommenden vierzehn Tage bis zur Prüfung unzertrennlich, gleichzeitig vermisst Simone aber auch «ihren» Lama. Wie soll es mit den beiden nur weitergehen? Maheu ist verheiratet, Sartre frei – und Letzterer hat eine Menge zu bieten. Die verlorene Diskussion, die intellektuelle Niederlage gegen Sartre im Jardin du Luxembourg ist für Simone so etwas wie der letzte Beweis, dass es sich lohnt, mit Sartre einen Versuch zu starten: Wer könnte dieser intellektuellen Power widerstehen? Sartre ist Herausforderung, scharfer Intellekt. Mit ihm läuft Simone nicht Gefahr, ein bürgerliches, konventionelles Leben zu führen. Im Prinzip verkörpert Sartre all das, was sie sich seit ihrer Jugend als Idealpartner zusammenträumte:

«Wenn ein Mann, der ja als solcher von Natur aus einer bevorzugten Klasse angehörte und von vornherein einen beträchtlichen Vorsprung vor mir hatte, nicht mir überlegen war, würde ich zu dem Urteil kommen, dass er dementsprechend weniger sei als ich; damit ich ihn als meinesgleichen anerkennen könnte, müsste er mich übertreffen. […] Das gemeinsame Leben sollte mein Grundunterfangen, nämlich mir die Welt anzueignen, begünstigen, nicht jedoch ihm im Weg stehen.»[16]

Von den 76 Kandidaten, die die schriftliche Prüfung ablegen, sind 27 zur finalen mündlichen Prüfung zugelassen worden – und nur 13 von ihnen bestehen: Sartre landet auf dem ersten, Simone auf dem zweiten Platz. Auch Nizan und Merleau-Ponty sind erfolgreich. Für Simone ist es ein Triumph, normalerweise brauchen Frauen aufgrund ihrer schlechteren schulischen Vorbildung nämlich mehrere Anläufe. Simone schafft die Prüfung nicht nur auf Anhieb, sie hat ihr Studium auch noch in Rekordzeit durchgezogen. Befreit vom Prüfungsstress geht es für die frisch gebackene Philosophielehrerin erstmal in den Familienurlaub aufs Land. Im Château de la Grillère plant Simone, sich ihren Lieblingsbeschäftigungen hinzugeben: Lesen, Spazierengehen, Träumen. Doch Sartre kann es nicht erwarten, Simone wiederzusehen, und reist ihr nach. Am 21. August 1929 trifft er ein und mietet sich ein Zimmer vor Ort. Beim Frühstück wird Simone von ihrer aufgeregten Cousine Madeleine informiert, dass da ein junger Mann auf sie warte. In den nächsten Tagen verschwindet Simone nach dem Frühstück, schleicht sich zu Sartre und verbringt mit ihm den Tag in den umliegenden Wäldern und Feldern. Hier schläft sie wohl auch das erste Mal mit ihm. Den Eltern Beauvoir bleibt das Treiben ihrer Tochter natürlich nicht verborgen: Vier Tage nach Sartres Ankunft nähern sich Georges und Françoise dem jungen Paar, das es sich auf einer Wiese gemütlich gemacht hat. Sartre, kampflustig, springt auf; Simone versucht ihren Eltern weiszumachen, sie und Sartre würden gemeinsam an einem Buch über Marx arbeiten. Georges durchschaut das Manöver und fordert Sartre auf, abzureisen: Es gäbe schon Gerüchte! Seine Schwester, Simones Tante, versuche, einen Ehemann für Madeleine zu finden, und Simones Verhalten gefährde dieses Unterfangen. Sartre weigert sich, und widerwillig geben die Eltern Beauvoir auf. Sie haben endgültig verstanden, dass ihre Tochter ihre eigenen Entscheidungen trifft und generell tut, was sie will. Sartre bleibt bis zum 1. September, er und Simone sonnen sich in ihrem Triumph, fühlen sich wie die Könige der Welt – und Sartre nutzt die Gelegenheit, um Simone einen Heiratsantrag zu machen. Es ist nicht das erste Mal, dass er dieses Thema anschneidet. Simone hält das Ganze für einen

Scherz: «Ich sagte nur, er solle kein dummes Zeug reden, und lehnte den Vorschlag selbstverständlich ab.»[17] Sartre steckt die Ablehnung nicht so einfach weg. In seinen Tagebüchern schreibt er über sein Konzept der Freiheit im Hinblick auf seine Beziehung zu Frauen: «Nur einmal fiel ich bei diesem Spiel herein. Castor akzeptierte diese Freiheit und behielt sie. Das war 1929. Ich war töricht genug, mich darüber zu grämen: statt meine außerordentliche Chance zu begreifen, versank ich in eine gewisse Melancholie.»[18] Simone ist erstaunt, schließlich redet Sartre die ganze Zeit über Freiheit, und sie versteht nicht, wie er die Institution Ehe mit dieser Philosophie in Einklang bringen will. Für Simone ist klar, dass die bürgerliche Ehe das genaue Gegenteil von Freiheit ist, dafür sind ihre Eltern schließlich das beste Beispiel. Sartre aber hat mehrere Beweggründe für seinen Antrag: Einerseits will er aus Simone eine ehrbare Frau machen – ihr Ruf ist schließlich durch ihre Liaison mit ihm ruiniert. Andererseits ist Sartre schlicht und einfach verliebt und will Simone für sich. Mit ihrem entschiedenen *Non, merci* rechnet er nicht. Das muss man sich mal vorstellen: Eine Tochter aus gutem Haus ist selbstbewusst genug, den Heiratsantrag eines vielversprechenden und – dank einer kleinen Erbschaft – vermögenden jungen Mannes abzulehnen. Simones *Non* zum Antrag ist ein radikaler Akt, eine Absage an ein gewöhnliches, traditionelles Leben. Sartre hofft, dass Simone es sich doch noch anders überlegt, aber die bittet ihn, doch besser abzureisen. In ihrer Gefühlswelt herrscht Chaos.

Wie groß dieses Chaos ist, zeigt sich einige Tage nach Sartres Abreise: Simone hat ein heimliches Rendezvous mit Maheu im nahegelegenen Uzerche. Die junge Frau ist immer noch zwischen den beiden Männern hin und her gerissen, obwohl sie natürlich weiß, wie wenig aussichtsreich eine Zukunft mit dem verheirateten Maheu ist. Was soll sie machen – der Kopf sagt Sartre, doch das Herz sagt Maheu. Vor dem Lama spielt Simone ihre Beziehung zu Sartre herunter – er soll nicht wissen, wie nahe sie dem *petit homme* schon gekommen ist. In ihrem Tagebuch vergleicht sie den Besuch von Sartre und Maheu, auch Jacques drängt sich immer wieder zwischen die Zeilen. Facebook-Beziehungs-Status: Es ist kompliziert. Verwirrt kehrt Simone nach diesem Sommer der Liebe nach Paris zurück.

Die morganatische Ehe

Immerhin ein Highlight erwartet sie dort: Simone zieht endlich zu Hause aus und in ein Zimmer im Haus ihrer Großmutter. Mama Françoise ist beruhigt, weil die Großmutter Simone im Auge behalten kann – tatsächlich akzeptiert diese jedoch die Privatsphäre ihrer Enkelin und behandelt sie wie ihre anderen Mieter. Zum ersten Mal in ihrem Leben hat Simone ihr eigenes Reich, fern von den wachsamen Augen der Mutter! Die 21-Jährige kostet ihre neugewonnene Freiheit aus und beschließt, sich nicht sofort um eine Stelle als Lehrerin zu bewerben: Neue Lehrer werden meistens in die «Provinz» (also alles außerhalb von Paris) versetzt, sie will aber erst einmal in Paris bleiben. Also gibt sie Privatstunden und unterrichtet in Teilzeit Latein an einem Gymnasium. Von ihrem ersten selbstverdienten Geld kauft Simone Lippenstift und Puder – sie ist nun endlich eine Frau und fühlt sich auch so.

«Nie habe ich ein solches Gleichgewicht erlebt, ein solches Glück, dieses Vergnügen an mir und am Leben, welches mir durch ihn gegeben wird.»[19]

Sartre hingegen hat eine weniger entspannte Zeit: Während Simone es genießt, ihrer Vergangenheit entkommen und endlich selbständig zu sein, graut Sartre vor den Verpflichtungen des Erwachsenseins – er ist immer noch ein großer Junge. Für ihn steht nun der obligatorische 18-monatige Militärdienst an, und ihm ist ganz und gar nicht wohl bei dem Gedanken, seine hübsche, begehrte und unterbeschäftigte Freundin allein in Paris zu lassen. Problem: Heiraten will diese ihn nicht, und Sartre selbst hat ja stets betont, wie wichtig ihm Freiheit sei. Ein Dilemma: Wie soll er die freiheitsliebende Simone an sich binden? Also schlägt Sartre Simone einen Pakt vor. An einem Oktoberabend 1929 lassen die beiden sich in der Nähe des Louvre auf einer Bank nieder – wichtige Dinge passieren bei ihnen offenbar stets unter freiem Himmel –, und Sartre legt seinen Zwei-Jahres-Pakt dar: Simone soll nach Möglichkeit die nächsten beiden Jahre in Paris bleiben und den außerhalb von Paris stationierten Sartre währenddessen, so oft es geht, sehen. Danach bewerben sich beide auf Auslandsposten in verschiedenen Ländern, sehen sich einige Zeit nicht, treffen sich dann irgendwo wieder. Nähe und Abstand, fein ausbalancierte Freiheiten. Ihre sei eine notwendige Liebe, erklärt Sartre Simone, eine *amour nécessaire*. Daneben gebe es aber auch Affären, die sogenannten Zufallslieben oder *amours contingents*. Von Letzteren soll während des Zwei-Jahres-Pakts aber erstmal kein Gebrauch gemacht werden, es gibt nur Simone und Sartre. Die beiden schließen einen weiteren Pakt: Sich einander immer alles zu sagen und sich nie anzulügen. Sehr ambitioniert, wie sich noch zeigen wird. Ihre Beziehung nennen die beiden eine «morganatische Ehe» – eine seltsame Bezeichnung, denn dabei handelt es sich eigentlich um eine Ehe, in der ein Ehepartner adelig ist und der andere von niedrigerem gesellschaftlichem Stand. Über Kinder müssen Sartre und Simone nicht lange diskutieren: Beide haben kein Bedürfnis, welche zu bekommen. Das außergewöhnliche Ehepaar schließt seinen Pakt am 14. Oktober 1929, und am 3. November steigt Sartre in den Zug, der ihn zur Militärakademie Saint-Cyr bringt. Ein bisschen mulmig ist Simone bei dem Gedanken an den Pakt schon:

«Ich gebe zu, dass die Trennung, die Sartre in Aussicht stellte, mich erschreckte; aber sie lag verschwommen in der Ferne, und ich hatte es mir zur Regel gemacht, mich nicht im Voraus mit Sorgen zu belasten. Wenn mich dennoch Angst überfiel, hielt ich sie für Schwäche und bemühte mich, sie zu unterdrücken; dabei half mir die bereits erprobte Gewissheit, dass ich mich auf Sartres Wort verlassen konnte. Bei ihm war ein Plan kein vages Geschwätz, sondern ein Bestandteil der Wirklichkeit.»[20]

Letztendlich geht es um Vertrauen – und Simone ist bereit, Sartre dieses Vertrauen entgegenzubringen und den Sprung ins Unbekannte zu wagen. In den ersten Jahren ihrer Beziehung wird Sartre für sie eine Vielzahl an Rollen erfüllen: Liebhaber, Mentor, Kritiker und *Cheerleader*. Für Sartre scheint mit dem Pakt alles geklärt, Simone allerdings schmachtet immer noch Maheu an. Die beiden treffen sich in Paris, und während Simone getreu dem Pakt Sartre alles darüber erzählt, weiß Maheu nichts von Sartre, dem Pakt und der morganatischen Ehe. Simone schafft es nicht, endgültig mit ihrem Lama, der in der Provinz unterrichtet, zu brechen. Aber natürlich ist Maheu nicht dumm und kriegt irgendwann mit, dass sein Castor nicht ehrlich zu ihm ist. Im Januar 1930 schickt er ihr einen verletzten Brief: Er würde mehr verdienen, schreibt er, als nur «Krümel»[21]. Simone ist irritiert und verärgert – schließlich ist Maheu hier der Ehebrecher! Trotzdem: Sie kann ihn einfach nicht loslassen, zwischen den beiden wird es noch eine ganze Zeit hin- und hergehen. Jacques hingegen kommt als *love interest* nicht mehr in Frage. Er verlobt sich nach seiner Rückkehr nach Paris mit der Freundin eines Bruders, die eine beträchtliche Mitgift zu bieten hat. Dass Jacques sich für eine andere entscheidet, bestärkt Simone sehr wahrscheinlich darin, sich mit dem Pakt an Sartre zu binden.

Filmreife Liebe

Theoretisch bietet die Beziehung Sartre-Beauvoir Stoff für eine ganze Fernsehserie, in der Realität aber gibt es nur einen Fernsehfilm aus dem Jahr 2006. In *Der Liebespakt: Simone de Beauvoir und Sartre* (Originaltitel: *Les amants du Flore*) will Regisseur Ilan Duran Cohen zeigen, wie dieser Pakt wirklich war – über Oberflächlichkeiten kommt er dabei leider nicht hinaus. Los geht es mit dem verheißungsvollen Zusammentreffen von Simone (Anna Mouglalis) und Sartre (Loràut Deutsch) 1929 an der Sorbonne. Sie will in Ruhe in der Bibliothek lernen, er verkündet seinen Kumpeln am Nebentisch, dass er dieses entzückende Fräulein zu erobern gedenke. Damit sind die Rollen klar: Sie strebsame Sphinx, er lebensfroher Casanova. In den ersten 25 Minuten galoppiert der Film nur so durch die erste Phase der erblühenden Beziehung – Küsse im Feld, Streit mit den Eltern, das erste Mal –, um dann direkt zum (vermeintlich) wichtigsten Teil zu kommen: dem Pakt.

Simone ist alles andere als begeistert von dem Vorschlag, aber Sartre überzeugt sie. Diesem Muster bleibt der Film bis zum Ende treu: Sartre drängt, Beauvoir zweifelt – und gibt dann nach. Er will immer weiter, sie ist zufrieden damit, wie es ist. Sartre setzt sich jedes Mal durch. *Der Liebespakt* endet Anfang der 1950er Jahre: Simone hat gerade *Das andere Geschlecht* veröffentlicht und ist nun eine berühmte Frau. Beide, sie und Sartre, haben intensive Beziehungen erlebt, die viel mehr waren als nur Affären. «Bei unserem Pakt haben wir ein wichtiges Detail vergessen: Die anderen haben Gefühle. Dafür lassen sie uns zahlen», seufzt Film-Sartre. Gezahlt, so stellt es der Film dar, hat aber vor allem Simone. *Der Liebespakt* präsentiert sie als ewig Eifersüchtige, die bedingungslos zu Sartre hält, nur um dann immer wieder von ihm enttäuscht zu werden. Sie weint, bricht zusammen, während Sartre nahezu kalt wirkt. Glaubt man dem Film, so ist Simone vor allem durch ihre nervenaufreibende Beziehung zu Sartre auf das große Thema «Benachteiligung der Frauen» gekommen. Denn so wie sie, so leiden überall Frauen unter der Unterdrückung durch die Männer. In Wahrheit war es Sartre, der Simone das Thema vorschlug. Mit den Fakten nimmt es *Der Liebespakt* einerseits also nicht so genau, versucht andererseits aber auch nicht wirklich, der Geschichte und den Charakteren neue Nuancen und Interpretationen hinzuzufügen. Anna Mouglalis und Loràmt Deutsch geben sich alle Mühe, ihre Charaktere mit Leben zu füllen – das Drehbuch macht es ihnen jedoch nicht einfach. Trotz seiner Oberflächlichkeit langweilt *Der Liebespakt* aber nicht: Es geht so schnell voran, immer passiert etwas, stets lauert das nächste Drama. Und das kommt der Realität dann doch irgendwie nahe.

Der Liebespakt: Simone de Beauvoir und Sartre (Original-titel: *Les Amants du Flore*), Frankreich, 2006. Regie: Ilan Duran Cohen

Liebe zu dritt

Doch schon die erste Etappe des Pakts verläuft nicht nach Plan: Sartre erhält die Lektorenstelle in Japan, auf die er sich beworben hat, nicht. Stattdessen schickt man ihn 1931 als Lehrer nach Le Havre, eine Stadt in der Normandie. Simone bekommt eine Stelle im südfranzösischen Marseille – und plötzlich trennt die beiden ein ganzes Land. Vor ihrer Trennung erneuern die 23-jährige Simone und der 27-jährige Sartre ihren Pakt noch bis in ihre 30er: Die Zufallslieben können warten! Ein letztes Mal schlägt Sartre eine Heirat vor – als Ehepaar hätten sie Anspruch auf eine Anstellung in derselben Stadt –, und ein letztes Mal lehnt Simone ab. Sie hat sich für die Freiheit entschieden, die ganze Freiheit. Es ist ihr egal, was andere über ihre Art zu leben denken, sie hat sich endgültig von den Erwartungen und Regeln ihres Geburtsmilieus gelöst. Sehr wahrscheinlich trägt ein Ereignis besonders zu dieser wilden Entschlossenheit bei: Der Tod ihrer besten Freundin Zaza am 11. November 1929. Ganz unerwartet wird Zaza schwer krank und stirbt, vermutlich an Meningitis oder Enzephalitis. Simone ist bestürzt und aufgewühlt, der Verlust Zazas ist für sie der härteste Einschnitt in ihrem bisherigen Leben. Sie empfindet den Tod ihrer Freundin als Zeichen: Die beiden haben beide gegen ihr Milieu rebelliert, waren Komplizinnen – nun, wo die eine tot ist, muss die andere diese Rebellion vollenden. Für Simone gibt es keinen Weg mehr zurück. Stattdessen stürzt sie sich ins Leben und nutzt noch vor Sartre die (in den ersten zwei Jahren eigentlich nur theoretischen) Freiheiten des Paktes. Im Februar 1931 bricht Simone zu einer *Tour de France* mit Sartres gutem Freund Pierre Guille auf und schläft während dieses Urlaubs mit ihm. Die Freuden der *amours contingents*!

Im südfranzösischen Marseille ist es mit der Freude dann erstmal vorbei: Simone fühlt sich einsam und verlassen. Nach den rauschhaften Monaten ihrer Liebe mit Sartre ist sie nun sich selbst überlassen: Sie muss das Alleinsein erst wieder lernen, und das fällt ihr schwer, sie ist zerrissen zwischen dem Bedürfnis nach Selbständigkeit und ihrer Abhängigkeit von Sartre. Ihr fehlt plötzlich der Schwung, und sie erkennt: «Seit ich Sartre kannte, überließ ich es ihm, mein Leben zu rechtfertigen.»[22] Doch langsam findet Simone zurück zu ihrem Ich, hauptsächlich durch lange Wanderungen im Marseiller Umland. Das Ganze wird zu mehr als einem Hobby, es wird zu einer Art Besessenheit. Beim Laufen kann Simone sich selbst erfahren, sich selbst spüren, ihren Körper bis an seine Belastungsgrenze bringen. Simone fühlt sich wieder frei und im Einklang mit sich selbst. Trotzdem ist sie froh, als die Zeit in Marseille zu Ende geht: 1932 wird sie nach Rouen versetzt, nicht allzu weit von Le Havre entfernt. Dort bleibt Sartre bis 1936, mit einer kurzen Unterbrechung durch einen Studienaufenthalt 1933 in Berlin, wo er eine Affäre mit einer Französin hat (sein Deutsch ist zu schlecht, um deutsche Frauen mit seiner üblichen Wortgewalt zu becircen). 1936 kehrt Simone endlich in ihr geliebtes Paris zurück: Fünf Jahre hat ihr Exil in der «Provinz» gedauert! Im Schlepptau hat sie eine ehemalige Schülerin aus Rouen, Olga Kosakiewicz. In ihren Memoiren wird Simone Olga später als gute Freundin darstellen, als unglückliche junge Frau, die sie und Sartre unterstützen wollten. Dabei verschweigt Simone, dass Olga nicht nur ihre Freundin, sondern auch ihre Geliebte war.

Simone lernt Olga 1932 in ihrer Zeit als Lehrerin von Oberstufenschülerinnen in Rouen kennen. Die 25-jährige Simone ist attraktiv, schminkt sich, trägt Schmuck und schicke Kostüme, versprüht Glanz und Glamour. Außerdem lebt sie unverheiratet im Hotel, sitzt stundenlang allein in Cafés und liest im Unterricht mit den Schülerinnen – Mädchen aus guten Familien – Bücher der Skandalautoren André Gide und Marcel Proust. Sie spricht schnell und eloquent. Viele von Simones Schülerinnen schwärmen für sie und versuchen, sie außerhalb der Schule zu treffen. Die Lehrerin allerdings ist vom Großteil ihrer Schützlinge gelangweilt – doch die 17-jährige Olga erregt ihre Aufmerksamkeit: «Ihr blasses, von dichtem blondem Haar umrahmtes Gesicht erschien mir beinahe apathisch, und sie reichte mir so skizzenhaft knappe Arbeiten ein, dass ich Mühe hatte, sie zu beurteilen.»[23] Von ihren Mitschülerinnen wird Olga nur «die kleine Russin» genannt, weil ihr Vater aus Weißrussland stammt. Zu Simones Erstaunen schneidet die bisher nie durch Glanzleistungen aufgefallene Olga am Schuljahresende als Beste ab. Die kleine Russin entpuppt sich als intelligent, und Simone, die von diesem kapriziösen, gelangweilten und latent lebensmüden Geschöpf fasziniert ist, beginnt, sich regelmäßig mit ihr in Cafés zu treffen. Olga ist träumerisch und unglücklich und weiß nicht, was sie mit ihrem Leben anfangen soll. Mit Simones tatkräftiger Unterstützung schafft sie ein glänzendes Abitur und nimmt im Herbst 1934 auf Wunsch ihrer Eltern ein Medizinstudium in Rouen auf – auf das sie eigentlich keine Lust hat. Simone merkt, wie unzufrieden Olga mit ihrem Leben ist, und macht

ihr 1935 ein Angebot: Sie und Sartre würden sich um sie kümmern, ihren Lebensunterhalt finanzieren und sie unterrichten. Olga akzeptiert und zieht kurze Zeit später in das gleiche
Hotel wie ihre ehemalige Lehrerin, die beiden beginnen eine
Affäre. Sartre ist ebenfalls fasziniert von der kleinen Russin,
die Simone da angeschleppt hat, und es entwickelt sich das,
was Simone und Sartre das «Trio» nennen. Das erste Trio,
wohlgemerkt. 1936 folgt Olga Simone nach Paris, Sartre unterrichtet noch im nordfranzösischen Laon, nutzt aber jede
Gelegenheit, um seine beiden Frauen in Paris zu besuchen.
1937 wird er zu seiner großen Zufriedenheit in den Pariser
Vorort Neuilly versetzt. Zusammen sind Simone und Sartre
unwiderstehlich, ihre Intensität lässt niemanden kalt. Sie beenden die Sätze des jeweils anderen. «[W]enn man uns eine
Frage stellt, geschieht es, dass wir beide die gleiche Antwort
formulieren.»[24] Die Beziehungen innerhalb des Trios sind
ungleich: Sartre und Simone fungieren als «Eltern», als Auto-
ritätspersonen, die nur das Beste für ihr «Kind» wollen. Das
heißt in diesem Fall Olga und ist finanziell völlig abhängig
von den beiden. Kein Wunder, dass Olgas Gefühle ihren «Eltern» gegenüber kompliziert sind. Einerseits ist sie dankbar,
andererseits fühlt sie sich oft bevormundet und reagiert trot-
zig. Simone möchte gerne zwei getrennte Beziehungen haben:
eine zu Sartre, eine zu Olga. Sartre besteht aber ebenfalls auf
einem engen Verhältnis zu Olga – das kann ja nicht gut gehen. Olga mag zwar jung und naiv sein, im Umgang mit dem
sie manisch verfolgenden Sartre ist sie jedoch erstaunlich ab-
gebrüht. Mal lässt sie ihn ganz nah an sich herankommen,
dann wieder entzieht sie sich ihm. Sartre macht das wahnsinnig – und Olga für ihn natürlich umso begehrenswerter.
Dass Sartres Buchmanuskript, an dem er lange gearbeitet
hat, abgelehnt wird, trägt ebenso zu seiner Obsession bei wie

ein missglücktes Experiment mit der Droge Meskalin im Februar 1935. Sartre sieht sich in seiner Phantasie von diversen Krustentieren verfolgt, leidet unter depressiven Verstimmungen und braucht dringend einen Erfolg. Doch Olga hat nicht vor, dieser Erfolg zu sein. Widerwillig müssen Simone und Sartre erkennen, dass sie die kleine Russin nicht so gut im Griff haben wie gedacht. Das anfangs mehr oder weniger harmonische Trio – so harmonisch, wie es mit einer launischen, rebellischen Person wie Olga und zwei anspruchsvollen Persönlichkeiten wie Simone und Sartre eben sein kann – entwickelt sich immer mehr zu einer Katastrophe. Sartre kriegt Olga einfach nicht in sein Bett und ist eifersüchtig auf die Beziehung zwischen den beiden Frauen. Die psychisch ohnehin labile Olga leidet zunehmend unter den Ansprüchen des Paares und darunter, der Spielball zu sein. Simone wiederum ist beunruhigt durch das obsessive Interesse Sartres an Olga. Eigentlich leiden also alle drei, aber keiner weiß einen Ausweg aus diesem selbst verursachten Liebeswirrwarr.

«Die Harmonie zwischen zwei Individuen ist niemals gegeben, sie muss immer wieder neu erobert werden.»[25]

Letztendlich entzieht sich jeder auf seine Weise dem Trio. Simone reagiert im Februar 1937 mit einer heftigen Lungenentzündung, die sie wochenlang lahmlegt. Olga lernt Sartres ehemaligen Schüler, den jungen gutaussehenden Jacques-Laurent Bost, kennen: Die beiden verlieben sich, heiraten später sogar. Ostern 1937 kommt Olgas jüngere Schwester Wanda zu Besuch nach Paris. Sartre hat sie bereits in Rouen kennengelernt, nun macht er sich sofort daran, sie zu umwerben. Das Trio ist offiziell gescheitert, Simone erleichtert. Und doch starten sie und Sartre einen zweiten Versuch. Die

Versuchsanordnung bleibt gleich, nur die Variablen ändern sich: Statt Olga Kosakiewicz heißt die Dritte im Bunde nun Bianca Bienenfeld. Die 16-Jährige und Simone lernen sich 1938 am Pariser Lycée Molière kennen, wo Simone unterrichtet. Bianca wurde in Polen als Tochter jüdischer Eltern geboren und wuchs in Paris auf. Sie ist ganz anders als die melancholische Olga: lebensfroh und vielfältig interessiert. Wie auf so viele andere Schülerinnen übt Simone auf sie eine unwiderstehliche Anziehungskraft aus. Bianca erinnert sich:

«[S]ie war klein, schmächtig, ein wenig ungelenk, nicht sehr gut gebaut. Sie hatte einen schnellen Gang und manchmal brüske Gesten an sich. Alles an ihr strahlte Energie aus [...]. Am meisten beeindruckte mich die Schönheit ihres vollendet proportionierten und geschnittenen Gesichts, das reine Profil mit den deutlichen Wangenknochen. Die Intelligenz ihres leuchtend blauen Blicks fiel uns sofort auf. Der einzige Mangel: Ihre Stimme war brüchig, rau, wenig angenehm. Die extreme Schnelligkeit ihrer Sprechweise bereitete uns beim Mitschreiben große Schwierigkeiten.»[26]

Während eines gemeinsamen Wanderurlaubs im Sommer 1938 entwickelt sich aus der Freundschaft zwischen Bianca und Simone eine körperliche Beziehung. Schon bald meldet Sartre ebenfalls Ansprüche an, und anders als Olga ist die nun 17-jährige Bianca bereit, sich mit dem 33-Jährigen einzulassen. Kurz darauf überfällt Hitler Polen, und Frankreich erklärt Deutschland den Krieg, Sartre leistet seinen Militärdienst auf einer Wetterbeobachtungsstation. Er und Simone werden sich zwischen September 1939 und März 1941 nur dreimal für jeweils ein paar Tage sehen. Die Entfernung muss irgendwie kompensiert werden – und wie ginge das besser als durch den schriftlichen Austausch über alles, was so passiert? Simone schreibt Sartre lange Briefe und hält ihn über alle amourösen Verwicklungen in Paris auf dem Laufenden: Arbeit im Café, Treffen mit Olga, Umarmungen mit Bianca. Das höfliche *vous* (Sie) in der Anrede behält Simone dabei stets bei, mit dem vertraulichen *tu* (Du) steht sie nämlich grundsätzlich auf dem Kriegsfuß. Sartre findet diese Angewohnheit ziemlich amüsant; er selbst duzt alle Frauen, mit denen er zusammen ist, nur seinen Castor eben nicht. Das Siezen, es ist also irgendwie ein Zeichen von Liebe.

Die Sprache der Liebe

Simone und Sartre sind nicht unbedingt das, was man ein gewöhnliches Liebespaar nennen würde. Aber wie andere Paare auch haben sie ihre eigene Sprache, benutzen Begriffe, die für den anderen eine ganz spezielle Bedeutung haben. So spricht Simone in ihren Briefen an Sartre gerne von **querencia**, ein aus der Stierkampfsprache übernommener (und von Hemingway benutzter) Begriff, der einen Ort bezeichnet, an dem man sich in Sicherheit fühlt, aus dem man Kraft zieht. Wenn Simone etwas widerfahren ist, von dem sie Sartre berichten möchte, tut sie das in Form von **Erlebnissen**: Dieser deutsche (und von beiden auf Deutsch verwendete) Begriff stammt aus der Phänomenologie und bedeutet so viel wie «erlebte Erfahrung». Simone und Sartre benutzen ihn für «Emotion» oder «Herzensregung». Doch nicht alles, was den beiden widerfährt, sind «kleine Erlebnisse» – manches ist auch einfach nur **kontingent**. Im Existenzialismus steht Kontingenz für das Zufällige, für die Willkürlichkeit der menschlichen Realität. Geht es um Liebesbeziehungen, sprechen Simone und Sartre gerne von

Einklammerung: Eine Beziehung einzuklammern, bedeutet, die eigene privilegierte Stellung in Frage zu stellen, darauf zu verzichten, mit dem oder der Geliebten eins sein zu wollen. Simone lehnt es zwar ab, ihre eigene Beziehung zu Sartre «einzuklammern» – muss aber feststellen, dass es gar nicht so einfach ist, dies auch praktisch umzusetzen. Trotzdem betonen sie und Sartre in ihren Briefen stets die Besonderheit ihrer Beziehung, was sich insbesondere in ihrer Redensart vom **ausgetretenen Weg** zeigt: Damit spielen sie auf die Dauerhaftigkeit ihrer Beziehung an, aber auch auf die Gefahren der Routine. Simone schreibt: «Ich bin noch mit Ihnen zusammen wie vorgestern Abend, als Sie meine alte Wange eines alten ausgetretenen Weges küssten und ich Sie ganz stark umarmte.»[27] Und Sartre antwortet: «Mein Kleiner, ja, ich möchte sehr gerne Ihre alten Wangen eines ausgetretenen Weges küssen, die mir mehr als alles auf der Welt gefallen.»[28]

Drama, Baby!

Ihren engsten Freundeskreis nennen Simone und Sartre *la petite famille*, die kleine Familie. Und diese Familie wird über die Jahre zu einem komplizierten Beziehungsgeflecht, in welchem nur die als Eltern fungierenden Simone und Sartre den Überblick haben und die Strippen ziehen – der Rest wird über viele amouröse Verwicklungen im Unklaren gelassen. So beginnt Simone 1938 eine heimliche Affäre mit dem «kleinen Bost» (Jacques-Laurent Bost), ebenfalls Soldat und eigentlich mit Olga zusammen. Dass Sartre mit Bianca schläft, darf dagegen Olgas Schwester Wanda nicht erfahren.

Und so weiter und so fort. Die vielen zwischenmenschlichen Beziehungen im Alltag zu organisieren, ist nicht leicht: Simones Tag ist genauestens eingeteilt, und je mehr Zeit sie einer Person in diesem rigiden Plan zuteilt, desto höher ist die Zuneigung, die sie ihr entgegenbringt. Trotz des Stresses, der Ansprüche von verschiedenen Seiten und der ständigen Heimlichtuerei scheint das Ganze Simone und Sartre Spaß zu machen: In ihren Briefen beschreiben sie detailliert, wann sie sich wo mit wem getroffen haben – ob Bianca mal wieder eifersüchtig geworden ist, ob Olga und Bost sich gestritten haben. Der Austausch über ihre Schützlinge ist für das Paar so etwas wie ein sexueller Ersatz. Denn im Bett ist der große Sartre nicht so der große Bringer. Ihm macht es viel mehr Spaß, Frauen nachzujagen und sie zu verführen, der Geschlechtsakt an sich interessiert ihn wenig. Simone hingegen ist eine sinnliche Frau, sie hat sexuelle Bedürfnisse, die sie in der Beziehung mit Sartre nicht ausleben kann. *La petite famille* mit all den kleinen und großen Dramen erlaubt ihnen einen sexuellen Austausch, auch wenn sie selbst nicht mehr miteinander schlafen (was wohl nach ungefähr zehn Jahren Beziehung der Fall war). Heutige Leser dürften sich beim Briefverkehr zwischen Simone und Sartre denken: TMI, *Too Much Information*. Und das in einem Zeitalter, in dem das sogenannte *oversharing* persönlicher Geschichten im Internet völlig normal ist. Aber das Paar hat sich nun einmal geschworen, sich stets alles zu sagen – auch, wenn es Simone immer schwerer fällt, sich an diesen Schwur zu halten: Da sind ihre Gefühle für Bost, über deren Tiefe sie selbst erstaunt ist, und ihre sexuellen Beziehungen mit jungen Frauen, die sie mehr erfüllen, als die sexuelle Beziehung mit Sartre es je getan hat. Mühelos bewegt Simone sich zwischen Zuschreibungen wie «lesbisch», «heterosexuell» oder «bisexuell», sie schläft mit den Menschen, von denen sie sich angezogen fühlt. Das Geschlecht der betreffenden Person ist ihr dabei egal.

5 Dinge, die Simone und Sartre gerne zusammen machen

1. Reisen, sowohl privat auch als beruflich
2. Whisky trinken (am besten Scotch)
3. Diskutieren: über Philosophie, Literatur, Politik und sich selbst
4. Schallplatten hören – abends, zur Entspannung
5. Arbeiten, ob an getrennten Tischen im Café oder zu Hause

Und etwas, das sie nicht gerne zusammen machen

Wandern – Sartre kann mit der Natur nicht viel anfangen und tut gerne so, als hätte er eine Frischluftallergie.

Nach und nach verliert Simone das Interesse an Bianca: Sie lässt sich mit einer anderen ehemaligen Schülerin ein, der russischstämmigen Nathalie Sorokine. Die ist impulsiv und leidenschaftlich, und Simone kann nicht anders, als sich von ihrer Leidenschaft mitreißen zu lassen. Im Februar 1940 wird beschlossen, dass Sartre – immer noch auf der Wetterstation – per Brief mit Bianca Schluss machen soll. Die ist wie erwartet am Boden zerstört und lässt sich von Simone trösten. Hier zeigt sich Simones und Sartres oft unempathischer Umgang mit anderen: Wenn die beiden einen Menschen interessant finden, sind sie charmant und liebenswürdig – haben sie genug von ihm oder ihr, wird kurzer Prozess gemacht. Simone kommt dabei oft die Rolle der Überbringerin schlechter Nachrichten zu, denn Sartre ist extrem konfliktscheu. Bianca Bienenfeld, die nach ihrer Heirat Lamblin heißt, schreibt über ihre Erlebnisse später das Buch *Memoires d'une jeune fille dérangée* (etwa: *Memoiren eines verstörten Mädchens*, in Anspielung auf den Titel von Simones *Memoires d'une jeune fille rangée*). Olga Kosakiewicz sagte über ihre Beziehung zu Simone und Sartre: «Wir waren alle wie Schlangen, hypnotisiert. […] Wir taten, was sie wollten, denn was auch immer, wir waren so begeistert von ihrer Aufmerksamkeit, so privilegiert, sie zu haben.»[29] Zumindest Simone sieht ihr eigenes Verhalten im Nachhinein sehr kritisch:

«[…] dritte Personen, in Sartres Leben wie in meinem, wussten von Anfang an, dass es da eine Beziehung gab, welche diejenige, die man mit ihnen hatte, erdrücken würde. Das war oft nicht sehr angenehm für sie. Unsere Beziehung ging wirklich ein wenig auf Kosten dieser Dritten. Also ist diese Beziehung durchaus zu kritisieren, denn sie schloss ja manchmal ein, dass man sich den Leuten gegenüber nicht sehr korrekt benahm.»[30]

Verliebt in Amerika

Auch wenn Sartre zwischendurch kurz erwägt, Wanda zu heiraten: Letztendlich sind es nicht Mitglieder der *petite famille*, die den Pakt zum ersten Mal ins Wanken bringen, sondern eine in Amerika lebende Französin, Dolorès Vanetti Ehrenreich, sowie ein waschechter Amerikaner, Nelson Algren. Sartre lernt Dolorès 1945 in New York kennen, wo er sich als Teil einer Gruppe französischer Journalisten aufhält. Sie ist mit einem reichen amerikanischen Arzt verheiratet und arbeitet fürs Radio. Mit ihr ist es anders als mit den üblichen Sartre'schen Affären: Der Philosoph verliebt sich, verschweigt dies gegenüber der daheimgebliebenen Simone jedoch. Die wiederum bekommt natürlich sehr genau mit, was in ihrem Gefährten vorgeht. Im Gegenteil zu Sartres kleinem Harem in Paris ist Dolorès der Über-Status des Paares Sartre-Beauvoir ziemlich egal: Sie akzeptiert die vom heiligen Pakt diktierten Spielregeln nicht, sie will Sartre für sich alleine. In den nächsten Jahren führen sie und Sartre eine On-Off-Beziehung, sie will ihn heiraten, er ziert sich. Simone trifft Dolorès sogar – die beiden Frauen können sich nicht ausstehen. Dolorès ist eifersüchtig, Simone krank vor Sorge um ihre und Sartres Zukunft. Sie und Sartre sind nicht mehr selbstverständlich «eins»:

«Ich hatte meinen zähen Optimismus eingebüßt: Mir konnte alles widerfahren. Eine Verbindung, die seit über 15 Jahren besteht: Ist sie nicht bereits zur Gewohnheit geworden? Welche Konzessionen bringt sie mit sich? Meine Antwort kannte ich, nicht aber die Sartres.»[31]

Hinzu kommt, dass Sartre mittlerweile eine Berühmtheit in Frankreich und zunehmend auch im Ausland ist: Man reißt sich um diesen jungen Mann, der die aufregende Philosophie des Existenzialismus verkörpert. Simone hat zwar auch verschiedene Werke veröffentlicht, darunter philosophische Essays und drei Romane – trotzdem wird sie von vielen nur als Begleiterin Sartres, als seine Jüngerin und Muse gesehen. *La grande Sartreuse* eben. Nach außen gibt Simone sich unbeeindruckt, tatsächlich leidet sie aber darunter.

Anfang 1947 reist Simone endlich selbst zum ersten Mal nach Amerika. Dort soll sie eine Reihe von Vorträgen zum

Thema Existenzialismus halten. In Chicago lernt sie den amerikanischen Schriftsteller Nelson Algren kennen. Sie hat seine Nummer von New Yorker Freunden bekommen: Er sei zwar schwierig und launisch, aber wenn sie in Chicago einen *guide* bräuchte, könne sie sich gerne bei ihm melden. Der erste Kontakt zwischen Simone und Algren ist wenig vielversprechend. Sie ruft ihn aus dem Hotel an, er versteht sie aber wegen ihres starken französischen Akzents nicht – und legt auf. So geht das ein paar Mal hin und her, bis Simone jemanden vom Hotel bittet, Algren anzurufen. Es klappt: Die Französin und der Amerikaner verabreden sich für den Abend. Erkennungszeichen: ein Buch, an dem Simone sich nervös festklammert. Kaum hat Algren sein *blind date* erspäht, da teilt diese ihm auch schon mit, dass sie das «richtige» Chicago sehen will. Also nimmt Algren sie mit in einen Stripclub, eine afroamerikanische Bar und eine zwielichtige Kneipe. Simone ist begeistert, und vor allem begeistert sie Algren. Der hatte mit einer zugeknöpften, arroganten und langweiligen Person gerechnet – die schnell sprechende Französin ist nichts davon. Später erinnert Algren sich:

«Sie redete wie ein Wasserfall, mit Intensität, Emphase, Kraft. Ich verstand kein Wort. Später gestand sie mir, dass sie ebenfalls nichts von dem verstanden hatte, was ich sagte. Ich dachte, sie sei eine Lehrerin aus Frankreich. Ich hatte ihren Namen noch nie gehört und war mir nicht sicher, ob ich ihn richtig verstanden hatte.»[32]

Simone verbringt 36 Stunden in Chicago und die meisten davon mit Algren. Sie sind völlig unterschiedlich und auch an der sprachlichen Verständigung hapert es, aber sie fühlen sich sehr zueinander hingezogen. Algren ist laut einem *Spiegel*-Artikel «ein Macho, wie er im Buche steht und sich selbst zu Buche schlug: Wer ihn lesen wollte, warnte Hemingway, müsse einiges einstecken können, denn ‹er boxt mit beiden Fäusten und verfügt über gute Beinarbeit›.»[33] Als er Simone kennenlernt, ist Algren 38, ein Jahr jünger als sie. Er hat bereits zwei Romane veröffentlicht und ist gerade dabei, den Roman fertig zu schreiben, der später sein erfolgreichster wird: *Der Mann mit dem goldenen Arm.*

Nelson Algren (1909–1981) – Schriftsteller & geliebtes Krokodil

Erfolg macht nicht unbedingt glücklich, dafür ist Nelson Algren das beste Beispiel. Trotz Kritikerlob und der Hollywoodverfilmung seines Romans stirbt er 1981 arm und verbittert – zum Glücklichsein hatte er einfach kein Talent. Der Schriftsteller wird in Detroit geboren, seine jüdische Familie hat deutsch-schwedische Wurzeln. Nach seinem College-Abschluss in Journalismus tingelt der junge Nelson durch die USA, hält sich mit fragwürdigen Jobs über Wasser und wartet auf seinen Durchbruch. Der kommt nicht. Der *american dream* ist gescheitert, vorerst. Desillusioniert und enttäuscht landet Nelson in Chicago. Seine Sympathien gelten gesellschaftlichen Außenseitern, sie faszinieren ihn, weil er in ihnen sich selbst sieht: Chicagoer Slum-Bewohner, Prostituierte und Obdachlose. 1935 erscheint Nelsons Debüt *Der Gestiefelte*, wird aber kein Erfolg. Nelson ist arbeitslos, verzweifelt und gedemütigt – er unternimmt einen Selbstmordversuch. Mit seiner Ehefrau Amanda lebt er in Armut, 1939 verlässt er sie, um sich ganz dem Schreiben zu widmen. Wenn er nicht gerade schreibt, spielt er Karten in zwielichtigen Hinterzimmern, spricht mit *outsidern* oder besucht die örtliche Psychiatrie. Als

Simone Nelson 1947 kennenlernt, hat der sich als Schriftsteller endlich einen Namen gemacht: Die *New York Times* bejubelt das 1942 erschienene *Nacht ohne Morgen*, auch die Geschichtensammlung *Im Neon-Dschungel* (1947) kommt gut an. In seinen Erzählungen und Romanen geht es Nelson darum, Autoritäten in Frage zu stellen, zu zeigen, dass der gesellschaftliche Wert eines Menschen nichts mit dessen Vermögen zu tun hat. 1950 überreicht ihm die ehemalige First Lady Eleanor Roosevelt den neu geschaffenen *National Book Award*: Zum ersten Mal in seinem Leben trägt Nelson einen Smoking, es ist der Höhepunkt seiner Karriere – danach kommt nicht mehr viel. Zwar schreibt und veröffentlicht er weiterhin, aber er hat keinen Erfolg mehr. Das liegt auch daran, dass Nelson der Umgang mit anderen Menschen oft schwerfällt. Er ist kein *people pleaser*, sondern jemand, der zu seinen – unbequemen – Überzeugungen steht. So wird sein 1949er Erfolgsroman *Der Mann mit dem goldenen Arm* zwar mit Frank Sinatra verfilmt, eine Karriere als Hollywood-Autor entsteht für Nelson daraus aber nicht – er ist überzeugter Kommunist und auch während der McCarthy-Ära nicht bereit, sich für seine politische Haltung zu entschuldigen. Sein ganzes Leben lang ist Nelson ein Einzelgänger, der zu Stimmungsschwankungen und Depression neigt. Doch er kann auch ganz anders sein: Simone erlebt ihn als unterhaltsamen, liebevollen und einfallsreichen Mann, in dem sie eine große Verletzlichkeit erahnt. Er ist ihr «geliebtes Krokodil». Harte Schale, rauer Kern.

In diesem eiskalten Chicagoer Februar beginnt zwischen der intellektuellen Französin und dem amerikanischen Arbeiterjungen eine Liebesgeschichte, die über drei Jahre andauern, und eine Verbindung, die über fast zwei Jahrzehnte bestehen wird. Mehrmals besucht sie ihn in Amerika, sie machen gemeinsam Urlaub in Südamerika. Algren reist sogar nach Paris: 1949 bekommt er die Publikation von *Das andere Geschlecht* mit und erlebt hautnah, wie seine Freundin über Nacht berühmt (und berüchtigt) wird. Er lernt die *petite famille* kennen – man ist entzückt von Simones toughem *Chicago Boy*. Sind sie getrennt, schreiben Simone und Algren sich Hunderte von Briefen, er nennt Simone «Frosch», sie ihn «Krokodil». Er schenkt ihr einen mexikanischen Silberring, den sie fortan immer trägt. In dieser Beziehung ist die Rollenverteilung klassischer als in der mit Sartre: Simone ist hier mal nicht die intellektuelle Partnerin, sondern einfach eine sinnliche Frau. Algren ist der erste Mann, mit dem Simone auch sexuelle Erfüllung erlebt. Als sie von ihrem ersten Amerika-Trip zurückkehrt, strahlend vor Verliebtheit und Glück, lässt das Sartre nicht kalt – er weiß plötzlich wieder, was er an seinem Castor hat. Dolorès, wer ist eigentlich Dolorès?

«Wenn Sie genau wissen wollen, wie sehr ich Sie liebe, können Sie die Buchstaben zählen, die ich geschrieben habe: wie viele ‹a›, wie viele ‹b› usw. Sie nehmen die Zahl, die herauskommt, multiplizieren sie mit 10 345, und Sie erhalten die Anzahl der Küsse, die ich Ihnen während meines Lebens geben möchte.»[34]

Genau wie Dolorès Vanetti will Algren aber mehr, als nur die Zweitbeziehung sein: Er will seinen «Frosch» Simone heiraten. Das kommt für die natürlich überhaupt nicht in Frage, ihre Beziehung zu Sartre hat Priorität. Zerknirscht schreibt sie Algren: «Ist es richtig, etwas von sich hinzugeben, wenn man nicht bereit ist, alles zu geben? Darf ich ihn lieben und ihm sagen, dass ich ihn liebe, ohne die Absicht zu haben, ihm mein ganzes Leben zu geben, wenn er mich darum bitten würde?»[35] Sie versucht sogar, ihrem *lover* die von Sartre und ihr so geschätzten «Zufallslieben» schmackhaft zu machen – Algren solle es doch auch mal mit einer Affäre versuchen! Der versteht nicht, warum Simone so sehr an Sartre und an Paris hängt. Kein Wunder, hat seine französische Freundin doch stets versucht, ihre Beziehung zu Sartre als nicht mehr als eine gute Freundschaft und intensive Arbeitsbeziehung darzustellen. Algren weiß lange nichts von dem «Pakt» oder von Simones Dolorès-Kummer. Als dem Amerikaner das ganze Ausmaß von Simones «Verpflichtungen» in Paris bewusst wird, ist er zutiefst verletzt. Während eines letzten gemeinsamen Urlaubs am Michigansee im Sommer 1950 beendet Algren die Beziehung, er denkt darüber nach, seine Ex-Frau noch einmal zu heiraten. Simone ist verzweifelt: «[M]eine Augen sind bisher trocken geblieben, so trocken wie geräucherter Fisch, doch mein Herz liegt in mir wie ein widerlicher weicher Pudding.»[36] Die Beziehung zwischen «Frosch» und «Krokodil», sie scheitert 1951 an Simones Unehrlichkeit sowie an den unterschiedlichen Erwartungen an die Beziehung. Hinzu kommen private Probleme Algrens: Er hat Schreibblockaden und Minderwertigkeitskomplexe, trinkt zu viel und wird immer verbitterter.

Von Neuanfängen und Abschieden

Simone ist überzeugt, dass es das war mit ihrem Liebesleben. Mit Mitte 40 fühlt sie sich bereits als alte Frau. Objektiv betrachtet ist das natürlich Blödsinn: Erstens ist 40 kein Alter, zweitens sieht Simone blendend aus. Kein Wunder also, dass sie schon bald einen neuen Verehrer hat, den jungen Journalisten Claude Lanzmann. Die beiden treffen sich 1952 bei einer Redaktionssitzung der von Sartre gegründeten Zeitschrift *Les Temps Modernes*. Der 26-jährige Lanzmann ist groß, dunkelhaarig, gutaussehend und selbstbewusst, ein engagierter Journalist – und extrem angetan von Simone. Er erinnert sich:

«Nach einem Fest in der Rue de la Bûcherie (Simone de Beauvoirs Wohnung, Anm.), auf dem die Abreise von Cau (Sartres Sekretär, Anm.) und Jacques-Laurent Bost nach Brasilien gefeiert wurde, fand ich am Morgen darauf den Mut oder die Verwegenheit, Simone de Beauvoir anzurufen und sie für den Abend ins Kino einzuladen. […] Ernst und offenbar nicht in der Stimmung, ihre Zeit zu vergeuden, fragte sie mich: ‹Um welchen Film zu sehen?› Ich antwortete: ‹Egal, irgendeinen›, womit ich ihr verständlich machen wollte, dass das Kino durchaus nicht der Zweck meiner Bitte war. Sie verstand.»[37]

Simone legt auf und heult vor lauter Glück erstmal los: Sie ist noch keine vertrocknete alte Jungfer! Schon bald zieht Lanzmann bei ihr ein, er ist der erste und einzige Mann, mit dem Simone jemals zusammenwohnen wird. Denn auch das gehört implizit zu den Vorgaben des Pakts: Sartre und Simone wohnen stets getrennt, haben keinen gemeinsamen Haushalt. Nie käme Simone auf die Idee, selber zu kochen – wozu gibt es Cafés und Bistros?

Claude Lanzmann (* 1925) –
Autor, Filmemacher & Verjüngungskur

Claude Lanzmann ist jemand, der sich einmischt, der eine Haltung hat. Während des Zweiten Weltkriegs engagiert sich der damals 18-jährige überzeugte Kommunist in der *Résistance* in Clermont-Ferrand. Nach dem Krieg zieht die Familie – die Eltern Lanzmann sind mittlerweile geschieden – nach Paris. Dort studiert Claude an der Sorbonne Philosophie, seine Abschlussarbeit schreibt er, wie Simone, über Leibniz. Zwischendurch studiert und arbeitet Claude in Tübingen und Berlin. Zurück in Frankreich wird er freier Journalist, schreibt unter anderem für *France Dimanche*, *France-Soir* und *Le Monde*. Sartre liest Claudes Reportage über das Ostdeutschland der Nachkriegszeit, ist beeindruckt und lädt ihn zur nächsten Zusammenkunft des *Temps Modernes*-Redaktionskomitees ein. Der Rest ist, wie man so sagt, Geschichte: Claude begegnet Simone, die beiden haben ihr erstes Date im Juli 1952. Aus dem eigentlich geplanten Kinobesuch wird nichts, die beiden betrachten einen ganzen Abend lang aus Simones Zimmerfenster die Kathedrale Notre-Dame. Claude ist fasziniert von der Frau an seiner Seite: «Ich liebte sofort den Schleier ihrer Stimme, ihre blauen Augen, den klaren Schnitt ihres Gesichts und, mehr noch, den ihrer Nasenflügel.»[38] Simone kann es nicht fassen, dass dieser Jungspund sich für sie interessiert und sogar mit ihr zusammen sein will. Claude und Simone sind von 1952 bis 1958 ein Paar, wohnen und reisen zusammen, auch mit Sartre versteht der junge Mann sich hervorragend. Dann verliebt Claude sich in eine andere. Aus der Liebe zu Simone wird Freundschaft, die beiden stehen sich bis zu Simones

Tod 1986 nahe – Claude übernimmt sogar die Herausgeberschaft der *Temps Modernes*. Er interessiert sich sehr für Israel, den israelisch-palästinensischen Konflikt und die Frage nach der jüdischen Identität. Mehrfach reist er nach Israel, 1977 beginnt er mit der Arbeit an seinem Mammut-Filmprojekt *Shoah*: Mehr als 12 Jahre recherchiert er dafür, interviewt Opfer und Täter. Das fertige Werk von 1985 erzählt in neun Stunden, ohne Archivmaterial, vom Holocaust. Claude fungiert dabei nicht nur als Regisseur, sondern auch als Interviewpartner und Darsteller: «Ich wollte keine Gefühle hören, ich wollte so genau wie möglich erfahren, wie alles ablief. Ich wollte Beschreibungen, akkurate, brutale, wertfreie Beschreibungen. Räumliche und zeitliche Präzision.»[39] Nie verziehen hat Claude sich den Selbstmord seiner Schwester Évelyne, Schauspielerin und heimliche Geliebte Sartres. Er fühlt sich schuldig, dass er die 1966 begangene Verzweiflungstat nicht verhindern konnte. Mit über 90 Jahren ist Claude heute immer noch einer der streitbarsten und leidenschaftlichsten Intellektuellen Frankreichs. Über Simone sagt er: «Sie hat mir beigebracht zu reisen. Sie hat mir beigebracht zu sehen. Sie hat mir beigebracht zu denken.»[40]

1953 heiratet Algren erneut seine Ex-Frau (und lässt sich zwei Jahre später wieder scheiden). Trotzdem bleiben er und Simone befreundet, schreiben sich weiterhin Briefe. Zum ersten großen Bruch kommt es, als Simones Schlüsselroman *Die Mandarins von Paris* 1956 in englischer Übersetzung erscheint. Darin verarbeitet sie literarisch, unter anderem, die Beziehung zu einem gewissen Amerikaner. Algren ist empört und verletzt und zieht in der Öffentlichkeit hemmungslos über seine ehemalige Geliebte her. Simone schreibt ihm im Juli 1956:

«In Wirklichkeit unterscheidet sich die Liebesgeschichte in *Les Mandarins* sehr stark von der wahren Wahrheit, ich habe nur versucht, ein kleines Echo aufzuschreiben. Niemand hat begriffen, dass sich der Mann und die Frau, als sie sich für immer trennen, immer noch lieben, und diese Liebe vielleicht niemals sterben wird. Es konnte einfach nur nicht weitergehen. Wenn ich mit klarem Kopf an die Vergangenheit denke, wird mir wieder bewusst, dass ich niemals in den USA hätte leben können, und ich glaube nicht, dass Sie auf Dauer in Paris hätten leben können, und dieses Hin und Her hätte uns auch nicht glücklich gemacht. Ja, ich kann Ihnen versichern, ganz vertraulich, auch für mich war es qualvoll.»[41]

1960 kommt Algren noch einmal nach Paris, er und Simone reisen einige Monate zusammen und auch im Bett läuft wieder etwas.[42] Zum zweiten und endgültigen Bruch führt 1963 die englische Übersetzung von *Der Lauf der Dinge*, Simones drittem Memoiren-Band. Wieder thematisiert sie ihre Beziehung zu Algren, und diesmal ist er nicht mehr bereit, ihr das zu verzeihen. Die große transatlantische Liebe endet in Verbitterung und Groll. Trotzdem sagt Simone über das, was zwischen ihr und Algren war: «Ich bedaure nicht, dass es existierte. Es hat uns mehr gegeben als genommen.»[43]

Inzwischen ist auch die Beziehung zwischen Simone und Lanzmann beendet: Er hat sich in eine andere Frau verliebt und trennt sich 1958 von Simone. Die trägt es mit Fassung, sie und ihr Ex-Partner bleiben Freunde. Sartre hat derweil – wie üblich – Affären mit verschiedenen, finanziell von ihm abhängigen Frauen (darunter Wanda). Und dann ist da auch noch Arlette Elkaim. Sartre lernt die 19-jährige, algerischstämmige

Studentin 1956 kennen und nimmt sie in seinen Harem auf. Wie alle von Sartres Frauen ist auch sie hilfsbedürftig und nicht wirklich lebenstüchtig: Es scheint sie nichts von den anderen «Zufallslieben» zu unterscheiden. Doch 1965 adoptiert Sartre die nun 28-jährige Arlette. Sartres restliche Frauen sind empört, sie haben Angst um ihre großzügig von Sartre gewährte finanzielle Unterstützung. Für Simone hingegen geht es um viel mehr, das Ganze muss sich wie Betrug angefühlt haben: Sartre macht Arlette nicht nur zu seiner Tochter, sondern de facto auch zu seiner Nachlassverwalterin – eine Rolle, von der Simone stets dachte, dass selbstverständlich sie diese übernehmen würde. Sie hat die letzten 36 Jahre ihres Lebens mit Sartre verbracht, hat den «Pakt» stets über alle anderen Beziehungen gestellt, hat Sartres Arbeiten kritisiert und redigiert und ihn während seiner politischen Abenteuer begleitet – und nun das.

Trost findet Simone bei Sylvie Le Bon, ihrer engsten Freundin. Die beiden Frauen lernen sich 1960 kennen, als die 19-jährige Sylvie der von ihr verehrten Simone de Beauvoir einen Fanbrief schreibt. Sylvie hofft, wie ihr großes Vorbild Philosophie zu studieren und die *agrégation* zu machen. Simone lädt die Schülerin aus Rennes in ein Café ein, die beiden verstehen sich hervorragend. Ab 1963 sind sie unzertrennlich: Françoise de Beauvoir stirbt, und es ist Sylvie, die für Simone da ist und ihr hilft, ihre durch den Tod der Mutter ausgelöste Depression zu überwinden. In Rouen unterrichtet Sylvie am gleichen Lycée wie einst Simone, später wechselt sie an ein Lycée in Paris. Simone, die nach dem Ende der Beziehung mit Lanzmann dachte, sie sei nun wahrhaftig alt und ihr würde nie wieder etwas Bedeutungsvolles passieren, ist glücklich. Mit Frauenfreundschaften hat sie sich immer schwergetan, mit Sylvie aber endlich jemanden gefunden, der ihre Interessen teilt und mit dem ein ständiger Austausch möglich ist – ähnlich wie mit Zaza, wie mit Sartre. Die beiden telefonieren täglich, donnerstags und samstags übernachtet Sylvie bei Simone, montags Simone bei Sylvie, den Sonntag verbringen sie stets zusammen. Sartre mag Sylvie gerne und hat auch nichts dagegen, dass die junge Frau einen Teil der Sommerferien mit ihm und Simone verbringt. Sylvie und Arlette hingegen verstehen sich nicht, die beiden Frauen sind einfach zu unterschiedlich: Arlette ist ruhig, in sich gekehrt und völlig von Sartre abhängig, da sie keinen Beruf ausübt. Sylvie ist lebhaft und redselig, hat einen Beruf und ein eigenes Einkommen. Nach dem Tod Sartres 1980 adoptiert Simone Sylvie und macht sie zu ihrer Nachlassverwalterin. Weder geht es Simone nur um die Regelung ihres Erbes, noch sieht sie in Sylvie tatsächlich eine Art Tochter: Auch mit über 70 Jahren hat Simone keinerlei Bedürfnis, Mutter zu sein, egal auf welche Weise. Die Gründe sind wohl komplex, haben mit Simones Krankheit nach Sartres Tod zu tun und sind vor allem Ausdruck der engen Beziehung zwischen Simone und Sylvie. Wie eng? Darüber wird spekuliert, seit Sylvie 1972 das erste Mal an Simones Seite in der Öffentlichkeit auftauchte. Beide Frauen haben eine sexuelle Beziehung stets bestritten, Sylvie spricht in Bezug auf Simone aber durchaus von «Liebe»:

«Beauvoir hat mir oft gesagt: ‹Mein Verhältnis mit Ihnen ist fast ebenso wichtig wie das zu Sartre. Mit einem anderen Mann wäre mir ein solches Verhältnis nicht möglich gewesen, weil es da eben Sartre gibt. Aber zu einer Frau, das habe ich mir immer gewünscht. Erlebt habe ich es seit Zaza nur mit Ihnen.»»[44]

Sartre ist mittlerweile von Krankheit gezeichnet, von zu viel Alkohol und Medikamenten, einem Mix aus Aufputsch- und Beruhigungsmitteln. Die Adoption Arlettes hat Simone tief getroffen und die Beziehung zwischen ihr und Sartre nachhaltig verändert, doch sie lässt ihren Partner nicht hängen. In den letzten Jahren ist die «morganatische» Ehefrau Simone vor allem damit beschäftigt, Sartre vor sich selbst und den – finanziellen – Forderungen und Ansprüchen anderer zu schützen. Ab 1971 hat Sartre immer wieder schwere gesundheitliche Probleme, es ist ein ständiges Auf und Ab. Im März 1980 wird er ins Krankenhaus eingeliefert und stirbt dort am 15. April. Simone betäubt sich mit Whisky und Valium, übersteht mit Mühe und Not die Beerdigung und verbringt fast einen Monat im Krankenhaus: Sie hat eine Lungenentzündung und eine durch Alkohol- und Medikamentenmissbrauch hervorgerufene Leberzirrhose. Gesetzlich sind die Ärzte nicht berechtigt, Simones Gesundheitszustand mit Sylvie zu besprechen, die nächste Verwandte ist Hélène – auch ein Grund für Sylvies Adoption. Hélène hat keine Einwände.

Das Ende eines Mythos

Von Sartres Habseligkeiten erhält Simone fast nichts, dafür sorgt Arlette. Simone ist todtraurig, Sylvie empört. Ändern können sie es nicht, aber Simone rächt sich auf ihre Weise: 1981 veröffentlicht sie eine intime und detaillierte Nacherzählung von Sartres letzten Jahren, *Die Zeremonie des Abschieds*, 1983 folgen Sartres *Briefe an Simone de Beauvoir*. Wer diese Briefe liest, so hofft Simone, wird genau sehen, wie viel sie Sartre bedeutet hat – Affären hin oder her. Die letzten Jahre ohne Sartre verbringt Simone vor allem mit Sylvie. Als Simone am 14. April 1986 an Komplikationen nach einer Blinddarmentzündung stirbt, wird sie neben Sartre auf dem Montparnasse-Friedhof beigesetzt. Am Finger trägt sie immer noch den billigen Silberring, den Algren ihr einst geschenkt hat. 1990 veröffentlicht Sylvie Simones *Lettres à Sartres* – und die lösen rund um die Welt Schnappatmung aus: Statt hochphilosophischer Diskussionen finden sich in den Briefen Alltagsschilderungen, Lästereien und der Austausch über sexuelle Eroberungen. Simones Beziehungen zu Frauen, die sie Zeit ihres Lebens stets geleugnet hat, werden nun einer breiten Öffentlichkeit präsentiert. Schon 1978 sagte Simone Alice Schwarzer in einem Interview: «Ich hätte gern eine wirklich sehr ehrliche Bilanz meiner Sexualität gezogen. […] Ich würde Frauen gerne sagen, wie ich meine Sexualität gelebt habe, denn das ist nicht nur eine persönliche Frage, sondern auch eine politische.»[45]

Das liebe Geld

In finanziellen Fragen verfahren Simone und Sartre ihr ganzes Leben lang nach dem Motto: Mein Geld ist dein Geld. Soll heißen: Sie machen gemeinsame Kasse und derjenige, der gerade flüssiger ist, bezuschusst den anderen. So finanziert Sartre – der eine kleine Erbschaft gemacht hat – in den ersten Jahren ihrer Beziehung ein paar Reisen und unterstützt Simone, als die 1943 ihre Stelle als Lehrerin verliert. Später, als Simone mit dem Schreiben endlich Geld verdient, trägt sie selbstverständlich ihren Teil zur Haushaltskasse bei (wenn man es bei zwei Menschen, die keinen gemeinsamen Haushalt haben, überhaupt so nennen kann). Trotzdem wird Simone oft der Vorwurf gemacht, sie sei finanziell von Sartre abhängig gewesen. Gerade sie, die doch als bekannte Feministin stets die finanzielle Unabhängigkeit der Frauen predigte! Tatsache ist einfach: Simone und Sartre sehen ihr Einkommen als Gesamtmasse, die sie miteinander teilen – und manchmal trägt der eine eben mehr dazu bei als der andere. Auch das gehört zu ihrem Beziehungsmodell.

Für viele bricht nach der Veröffentlichung der Mythos des Idealpaars Beauvoir-Sartre zusammen: Der Mythos einer *amour nécessaire*, der Mythos von gleichberechtigten Partnern. Ist es nicht vielmehr so, dass Sartre den Ton angab und Simone, ganz brave Gefährtin, ihm klaglos folgte und im Stillen unter Sartres Macho-Allüren litt? Wie immer, wenn es um Simone und Sartre geht, ist es so einfach nicht. In den 51 gemeinsamen Jahren haben sich die Machtverhältnisse zwischen den beiden stets verändert, mal zu seinen, mal zu ihren Gunsten. Beide haben sich ernsthaft in andere verliebt und diese anderen bedrohten auf unterschiedliche Weise den Pakt – der für Sartre tatsächlich weniger heilig war als für Simone. Diese hat oft die Rolle der Glucke übernommen, die den in jeder Hinsicht überschwänglichen Sartre im Zaum hielt und beschützte, die ihn vor der Meute der ihn umschwärmenden Frauen abschirmte. Ihre privilegierte Position bei Sartre verschaffte ihr Respekt und, oftmals, neidische Ehrfurcht. Als junge Frau in den 1920er, 30er und 40er Jahren bot der Pakt Simone unbestreitbare Vorteile, Freiheiten, die anderen Frauen der damaligen Zeit verwehrt blieben. Das war viel wert. Wenn man die ganzen Techtelmechtel und Eifersüchteleien zur Seite lässt, bleibt die Tatsache, dass Sartre

Simone immer als Ebenbürtige, als Gleichrangige behandelte. Sie hat ihn beeinflusst, so wie er sie beeinflusst hat, war seine Lektorin, Kritikerin und «privilegierte Leserin»[46]. Nie haben Simone und Sartre aufgehört, sich auszutauschen, miteinander zu reden. Gemeinsam haben sie sich für die Freiheit und gegen die üblichen Konventionen entschieden – ihr Pakt, ein Pakt für die Freiheit, hat fast 51 Jahre gehalten.

> *«Sartre hat mir geholfen, wie ich ihm geholfen habe. Ich habe aber nicht durch ihn gelebt.»*[47]

Es ist nicht Sartre, der aus der kleinen *Bourgeoise* eine freiheitsliebende Denkerin machte. Auf diesem Weg befand sie sich längst, als sie 1929 mit Sartre den Pakt schloss. Sie war es, die eine Heirat kategorisch ablehnte und als Erste die Freiheiten des Paktes nutzte. Sie war die Revolutionärin. Mit der Gewissheit, dass ihr Leben sich radikal ändern würde, machte Simone den Schritt ins Blaue. Ohne Vorbilder, ohne Sicherheit. Heute reden wir selbstverständlich von offenen Beziehungen, von Polyamorie. Dazu haben Simone und Sartre beigetragen: Sie lebten Liebe als lebenslanges Engagement, als gegenseitige Verpflichtung – ein Engagement, das auf mehr basiert als auf Sex und Begehren. Dabei mögen sie nicht alles richtig gemacht haben, und oft ging die «morganatische Ehe» auf Kosten anderer. Trotzdem, sie haben es gewagt. Und ist es wagen und scheitern nicht immer besser, als es gar nicht erst zu versuchen?

Die 10 schönsten Liebesbekundungen an Sartre

1. «Bis morgen, mein lieber Kleiner, *mon amour*, meine liebe Vergangenheit und meine schöne so sehr erwartete Zukunft.»

2. «Ich liebe Sie, mein liebes Glück und mein schönes kleines Absolutes.»

3. «Fühlen Sie mich genauso nah, wie ich Sie fühle, Sie anderes Ich?»

4. «Wie ich Sie liebe. Wie Sie mir fehlen.»

5. «Ich wusste wohl, dass ich Sie liebte, aber ich liebe Sie noch mehr, als ich es wusste.»

6. «Ich bin, ob nah oder fern, ganz die Ihre.»

7. «Ich bin aus Zärtlichkeit für Sie ganz zusammengebrochen.»

8. «Ich liebe Sie mit etwas Tragik und ganz heftig.»

9. «Wenn ich vergäße, mich bei Ihrem Tod aus Leidenschaft umzubringen, würde ich schließlich vor Sehnsucht langsam verdorren, und ich würde so oder so beerdigt – kommen Sie mir zurück.»

10. «Es scheint mir, wenn ich Sie wiedersehen werde, wird mir der Atem ausgehen.»

TEIL III

Denken

«Alles war noch zu tun, alles, was ich vormals
hatte tun wollen: den Irrtum bekämpfen, die
Wahrheit finden und künden, die Welt aufklären,
vielleicht ihr sogar zu einer Wandlung verhelfen.»[1]

Chronik

1926 Beginn des Philosophiestudiums an der Sorbonne

1929 *agrégation*

1944 *Pyrrhus und Cineas* erscheint

1946 Sartre hält den Vortrag *Der Existenzialismus ist ein Humanismus*

1947 *Für eine Moral der Doppelsinnigkeit* erscheint
Simone hält in den USA Vorträge zu Literatur und Existenzialismus

1949 *Das andere Geschlecht* erscheint

1955 *Privilèges* erscheint (Essays, in Deutschland veröffentlicht in den Sammlungen *Soll man de Sade verbrennen?* und *Auge um Auge*)

«Und Sie, Madame, sind Sie Existenzialistin?» Simone blickt Jean Grenier irritiert an. Es ist 1943, der französische Philosoph ist ihr soeben von Sartre im Pariser *Café de Flore* vorgestellt worden, und sie weiß nicht genau, worauf er hinauswill. Zu diesem Zeitpunkt ist Sartres Hauptwerk *Das Sein und das Nichts* noch nicht erschienen – trotzdem wurde seinen philosophischen Ideen kurz zuvor das Etikett «existenzialistisch» verpasst. Grenier will nun wissen, ob auch Simone sich dieser Richtung zuordnet. Die reagiert verlegen: «Ich hatte Kierkegaard gelesen. Im Zusammenhang mit Hei-

degger sprach man schon seit langem von ‹Existenz›-Philoso-
phie: Aber ich kannte den Sinn des Wortes ‹existenzialistisch›
nicht, das Gabriel Marcel (französischer Philosoph, Anm.)
soeben lanciert hatte.»[2] Auch Sartre protestiert und will von
diesem sogenannten Existenzialismus nichts wissen. Da kann
ja jeder kommen und einfach eine Philosophie erfinden!
Letztendlich geht es aber nur um Begrifflichkeiten: Längst
ist Simones Werk durchdrungen von einer existenzialistischen Weltsicht. Die Frage Greniers schockt sie – aber sie
setzt auch einen gedanklichen Prozess in Gang. Simone hat
Sartres Ideen verinnerlicht, ist von ihnen überzeugt und erkennt nun langsam, dass sie selbstverständlich Existenzialistin ist:

«Wenn es mir ganz natürlich schien, mich der Lehre Kierkegaards, der Lehre Sartres anzuschließen und ‹Existenzialistin›
zu werden, so nur, weil meine ganze Lebensgeschichte mich
darauf vorbereitet hatte. […] Schon mit neunzehn Jahren war
ich überzeugt gewesen, dass es dem Menschen zusteht, und
nur ihm allein, seinem Leben einen Sinn zu geben, und dass
er dieser Aufgabe gewachsen ist.»[3]

Simone ist, philosophisch gesehen, angekommen. Sie hat
ihre Lebensdoktrin gefunden.

Denken will gelernt sein

Der Weg dorthin dauert einige Zeit, dabei begeistert sich
schon Teenager-Simone für Philosophie:

«Es waren, nunmehr von ernsthaften Leuten behandelt,
Probleme, die mich seit meiner Kindheit beschäftigt hatten
und die ich nun hier wiederfand; auf einmal war die Welt der
Erwachsenen nichts Selbstverständliches mehr, es gab eine

Kehrseite, eine Unterseite, und Zweifel schlich sich ein; wenn man noch weiter vorstieß, was blieb dann?»[4]

Die Philosophie stellt Fragen und vor allem hinterfragt sie vermeintlich natürliche Gegebenheiten. Für Simone, die ihr bourgeoises Geburtsmilieu zunehmend kritisch sieht, bietet sie ein Instrument, ihre Umgebung mit anderen Augen zu betrachten. Bei der Philosophie, glaubt Simone, geht es um das Wesentliche: «Immer hatte ich alles erkennen wollen: Die Philosophie würde mir möglich machen, dieses mein Verlangen zu erfüllen [...].»[5] In einer Zeitschrift entdeckt sie in den 1920ern einen Artikel über Léontine Zanta, die 1914 als erste Frau in Frankreich ihren Doktor in Philosophie machte. Zum ersten Mal sieht Simone, dass so eine Art der Karriere für Frauen möglich ist. Zanta ist ein Vorbild, eine Pionierin, und Simone beschließt, es ihr gleichzutun. So einfach ist es dann doch nicht, denn sie ist zwar schlau und fleißig, das 1926 begonnene Philosophiestudium aber anspruchsvoller als gedacht: Dank des miesen Philosophie-Unterrichts am Cours Desir kommt Simone anfangs kaum mit und muss eine Menge aufholen. Für sie kein Grund, aufzugeben – im Gegenteil, Simone liebt Herausforderungen! Sie quält sich durch Descartes und Spinoza, begreift sie dank ihres analytischen Verstands aber schnell und stürzt sich danach mit Begeisterung auf Philosophen wie Bergson, Platon, Schopenhauer, Leibniz und Hamelin. Besonders aber Nietzsche hat es ihr angetan, weil der genauso religionskritisch ist wie sie selbst und nach einer nicht christlichen Moral sucht: Wenn nicht Gott meine Handlungen rechtfertigt, wer tut es dann? Aus der Ferne bewundert Simone ihre Kommilitonin Simone Weil, die sich ebenfalls an der Sorbonne auf die *agrégation* vorbereitet und Schülerin des bekannten, von vielen Studenten umschwärmten Philosophen Alain (eigentlich Émile-Auguste Chartier) ist:

«Eine große Hungersnot hatte China heimgesucht, und man hatte mir erzählt, dass sie bei der Bekanntgabe dieser Nachricht in Schluchzen ausgebrochen sei: Diese Tränen zwangen mir noch mehr Achtung für sie ab als ihre Begabung für Philosophie.»[6]

Simone beneidet die andere Simone um ihr philosophisches Talent, um ihre offensichtliche Leidenschaft für das Menschliche. Eines Tages schafft Simone es, mit Weil ins Gespräch zu kommen – Weil erklärt ihr, «dass eine einzige Sache heute auf Erden zähle: eine Revolution, die allen Menschen zu essen geben würde.»[7] Simone aber widerspricht, recht naiv, es gehe nicht darum, die Menschen glücklich zu machen, sondern einen Sinn für ihre Existenz zu finden. Weils nüchterne Antwort lautet: «Man sieht, dass Sie noch niemals Hunger gelitten haben.»[8] Simone fühlt sich dumm und begreift, dass ihre Kommilitonin sie unter «geistig ehrgeizige kleine Bourgeoisie»[9] abgespeichert hat. Im Gegensatz zu ihr selbst, das spürt Simone, ist Weil sich in ihren Überzeugungen bereits sicher, hat einen moralischen Kompass. Später wird Weil zu einer politischen und militanten Aktivistin der Arbeiterbewegung, die ihre – wechselnden Standpunkte – mit größter Radikalität vertritt.

Das Vorbild: Léontine Zanta

Es ist ein Bild von Léontine Zanta (1872–1942), das Simone in den 1920ern dazu inspiriert, es doch mal mit der Philosophie zu versuchen. Der Teenagerin mangelt es bis dahin nämlich an Vorbildern – sie kann sich einfach nicht vorstellen, dass es so etwas wie weibliche Philosophen gibt und wie deren Leben aussieht. Zanta ist eine echte Vorkämpferin: 1914 wird sie mit einer Arbeit über das Comeback des Stoizismus im 16. Jahrhundert promoviert und so zur ersten Philosophiedoktorandin in Frankreich. Eine Stelle im höheren Bildungswesen bekommt Zanta aber nicht, was durchaus mit ihrem Geschlecht zu tun haben könnte. Also widmet sie sich ihrer Schriftstellerinnenkarriere und dem Journalismus, schreibt unter anderem für *Le Figaro* und *Le Petit Journal*. Außerdem engagiert sie sich in der französischen Frauenbewegung: Sie veröffentlicht feurige Artikel über die Notwendigkeit des Feminismus und nimmt 1929 in Paris an den ersten *États généraux du féminisme* teil, einer Versammlung von Frauenrechtlerinnen. So ist Léontine Zanta nicht nur eine inspirierende Philosophin, sondern auch eine inspirierende Feministin.

Philosophische Fragen diskutiert Simone besonders gerne mit ihrem Freund Maurice Merleau-Ponty. Richtig beeindrucken kann der seine Kommilitonin allerdings nicht: Sie will sich von den Vorgaben ihrer Erziehung und ihres Milieus losmachen und radikal neu denken – er hingegen ist noch zutiefst geprägt von seiner religiösen Erziehung und sucht in diesem Rahmen nach Antworten. Auch ihr großer Schwarm René Maheu bietet Simone nicht die intellektuelle Herausforderung, die diese sich wünscht; aber immerhin bekommt sie durch ihn Lust, in neue Richtungen zu denken. Denn die strebsame Simone ist in ihrem Denken noch unsicher und traut sich nicht so richtig, eigene Positionen zu entwickeln. Kein Wunder, ihre männlichen Kommilitonen haben ihr einiges voraus: Sie sind jahrelang an Elite-Einrichtungen wie der

École normale supérieure auf die *agrégation* in Philosophie vorbereitet worden, während Simone ein Jahr übersprungen und so viel weniger Zeit für die Prüfungsvorbereitung gehabt hat. Die Männer sind darauf gedrillt worden, logisch zu diskutieren, Argumente zu entwickeln, Prüfer zu beeindrucken – Simone kann sich nur auf sich selbst, ihr Wissen und ihren scharfen Verstand verlassen.

> *«[V]or allem fehlte es mir an Methoden und Überblick; das geistige Universum war für mich ein wirrer Haufen, in dem ich mich zurechtzufinden versuchte.»*[10]

Umso erstaunlicher ist ihr zweiter Platz bei der mündlichen Prüfung im Juni 1929 nach Sartre – der ist im Vorjahr durchgefallen. Simone ist erst die neunte *agrégée* in Philosophie, die neunte Frau in Frankreich, die diese Prüfungstortur erfolgreich bestanden hat. Simones ehemaliger Kommilitone und Verehrer Maurice de Gandillac, der einige Mitglieder des Prüfungsausschusses kennt, erinnert sich später, dass die Jury lange diskutiert habe, wem sie den ersten Platz geben würde: Sartre oder Simone. Alle seien sich einig gewesen, dass Simone der erste Platz gebührt hätte, weil sie die «wahre Philosophin» gewesen sei. Aber da Sartre schon einmal durchgefallen, ein Mann und außerdem Student der Elite-Uni École normale supérieure sei, *ein Normalien*, habe man sich doch für ihn entschieden.[11] Das nennt man dann wohl *male privilege*. So oder so: Zusammen bilden Simone und Sartre ihren eigenen kleinen Debattierclub, bei dem die Argumente und Gegenargumente nur so hin- und herfliegen. Simone lässt sich von Sartres Lust am Denken anstecken – dass ihr Partner dabei für sie offensichtlich der Überlegene ist, schüchtert sie nicht ein, sondern motiviert sie. Simone begreift Sartre als eine Art personifiziertes Hirn-Jogging: Er fordert sie heraus wie kein anderer und motiviert sie, ihr eigenes Denken zu hinterfragen und neue Denkpfade zu betreten. Dazu ist Simone nur allzu gern bereit.

Maurice Merleau-Ponty (1908–1961) – Philosoph & treuer Freund

Dieser Mann braucht kein Rampenlicht – lieber arbeitet er effektiv und still im Hintergrund. Bei *Les Temps Modernes* sorgt er zusammen mit seiner alten Freundin Simone dafür, dass alles rundläuft. An der Uni hat Simone Maurice' philosophische Ideen noch als zu konservativ, zu wenig gewagt, zu *katholisch* abgetan. Sie will die Revolution, Maurice aber taugt in ihren Augen nicht zum Revoluzzer. Später muss sie dann feststellen: Ein bisschen Revoluzzer steckt doch in Maurice – seine philosophischen Theorien sind alles andere als langweilig! Stille Wasser sind eben tief. Nach dem Studium legt Maurice eine klassische akademische Karriere hin, arbeitet als Lehrer, promoviert. In den 1940ern gehört er zum Gründungsteam der *Les Temps Modernes*, lehrt. Zu seinen Veröffentlichungen zählen *Phänomenologie der Wahrnehmung* (1945) und *Das Primat der Wahrnehmung* (1933–1946). Er ist also durchaus erfolgreich und umtriebig, macht daraus aber keine große Sache. Philosophisch gilt er als Existenzialist, was nicht ganz falsch ist: Wie Sartre ist er von der Phänomenologie Edmund Husserls beeinflusst (er will das Wesen der Dinge erfassen, um diese dann beschreiben zu können), kennt sich mit Hegel aus und hat Heidegger gelesen. Gleichzeitig ist Maurice' Philosophie aber stark geprägt vom Strukturalismus à la Claude Lévi-Strauss, von der Gestalttheorie und der Psychologie. Sie ist etwas ganz Eigenes und hat mit Simones Existenzialismus tatsächlich mehr gemeinsam als mit dem Sartres. Wie Simone betont Maurice die Doppelsinnigkeit oder Ambiguität des menschlichen Seins, die Tatsache, dass der Mensch theoretisch frei und doch durch bestimmte Strukturen in dieser Freiheit eingeschränkt ist. Ambiguität meint für Maurice aber auch die Tatsache, dass der Mensch der Welt eben nicht neutral gegenübersteht, sondern Teil von ihr ist. Er fragt danach, was das für die menschliche Wahrnehmung bedeutet. Eine wichtige Rolle spielt hier der Leib, die vermittelnde Instanz zwischen Geist und Körper. Maurice ist auch deshalb so angetan von Simones Roman *Sie kam und blieb*, weil die Protagonisten darin ihre Körper so intensiv erfahren, durch Tanz, durch Krankheit, und sehr körperlich auf ihre Umwelt, auf Emotionen und Erlebnisse reagieren. Er und Simone interessieren sich leidenschaftlich für die Kindheit, schließlich wird in dieser Zeit die Fähigkeit erworben, die Welt wahrzunehmen und zu interpretieren. Politisch steht Maurice Sartre nah: Beide unterstützen den sowjetischen Sozialismus, komme, was wolle. Mit der Freundschaft zu Sartre – und damit auch zu Simone – ist es trotzdem 1953 vorbei: Die beiden Männer streiten sich über die redaktionelle Linie der *Les Temps Modernes* und die Rolle des Intellektuellen. Maurice ärgert sich über Sartres publizistische Alleingänge, hinzu kommen politische und philosophische Differenzen. Nur ein paar Jahre später stirbt Maurice in seinem Büro an einem Herzstillstand – vor ihm liegt aufgeschlagen Descartes' *Lichtbrechungslehre*.

Nach dem Studium machen Simone und Sartre sich daran, nach ihrer eigenen *façon* zu leben. Selbstbewusst verwerfen sie die Maßstäbe, nach denen sich die Gesellschaft richtet, verbindliche Grundsätze, Pflichten und Tugenden. Was zählt, ist allein die individuelle Freiheit. Simone fasst ihre Doktrin – selbstkritisch – so zusammen: «Wir maßen den Wert eines Menschen an seiner Leistung, seinen Taten und Werken. Dieser Realismus hatte sein Gutes; aber unser Irrtum lag in dem Glauben, dass die Freiheit der Wahl und des Handelns bei jedermann zu finden sei.»[12] Simone und Sartre sind also jung und naiv und glauben, alles ist möglich, wenn man nur will. Simone selbst gibt zu, sie besäße «wenig Menschenkenntnis. […] Ich mochte lieber verurteilen als verstehen.»[13] Erkenntnis ist ja bekanntlich der erste Schritt zur Besserung. Simone und Sartre wissen zwar «vor welchen Irrtümern wir uns hüten müssen», aber eben nicht, «welche Wahrheiten an ihre Stelle gehörten».[14]

Der Cocktail der Erkenntnis

Einen entscheidenden Schritt auf dem Weg zur Erkenntnis stellt die Phänomenologie dar, die Sartre Anfang 1933 entdeckt. Er und Simone trinken im Pariser Café *Bec de Gaz* mit ihrem ehemaligen Kommilitonen Raymond Aron die Spezialität des Hauses, Aprikosencocktails. Zumindest in Simones Erinnerung – Aron behauptet, er habe einfach nur ein Bier getrunken. Die Wahl der Getränke ist aber sowieso nicht das, was hier zählt, sondern das damit einhergehende philosophische Erweckungserlebnis: Aron hat ausgiebig die Werke des österreichisch-deutschen Philosophen Edmund Husserl studiert, und Sartre brennt darauf, dass sein Kumpel ihm dessen

Phänomenologie näherbringt. Die Getränke – was auch immer nun im Glas war – werden serviert, und Aron weist auf sein Glas: «‹Siehst du, *mon petit camarade*, wenn du Phänomenologe bist, kannst du über diesen Cocktail reden, und es ist Philosophie!›»[15] Sartre ist begeistert – diese Art der lebensnahen Philosophie ist genau das, wonach er gesucht hat! Er rast sofort in einen nahegelegenen Buchladen, um das Werk des Philosophen Emmanuel Levinas über Husserl zu kaufen. Laut Aron bietet die Phänomenologie nicht nur eine Überwindung von Idealismus und Realismus, sondern auch «Bejahung der Souveränität des Bewusstseins und der Präsenz der Welt, wie sie uns gegenwärtig ist.»[16] Auch Simone stürzt sich gierig auf Husserl, und wie üblich fällt es ihr nicht schwer, sein Denken zu verstehen. Ausgiebig diskutieren sie und Sartre ihre Neuentdeckung: «Die Neuheit, der Reichtum der Phänomenologie begeisterten mich: Mir schien, ich sei der Wahrheit noch nie so nahegekommen.»[17] Ja, Husserl eröffnet ihr zwar neue Perspektiven – ihren Idealismus und Individualismus wird sie so schnell aber nicht los. Immerhin versucht sie als Philosophielehrerin, erst in Marseille, dann in Rouen, ihren Schülerinnen (an den besten Gymnasien der Republik werden Jungen und Mädchen getrennt voneinander unterrichtet) so etwas wie selbständiges Denken beizubringen: «Es schien mir wichtig, sie von gewissen Vorurteilen zu befreien, sie zu warnen vor dem Unsinn, den man ‹gesunden Menschenverstand› nennt, ihnen den Geschmack an der Wahrheit zu vermitteln.»[18] Als Simone mit ihrer Klasse in Marseille über Moralphilosophie spricht und «mit Feuer»[19] ihre Ansichten zu Kapital, Gerechtigkeit und Kolonialismus vorträgt, sind viele der Schülerinnen empört – sie haben von ihren Vätern gewisse Meinungen eingeimpft bekommen, die diese skandalöse Junglehrerin nun einfach auseinanderpflückt. Skandal!

Simone mag rebellisch auftreten, tatsächlich ändert sich ihr eigenes Denken aber erst dann entscheidend, als der Zweite Weltkrieg ausbricht. Sartre wird eingezogen, im Juni 1940 gerät er in deutsche Kriegsgefangenschaft, aus der er erst im März 1941 mit Hilfe eines Gefälligkeitsattestes – das ihm eine Teilerblindung des rechten Auges bescheinigt – zurückkehrt. Simone kommt im besetzten Paris fast um vor Sorge und bemüht sich, ihr Leben, so gut es geht, weiterzuleben. Nicht nur um Sartre hat sie Angst, sondern auch um ihren Liebhaber Jacques-Laurent Bost, der ebenfalls an die Front geschickt wurde. Etwas in Simone ändert sich: «Ich wusste jetzt, dass mein Schicksal mit dem aller anderen verknüpft war. Die Freiheit, die Unterdrückung, das Glück und Leid der Menschen berührten mich zutiefst.»[20] Die Zeit als Soldat auf der Wetterstation, fernab von der Front, und in der darauffolgenden Kriegsgefangenschaft ist für Sartre nicht unbedingt unangenehm: Er hat viel Muße, zu lesen und seine philosophischen Betrachtungen zu notieren. Wie üblich teilt er Letztere mit Simone, wenn auch nicht von Angesicht zu Angesicht. Den Umständen entsprechend müssen Briefe eben reichen. Sartres Debütroman *Der Ekel* – der ihn schlagartig berühmt gemacht hat – ist bereits 1938 erschienen, die Novellensammlung *Die Mauer* 1939. Sartre arbeitet nun an neuen Romanen und Theaterstücken, sein Gehirn steht nie still, es spuckt ständig neue Gedanken aus, die Simone kommentiert, kritisiert und weiterdenkt. Sie arbeitet ihrerseits an zwei Romanen – *Sie kam und blieb* und *Das Blut der anderen* –, aber auch an einem philosophischen Essay. Die Kriegszeit ist sowohl für Simone als auch für Sartre extrem produktiv und beeinflusst ihr Denken nachhaltig: Die überzeugten Individualisten erfahren, was Solidarität und Mitgefühl bedeuten. Sie sehen sich nun tatsächlich als Teil von etwas Größerem.

1944 wird Paris befreit, 1945 ist der Krieg offiziell zu Ende – und in Frankreich bricht ein Hype um den Existenzialismus aus. Kein Wunder: Insbesondere junge Menschen sind vom Krieg desorientiert und suchen nach Alternativen zu den großen Denksystemen der Vergangenheit. Die alten kollektiven französischen Werte befinden sich in der Auflösung, neue Richtungsvorgaben werden dringend benötigt. Frankreich hat sowohl die *Résistance* als auch die Kollaboration erlebt und tut sich schwer damit, beide als Teil der kollektiven französischen Erfahrung zu begreifen – es waren eben nicht alle Helden oder Schurken. Der Existenzialismus stellt den einzelnen Menschen in den Mittelpunkt und nicht das Kollektiv, wie es zum Beispiel der Marxismus tut. Er verbreitet eine positive «Pack's selber an»-Haltung, die in den Nachkriegsjahren vielen notwendig erscheint.

Irritiert muss Simone feststellen, dass das «Existenzialismus»-Etikett nun automatisch sämtlichen Werken von ihr und Sartre anhaftet – beide leisten hartnäckig Widerstand. Während einer Podiumsdiskussion erklärt Sartre: «‹Meine Philosophie ist eine Existenzialphilosophie. Was Existenzialismus ist, weiß ich nicht.›»[21] Der Protest nützt nichts, also fügen Simone und Sartre sich resigniert ihrem Schicksal: «Schließlich benutzten wir selbst das Epitheton (Attribut, Anm.), das alle Welt gebrauchte, um uns abzustempeln.»[22] Der Existenzialismus ist überall, was auch daran liegt, dass Simone und Sartre eifrig publizieren und «ihre» Philosophie in der Öffentlichkeit diskutieren. Von Sartre erscheinen *Zeit der Reife* und *Der Aufschub*, von Simone *Das Blut der anderen* sowie ihr erstes und einziges Theaterstück *Die unnützen Mäuler*. Gemeinsam veröffentlichen sie die ersten Nummern ihrer Zeitschrift *Les Temps Modernes*. Sartre hält seinen berühmten Vortrag *Der*

Existenzialismus ist ein Humanismus («Es herrschte ein fürchterliches Gedränge. Frauen fielen in Ohnmacht.»[23]), Simone einen vielbeachteten Vortrag über Literatur und Metaphysik. Sartre ist die schillernde Figur der neuen Trend-Philosophie, und Simone wird neben ihrem Partner ins Rampenlicht geschubst: «Auf der Straße verfolgten uns die Fotoreporter, sprachen uns die Leute an.»[24] Alles Mögliche gilt plötzlich als existenzialistisch: Bücher, Malerei, Musik, Kleidung. Sartres Philosophie hat viele Fans – aber auch viele Feinde. Marxisten lehnen sie als individualistisch ab, Konservative sehen in ihr eine Gefahr für die Moral: Die sogenannte existenzialistische Jugend würde ja nichts anderes machen als in Bars abhängen, Jazz hören und tanzen! Dieses anstößige Verhalten fällt natürlich direkt auf Sartre zurück. Er ist heftigen Angriffen ausgesetzt, denn: «Wie viel Vertrauen verdient schon ein Philosoph, dessen Lehre Orgien entfesselt?»[25] Das Problem ist vor allem, dass die meisten Leute gar nicht so genau wissen, was dieser Existenzialismus eigentlich sein soll – kein Wunder, wenn einen neuerdings schon eine schwarze Hose zum Existenzialisten macht. Belustigt erzählt Sartre: «Man berichtete mir unlängst von einer Dame, die sich, wenn ihr in der Aufregung ein vulgäres Wort entschlüpft, sich mit der Erklärung entschuldigt: ‹Ich glaube, ich werde Existenzialistin.›»[26] Simone bemüht sich in verschiedenen Artikeln für *Les Temps Modernes*, mit Vorurteilen und Klischees über den Existenzialismus aufzuräumen: «Wenige kennen die Philosophie, die etwas zufällig Existenzialismus genannt worden ist; viele greifen sie an.»[27] Zeit für ein paar klärende Worte.

Existenzialismus in der Popkultur

Literatur

Bei seinen Vorträgen drängen sich die Menschenmassen, alle wollen hören, was er zu sagen hat: Jean-Sol Partre, seines Zeichens berühmter Philosoph, erinnert nicht nur vom Namen her an einen anderen berühmten Philosophen. Partre ist einer der Charaktere in Boris Vians Roman *Der Schaum der Tage* (1947), der von Jean-Paul Sartre höchstselbst in Auszügen in *Les Temps Modernes* abgedruckt wird. Offenbar nimmt er es dem jungen Autor – der zwischenzeitlich zum Kreis der *petite famille* gehörte – noch nicht einmal übel, dass der Jean-Sol Partre im Buch ermorden ließ. 2013 wurde *Der Schaum der Tage* von Michel Gondry verfilmt, die Hauptrollen spielten Audrey Tautou und Romain Duris, den Jean-Sol Partre gab mit wandelndem Auge und übergroßer Brille Philippe Torreton.

Mode

Die sogenannte existenzialistische Mode der 1940er Jahre lässt sich ungefähr so zusammenfassen: schwarze Klamotten (immer gut kommt ein Rollkragenpulli) und dazu passende Accessoires; für Frauen bieten sich ein schwarzer Lidstrich oder ein schicker Turban à la Simone an, für die Herren ein seriöser Trenchcoat à la Camus oder eine intellektuelle Pfeife à la Sartre. Simone und Sartre selbst haben nie ganz verstanden, was genau «existenzialistische Mode» eigentlich sein soll, amüsierten sich aber darüber, dass diese zum Trend wurde. *Die Zeit* berichtete 1949: «Ein unerschöpfliches Thema der Pariser Tagesgespräche ist die Garderobe der ‹dandies de l'existentialisme›.»[28] Ach, diese existenzialistischen Dandys …

Film

In der Musicalkomödie *Funny Face* (dt. *Ein süßer Fratz*) von 1957 spielt Audrey Hepburn die ernsthafte Buchverkäuferin und Amateur-Philosophin Jo Stockton, die zufällig als das neue Gesicht des Mode-Magazins *Quality* entdeckt wird. Jos größter Traum ist es, nach Paris zu fliegen und dort den von ihr hochverehrten Philosophen Émile Flostre, Begründer des «Emphatikalismus», zu treffen. Für ein Fotoshooting als neues *Quality*-Gesicht reist sie tatsächlich in die französische Hauptstadt und legt dort in einer schummerigen Kneipe, komplett in Schwarz und Ballerinas gekleidet, einen expressiven, emphatikalistischen Tanz hin, während der sie begleitende Fotograf (Fred Astaire) ungläubig zuschaut. Später trifft Jo sogar ihr großes Vorbild, den Philosophen Flostre – der enttäuscht aber, vor allem, als er versucht, sie anzubaggern. Ziemlich offensichtlich basiert der von Jo (und Flostre) propagierte «Emphatikalismus» in *Funny Face* auf einer gewissen angesagten Philosophie aus Frankreich – eine geschickte Parodie, die dank Audrey Hepburn wahnsinnig viel Spaß macht (Tipp: Die Tanz-Szene findet sich als «Audrey Hepburn's Crazy Dance» in voller Länge im Internet).

Musik

Als *die* existenzialistische Musik gilt Jazz: Im viel frequentierten Club *Tabou* in Saint-Germain-des-Prés, wo Jazz und Blues gespielt wird, ist Boris Vian der Star-Trompeter. Ja, der Boris Vian, Autor von *Der Schaum der Tage*. Aber auch die Musik von *chansonnière* Juliette Gréco gilt als existenzialistisch – vielleicht, weil Gréco selbst den entsprechenden Look so gut verkörpert (ihr Lidstrich sitzt stets perfekt).

Im Namen der Freiheit

Ganz allgemein gesagt, beschäftigt sich der Existenzialismus mit der individuellen, konkreten menschlichen *Existenz*. Er lässt sich in folgendem Satz zusammenfassen: Die Existenz geht der Essenz voraus. Oder, in Sartres Worten:

«Das bedeutet ganz einfach, dass der Mensch zunächst *ist* und erst danach dies oder das ist. Mit einem Wort, der Mensch muss sich sein eigenes Wesen schaffen; indem er sich in die Welt wirft, in ihr leidet, in ihr kämpft, definiert er sich allmählich; und die Definition bleibt immer offen; man kann nicht sagen, was *ein bestimmter* Mensch ist, bevor er nicht gestorben ist, oder was die Menschheit ist, bevor sie nicht verschwunden ist.»[29]

Es gibt also keine vorgegebene menschliche Natur: Der Mensch definiert sich allein durch sein Handeln, er «ist nichts anderes als das, wozu er sich macht»[30]. Das unterscheidet den Menschen von der Daseinsform anderer Dinge – ein Glas zum Beispiel hat kein *Bewusstsein*, es *ist* einfach (ein *An-sich-Sein*) und damit Objekt für ein fremdes Bewusstsein. Der Mensch hingegen ist ein *Für-sich-Sein*, Bewusstsein, Existenz, Subjekt, und damit für das, was er ist, verantwortlich. Für den atheistischen Sartre gibt es keinen Gott, der die menschliche Natur schafft und dem Menschen die eigene Verantwortung für sich selbst abnimmt oder dem Leben einen Sinn verleiht. Es gibt keine allgemeine Moral, an der man sich orientieren könnte: Man muss seine Ziele selbst setzen. Dostojewski sagt: «Wenn Gott nicht existiert, ist alles erlaubt.»[31] Fehlt Gott, fehlt auch der Determinismus, von dem das menschliche Handeln bestimmt wird. Der Mensch ist frei, muss handeln und dafür eigene Werte und Maßstäbe finden: «[D]er Mensch ist dazu verurteilt, frei zu sein. Verurteilt, weil er sich nicht selbst erschaffen hat, und dennoch frei, weil er, einmal in die Welt geworfen, für all das verantwortlich ist, was er tut.»[32] Simone nennt das die *Doppelsinnigkeit* der menschlichen Existenz: Der Sinn der Existenz ist nie gegeben, aber es ist durchaus möglich, ihr einen Sinn zu geben. Der muss allerdings immer wieder aufs Neue gewonnen werden.[33]

Diese Tatsache löst im Menschen einen Zustand der *Angst* aus – das gehört zur normalen menschlichen Existenz. Um seine Freiheit zu verwirklichen, muss man handeln, sich engagieren. Das geht nur in einer sogenannten *Situation*: Sie stellt sowohl Ausgangspunkt als auch Begrenzung der individuellen Freiheit eines jeden Menschen dar. Zur individuellen Situation tragen Umstände bei, die man nicht selbst gewählt hat, zum Beispiel biologische, historische und gesellschaftliche Faktoren. Wie auch immer sie aussieht, stets besteht die Möglichkeit, die eigene Situation zu *überschreiten*. Das geschieht in Form von *Entwürfen*: Durch Entwürfe auf die Zukunft, auf ein Ziel hin, *transzendieren* (überschreiten) wir uns: «Trotz allem schlägt das Herz, streckt sich die Hand aus, entstehen neue Entwürfe und treiben mich vorwärts.»[34] *Ziele* werden immer wieder neu gesetzt, damit sie immer wieder überschritten werden können. Jedes Ziel ist dabei nicht nur etwas zu Erreichendes, sondern auch ein neuer Ausgangspunkt. Eine wichtige Rolle spielt dabei die *Wahl*: Jeder Einzelne wählt seine Entwürfe, er wählt sein Handeln, er wählt, wie er sein möchte. Nicht zu wählen, ist keine Möglichkeit – denn auch die Nichtwahl stellt eine Wahl dar. Wer nicht wählt, wählt auch keine Entwürfe, kann sich nicht transzendieren und seine Situation nicht überschreiten. Allerdings ist es sehr wohl möglich zu versuchen, der eigenen Verantwortung zu entkommen. Sartre nennt das *mauvaise foi*, Unaufrichtigkeit:

Man übernimmt falsche Wertvorstellungen, passt sich einfach an. So braucht man sich nicht mehr zu fragen, wer man eigentlich ist. Das mag bequem klingen, letztendlich verliert der Mensch so jedoch seine Freiheit.

Kleine Geschichte des französischen Existenzialismus

Existenzialistische Ideen à la Sartre oder Simone finden sich schon bei Sokrates: Dieser fordert seine Mitbürger dazu auf, ihre Handlungen und Denkweisen kritisch zu hinterfragen, nichts als gegeben hinzunehmen. Der Existenzialismus, wie er heute bekannt ist, entsteht aber erst im 19. Jahrhundert. Sören Kierkegaard und Friedrich Nietzsche greifen die von den Stoikern und Epikureern geprägte Vorstellung von Philosophie als Lebensweise auf. Allerdings: Kierkegaard sieht die Erlösung von der existenziellen *Angst* in Gott, während für Nietzsche Gott tot und der Mensch daher auf sich allein gestellt ist. Es gibt also einen christlichen und einen atheistischen Existenzialismus, wobei Letzterer trotzdem in Kierkegaards Philosophie wurzelt – Sartre & Co lassen bei ihrer Interpretation das göttliche Element einfach weg. Einen großen Einfluss auf den französischen Existenzialismus hat ab Anfang des 20. Jahrhunderts die Phänomenologie, verkörpert vor allem von Edmund Husserl und in Frankreich durch Emmanuel Levinas bekannt gemacht. Eigentlich ist die Phänomenologie eher Methode statt ausgefeilte Theorie. Sie will Dinge genau beschreiben und so ihr wahres Wesen erkennen. Das passt gut zum Existenzialismus, der ja auch nach Wahrheit und Authentizität sucht und ein ständiges Infrage-

stellen von vermeintlichen Gegebenheiten und Selbstver-
ständlichkeiten fordert. Sartre übernimmt von den Phä-
nomenologen vor allem den Begriff der *Intentionalität des
Bewusstseins*, den Husserl selbst von Franz Brentano adaptiert hat: Das Bewusstsein ist immer auf etwas gerichtet.
Der im 20. Jahrhundert entstandene französische Existenzialismus besteht also aus existenzialistischen Ideen und
deutscher Phänomenologie, auch Elemente des deutschen
Idealismus (wie ihn Hegel und Kant vertraten) finden sich
dort. Ein weiterer Einfluss ist Martin Heidegger, dessen
Ideen insbesondere von Sartre aber sehr frei übernommen
und interpretiert werden. Der so entstandene französische
Existenzialismus der 1930er, 1940er Jahre ist größtenteils
atheistisch, es gibt aber auch den von Gabriel Marcel vertretenen christlichen Existenzialismus, der unter anderem
von Karl Jaspers und Martin Buber beeinflusst wurde. Um
die Begrifflichkeiten gibt es schon früh Streit: So betont
Karl Jaspers stets den Unterschied zwischen seiner Existenzphilosophie und dem Existenzialismus (den französischen Existenzialismus empfand er als «Entartung» des
eigentlichen existenzialistischen Ansatzes), Maurice Merleau-Ponty sieht sich selbst als Vertreter der Phänomenologie, und Albert Camus macht sowieso sein ganz eigenes
Ding.

Dem Existenzialismus geht es um das Individuum, aber natürlich existiert dieses nicht im luftleeren Raum: Es lebt innerhalb einer Gesellschaft, die aus anderen Menschen bzw.
Bewusstseinen besteht. Der Andere ist für die eigene, individuelle Existenz unentbehrlich, denn er erkennt das Individuum und sein Sein an. Warum? Weil nur andere Menschen

freie Subjekte sind und somit das menschliche Sein rechtfertigen können. Ein Objekt wie ein Tisch oder ein Pullover kann das nicht (Shopping-Fans würden das anders sehen, aber nun gut). Die individuelle Freiheit eines Menschen ist also von der Freiheit der anderen abhängig – die Freiheit der anderen wiederum hängt von der individuellen Freiheit ab. In Simones Worten:

«Gewiss hängt die Freiheit als Definition des Menschen nicht von anderswem ab, aber sobald ein Engagement vorliegt, bin ich gezwungen, gleichzeitig mit meiner Freiheit die der anderen zu wollen, ich kann meine Freiheit nur zum Ziel machen, indem ich auch die der anderen zum Ziel mache.»[35]

Allerdings sind auch die Beziehungen zu anderen Menschen nicht gegeben – die Menschen selbst sind es, die sie schaffen, egal ob Liebe, Freundschaft oder Gemeinschaft.

«Die einzigen sicheren Bindungen, die es zwischen Menschen gibt, sind jene, die sie dadurch schaffen, dass sie sich in einer gemeinsamen Welt durch gemeinsame Entwürfe transzendieren.»[36]

Letztendlich bedeutet frei sein im existenzialistischen Sinne, sich selbst und seine Entwürfe ständig kritisch zu hinterfragen. Nichts darf als gegeben akzeptiert werden, das Leben ist unvollendet und wird immer wieder neu geplant. Der Existenzialismus bürdet dem einzelnen Menschen also ganz schön viel auf, er ist eine sehr fordernde Philosophie: Der Mensch ist frei und deshalb für sein eigenes Leben verantwortlich, Ausreden zählen dabei nicht. Im Prinzip geht es dem Existenzialismus darum, wie man ein authentisches Leben führen kann und soll. Er hat vieles von dem vorweggenommen, was uns heute normal und völlig selbstverständlich erscheint: die

Ablehnung von Fremdbestimmung und die Verantwortung für das eigene Handeln beispielsweise. Man muss selbst aktiv werden und entscheiden, was man aus seinem Leben machen will. Dabei geht es allerdings um mehr als nur um persönliche Selbstverwirklichung – sonst gäbe es wohl längst eine ganze Reihe «existenzialistischer» Selbsthilfebücher. Nein, dem Existenzialismus geht es eben auch um Engagement in der Gesellschaft, um Engagement für andere. Dass diese Philosophie heute nicht mehr so angesagt ist, liegt einerseits genau daran, dass viele ihrer Ideen mittlerweile selbstverständlich sind. Es liegt aber auch an dem geschichtlichen Kontext, in dem der Existenzialismus Sartre'scher Prägung entstand: Das Ende des Zweiten Weltkriegs, die Erfahrung von Besetzung, Tod und Kollaboration hatten Frankreich tief geprägt. Der Existenzialismus bot in der Nachkriegszeit Orientierung und Halt. Doch schon Ende der 1960er Jahre galt er als hoffnungslos unmodern: Angesagt war nun der Poststrukturalismus à la Jacques Derrida und Michel Foucault. Im Gegensatz zum Existenzialismus begreift dieser die ganze Welt als Konstrukt, selbst die Menschen. So wird die Subjekt-Objekt-Spaltung, die dem Existenzialismus zugrunde liegt, aufgehoben. Auch in der Philosophie kommt eben irgendwann der Zeitpunkt, an dem junge Wilde ihre früher ebenfalls mal jungen und wilden Vorgänger ablösen.

Im Angesicht des Anderen

Viele philosophische Lexika und Enzyklopädien führen Simone heute entweder gar nicht auf oder lediglich als eine Art Schülerin Sartres. Auch in den Philosophieabteilungen der Buchläden findet sich oft kein Werk von ihr – Simone gilt nicht als eigenständige Denkerin. Dabei hat sie sowohl wichtige Beiträge zur Sartre'schen Philosophie geleistet als auch diese weitergedacht und anders interpretiert. Erstes Beispiel: die Situation. Simone ist sich sehr viel mehr als Sartre bewusst, wie gesellschaftliche Bedingungen die persönliche Freiheit einschränken können. Sartre behauptet, dass jede Situation, egal wie sie aussieht, überschritten werden kann – Simone sieht das Ganze skeptischer. In *Das andere Geschlecht* analysiert sie 1949 ausführlich die Situation der Frau (im philosophischen wie im realen Sinne) und zeigt, welchen Einfluss gesellschaftliche Normen und Erwartungen auf diese haben. Manche Menschen, so Simone, haben eben bessere Voraussetzungen, ihre Situation zu überschreiten als andere, denn «nicht allen Menschen ist es möglich, die Werte, die Tabus, die Weisungen, mit denen man sie umgeben hat, abzulehnen, und sei es auch nur dadurch, dass sie sie anzweifeln.»[37] Daraus folgt, dass die Situationen der Menschen nicht alle gleich, sondern sehr unterschiedlich sind. Ein zweites Beispiel für Simones philosophischen Eigensinn ist die Freiheit. Im Gegensatz zu Sartre spielt für Simone hier der Wille die entscheidende Rolle. Für Sartre wird der Mensch frei geboren, er ist eine Transzendenz, eine Überschreitung, und damit automatisch frei. Für Simone muss es aber die Entscheidung geben, den Willen, ein Subjekt sein zu wollen. Passiert das nicht, bleibt der Mensch unfrei und verbleibt in der Immanenz, im Status eines Objekts.[38] Somit ist Freiheit für Simone durchaus etwas, das erst erobert werden muss – indem man eine Wahl trifft und beschließt, seine Situation in Form von Entwürfen zu überschreiten. Simone glaubt also an die Macht des Willens: Der Wille ist bei ihr etwas Leidenschaftliches, Dynamisches, das es dem Menschen erlaubt, sich voller Begehren in die Welt zu werfen.

Claude Lévi-Strauss (1908–2009) – Ethnologe, Anthropologe & Ideenlieferant

An einem kalten Januarmorgen 1929 treten drei angehende Philosophielehrer ihr Probejahr am Lycée Janson-de-Sailly an: Maurice Merleau-Ponty, Simone de Beauvoir und Claude Lévi-Strauss. Simone notiert später über Letzteren, er habe sie «durch sein Phlegma» eingeschüchtert, dieses jedoch «mit Geschick» verwendet.[39] Claude wendet sich schon bald nach dem Studium von der Philosophie ab und der Ethnologie zu: Zwischen 1935 und 1939 nimmt er mit seiner ersten Frau Dina an ethnographischen Forschungsreisen in das Amazonasgebiet Zentralbrasiliens teil. Da er Jude ist, nutzt Claude 1941 die Unterstützung der Rockefeller-Stiftung, die zahlreichen europäischen Intellektuellen die Flucht in die USA ermöglicht. Per Schiff emigriert er nach New York. Die Zeit dort beeinflusst Claudes Denken entscheidend: Er lernt Roman Jakobson kennen, einen der wichtigsten Vertreter der strukturalistischen Linguistik. Claude entdeckt, dass linguistische Konstrukte sich auf die Ethnologie übertragen lassen: Wie die Sprache wird auch die Kultur von ihr zugrunde liegenden Regeln und Strukturen bestimmt, die sich erkennen und analysieren lassen. Jedes menschliche Verhalten entspricht Zeichen in einem Kommunikationssystem. Gefüllt mit Anregungen und Inspiration kehrt Claude 1947 zurück nach Frankreich und veröffentlicht seine Erkenntnisse 1949 unter dem Titel *Die elementaren Strukturen der Verwandtschaft*. Simone besorgt sich die Druckfahnen, rezensiert das Werk für die *Temps Modernes* und nutzt die Analyse der Verwandtschaftssysteme für ihr Werk *Das andere Geschlecht*. Sie findet die Theorie spannend, dass ein durch Heiratsregeln

(z. B. das Inzestverbot) gesteuertes Tauschsystem – bei dem Frauen getauscht werden – natürliche Verwandtschaften durch soziale Allianzen ersetzt. Ein Feminist ist Claude selbst übrigens nicht: Mehrfach betont er, Frauen hätten in der Forschung nichts zu suchen, den Anteil Dinas an seiner Forschungsarbeit verschweigt er, so gut es geht. *Die elementaren Strukturen der Verwandtschaft* wird zum Sensationserfolg, der Autor zum Begründer des französischen Strukturalismus: Für Claude existiert so etwas wie ein souveränes Subjekt nicht, die Strukturen sind dem Menschen übergeordnet. Kein Wunder, dass die Existenzialisten damit ein Problem haben: Wo bleibt da das souveräne Subjekt, die Freiheit? Claudes Erfolg schadet diese Kritik nicht, sein Buch *Traurige Tropen*, über seine Brasilien-Reisen in den 1930er Jahren, wird 1955 zum Sensationserfolg – die Mischung aus Reisebericht, Autobiographie, Roman und anthropologischem Essay ist gewagt und kommt gut an. Sartre bricht Ende der 1950er offiziell mit Claude, Simone hingegen hält die Freundschaft aufrecht – auch wenn sie Claude insgeheim vorwirft, Sartre dessen intellektuelle Führungsrolle in Frankreich abspenstig machen zu wollen. 1973 wird Claude als einer der sogenannten Unsterblichen in die *Académie Française* gewählt, da ist seine intellektuelle Wirkmacht bereits dabei, zu verblassen. Auf den Strukturalismus folgt eben, genau, der Poststrukturalismus.

Lebensfreude und Leidenschaft sind typisch für Simones Form des Existenzialismus. In ihren Werken – darunter Romane, Kurzgeschichten und Essays – behandelt sie stets Themen und Fragestellungen, die sie persönlich betreffen und berühren. Durch diesen unmittelbaren Zugang gelingt es ihr, der bei Sartre doch oft sehr abstrakt und übermäßig theoretisch klingenden existenzialistischen Philosophie Leichtigkeit und Wärme zu verleihen; sie schreibt für das große Publikum, nicht für intellektuelle Experten. So lebensbejahend und zuversichtlich Simone selbst ist, so ist auch ihre Philosophie. In ihr spiegeln sich Simones eigene Erfahrungen und Hoffnungen. Eine besondere Rolle kommt dem «Anderen» zu – ein Thema, mit dem Simone sich schon seit ihrer Jugend beschäftigt. Sie ist fasziniert von der Tatsache, dass jeder sich selbst als Bewusstsein, als einzigartig wahrnimmt, und die Existenz anderer Menschen, anderer Bewusstseine, deshalb als Bedrohung erscheinen muss: In seinem eigenen Leben spielt jeder die Hauptrolle, alle anderen sind bloß Statisten. So ist man aber wiederum automatisch und unfreiwillig im Leben eines anderen Statist, bloßer Nebendarsteller. Klar, dass das (ver)stört. Simone widmet ihren Debütroman *Sie kam und blieb* diesem Thema. In einer Szene sagt Pierre zu seiner Partnerin Françoise: «Ich muss mich über dich wundern […]. Du bist der einzige Mensch, den ich kenne, der imstande ist, Tränen bei der Entdeckung zu vergießen, dass ein anderer ein Bewusstsein hat wie er selbst.»[40]

Kleines Lexikon des Existenzialismus

Ambiguität: Nichteindeutigkeit, Doppelsinnigkeit; bezieht sich auf die → *Existenz*, deren Sinn niemals festgelegt ist und unaufhörlich gewonnen werden muss

An-sich-Sein: Gegenstand, Objekt; ist mit sich selbst identisch; unabhängig von einem es betrachtenden → *Bewusstsein*

Authentizität: Anerkennung der eigenen Individualität

Bewusstsein: reine, unpersönliche Spontaneität; ist immer Bewusstsein *von* etwas; konstituiert sich in Abgrenzung zum von ihm wahrgenommenen Objekt, → *An-sich-Sein*, als das, was es nicht ist

Dasein: In-der-Welt-Sein; Grundverfassung des Menschen; menschliche Realität; Abgrenzung zum → *Sein*

Entwurf: Möglichkeit, die individuelle → *Situation* auf die Zukunft oder ein Ziel hin zu überschreiten (→ *Transzendenz*); Wahl eines bewussten Verhältnisses zu sich selbst

Essenz: das menschliche Wesen; was der Mensch ist

Existenz: *Dasein*; Tatsache des menschlichen Vorhandenseins

Faktizität: das Gegebene; Faktoren, die die Freiheit des Menschen in Form einer → *Situation* einschränken

Freiheit: Ursprung und → *Ziel* alles Handelns; der Mensch ist frei, da er nicht festgeschrieben, nicht determiniert ist

Für-sich-Sein: der Mensch, das menschliche → *Bewusstsein*; bestimmt durch → *Faktizität* und → *Transzendenz*

Geworfenheit: die Tatsache, dass der Mensch durch den Zufall seiner Geburt in seine → *Existenz* «geworfen» ist und seinem Leben selbst einen Sinn geben muss

Immanenz: reine → *Faktizität*; auf sich zurückgeworfen sein; Gegenbegriff zur → *Transzendenz*

Kontingenz: Zufall, Verlorenheit; wird überwunden durch → *Transzendenz*

Sein: entspricht dem → *Für-sich-Sein*

Situation: sowohl Ausgangspunkt als auch Begrenzung der individuellen → *Freiheit* eines jeden Menschen; zur individuellen Situation tragen nicht selbstgewählte Umstände bei, wie biologische, historische und gesellschaftliche Faktoren (→ *Faktizität*)

Subjekt: → *Bewusstsein*; konstituiert sich als → *Für-sich-Sein* gegenüber dem von ihm wahrgenommenen Etwas, dem → *An-sich-Sein*

Transzendenz: Intentionalität; das, was über das Gegebene (→ *Faktizität*) hinausgeht; Gegenbegriff zur → *Immanenz*

Unaufrichtigkeit (*mauvaise foi*): Selbsttäuschung; der Mensch versucht, vor seiner → *Freiheit* zu fliehen

Verantwortung: die Tatsache, dass der Mensch frei ist und wählen kann und ihn deshalb nichts festlegt oder entschuldigt

Wahl: die → *Freiheit*, sich für einen → *Entwurf*, eine Handlung zu entscheiden

Ziel: etwas zu Erreichendes und gleichzeitig neuer Ausgangspunkt, da Ziele in Form von → *Entwürfen* überschritten (→ *Transzendenz*) werden müssen

---

Simone fragt danach, was der Andere für *meine* Entwürfe und *mein* Sein bedeutet. Ganz deutlich macht sie das in ihrem Essay *Pyrrhus und Cineas* von 1943. Soeben hat sie ihren zweiten Roman *Das Blut der anderen* beendet, in dem sie sich mit dem «Verhältnis der individuellen Erfahrung zur universellen Realität»[41] auseinandersetzt. Einige Fragen sind noch offen, und diese soll *Pyrrhus und Cineas* beantworten. Es geht um die Sinnhaftigkeit menschlicher Entwürfe und ihre konkrete Umsetzbarkeit: Warum wählt man diesen Entwurf und nicht den anderen? Wie kriegt man es hin, den Entwurf in die Tat umzusetzen? Es ist wichtig, dass das menschliche Sein einen Sinn hat, gerechtfertigt ist – und diese Rechtfertigung kann ein Einzelner nur durch andere Menschen erfahren; denn genau wie man selbst ist der Andere permanentes Sich-Überschreiten, Transzendenz. Man ist darauf angewiesen, dass er die eigenen Entwürfe aufnimmt, sie fortführt und damit als gültig anerkennt. Das Problem ist allerdings, dass so viele Entwürfe wie Menschen existieren und diese sich natürlich gegenseitig widersprechen können. Andererseits gibt es auch Menschen, die meine Entwürfe teilen und so potenzielle Verbündete sind. Für Simone ist somit klar, dass jeder Einzelne auf die Hilfe anderer angewiesen ist: sowohl, um seine Entwürfe verwirklichen zu können, als auch, um seine Existenz zu rechtfertigen.[42] Aus dieser Tatsache leitet Simone konkrete Kriterien für menschliches Handeln ab. Damit der Andere den Einen unterstützt, indem er dessen Entwürfe in die Zukunft weiterführt, muss er auf einer Stufe mit diesem Einen (der für ihn ja auch ein Anderer ist) stehen. Es ergibt sich also für jeden Einzelnen eine ethische Verpflichtung, an einer Welt mitzuarbeiten, in der alle Menschen die Möglichkeit haben, ihre Entwürfe in eine offene Zukunft hin zu verwirklichen.[43] Eine Aktivität ist dann «gut, wenn sie darauf abzielt, für sich und andere […] die Freiheit zu befreien.»[44]

Simone fällt es leicht, philosophische Doktrinen zu verstehen, sie kritisch zu hinterfragen und weiterzudenken – Sartre ist auf ihren Input und ihr Feedback angewiesen. Sie kennt die Schwächen und Mängel von Sartres Denken ganz genau, viel mehr als er interessiert sie sich für moralische und ethische Fragen. In *Das Sein und das Nichts* kündigt Sartre zwar eine existenzialistische Moral an, löst dieses Versprechen aber nie ein. Es ist Simone, die sich daranmacht, Sartres Werk in dieser Hinsicht zu ergänzen. In einem Gespräch mit dem christlichen Existenzialisten Gabriel Marcel sagt sie diesem, auf Sartres *Das Sein und das Nichts* ließe sich sehr wohl eine Moral aufbauen. Marcel findet, das solle sie doch mal aufschreiben. Das braucht er nicht zweimal zu sagen: Prompt macht Simone sich ans Werk, 1947 erscheint *Für eine Moral der Doppelsinnigkeit*. Darin verteidigt Simone den Existenzialismus gegen den Vorwurf, er biete keine wirklichen Werte, weil er subjektiv und individualistisch sei:

«[W]eil der Mensch auf der Erde verlassen ist, sind seine Handlungen endgültige, absolute Verpflichtungen; er trägt die Verantwortung für eine Welt, die nicht die Schöpfung einer fremden Macht, sondern sein eigenes Werk ist, eine Welt, die seine Niederlagen wie seine Siege bezeugt.»[45]

Simone lehnt eine Moral ab, die auf der angenommenen Existenz einer einzigen, homogenen «Menschheit» basiert. Sie beharrt stattdessen auf der «Tatsache der menschlichen Vereinzelung»[46] – diese bedeutet aber nicht, dass nicht auch einzelne Menschen miteinander verbunden sein und allgemeingültige Gesetze aufstellen können.[47] Für Simone ist es das, was eine «Moral der Doppelsinnigkeit» ausmacht: Anzuerkennen, dass die Menschheit aus vielen vereinzelten Freiheiten besteht, und trotzdem eine Verbundenheit zwischen diesen Freiheiten sowie eine dadurch begründete Moral nicht auszuschließen. Diese Moral basiert für sie auf dem absoluten Willen zur Freiheit, für sich und andere: «Frei sein wollen bedeutet wollen, dass auch die anderen frei sind; dieses Wollen ist keine abstrakte Vorschrift, sondern sie zeigt einem jeden konkrete Handlungen auf, die er durchführen muss.»[48] Wie sehen diese Handlungen aus? Simone fordert, dass jeder sich gegen jede Form der Unterdrückung auflehnen muss. Außerdem müssen bestimmte Dinge für alle Menschen gewährleistet sein, wie Simone schon in *Pyrrhus und Cineas* schreibt: Gesundheit, Bildung, Wohlbefinden und Muße – nur dann kann der Mensch sich auf die Befreiung der Freiheit, bei sich und anderen, konzentrieren. Jeder Einzelne, macht Simone deutlich, ist mitverantwortlich für den Zustand der Gesellschaft. Der Mensch muss sich aktiv einbringen und es auch anderen möglich machen, ihre Freiheit zu gebrauchen.

6 philosophische Einflüsse des Beauvoir'schen Existenzialismus

Gottfried Wilhelm Leibniz (1646–1716)

Bekannt als: deutscher Vordenker der Aufklärung und Universalgelehrter

Kurz und bündig: Gott, so Leibniz, hat dem Menschen die Freiheit geschenkt, sich für verschiedene Lebensmöglichkeiten zu entscheiden. Die Welt hat unendliches Entwicklungspotenzial, kann immer verbessert werden – das «Endziel» einer perfekten Welt gibt es dabei aber nicht, sondern der Prozess hört nie auf. Genauso verharrt der Mensch nie in einer einmal gefundenen Form: Er schöpft sich immer wieder neu aus sich selbst. Das Verhalten eines Menschen in einer Situation ist immer absolut frei, auch, wenn gewisse Vorbedingungen eindeutig festgelegt sind.

Was Simone daran inspiriert: die Idee, dass der Mensch sich sowohl in einer Situation mit vorgegebenen Bedingungen befindet als auch frei ist. Und dass es kein großes Endziel gibt, auf welches der Mensch hinarbeitet, sondern nur einen dynamischen Prozess, in dem ein Ziel das andere ablöst. Leibniz beeindruckt Simone immerhin so sehr, dass sie ihre Abschlussarbeit an der Uni über ihn schreibt.

Immanuel Kant (1724–1804)

Bekannt als: *der* deutsche Philosoph der Aufklärung

Kurz und bündig: Das Prinzip der Kant'schen Ethik ist «Sapere aude» (Habe Mut, dich deines eigenen Verstandes zu bedienen). Fundamentaler Grundsatz für die praktische Vernunft ist die Freiheit. Kant fragt danach, wie der Mensch handeln soll und wodurch sein Wille bestimmt wird. Seine Antwort: Entweder wird unser Wille durch Gesetze bestimmt, die in uns selbst – in unserer Vernunft – liegen. Oder wir lassen unseren Willen bestimmen durch etwas außerhalb von uns, außerhalb unserer Vernunft: Unser Wille ist dann fremdbestimmt.

Was Simone daran inspiriert: der «kantianische Optimismus», wie sie es nennt – die Idee radikaler Freiheit des Einzelnen sowie die Überzeugung, dass *sollen* tatsächlich *können* bedeutet.

Georg Wilhelm Friedrich Hegel (1770–1831)
Bekannt als: Idealist
Kurz und bündig: Hegel unterscheidet zwischen *Für-sich-Sein* und *Für-andere-Sein* – im Prinzip also zwischen Subjekt (Für-sich) und Objekt (An-sich). Das Selbstbewusstsein, also das Bewusstsein von einem selbst, ist das Ergebnis der Anerkennung durch den Anderen: Damit ein Mensch er selbst sein kann, muss ein anderer seine Existenz anerkennen.

Was Simone daran inspiriert: die Erkenntnis, dass jedes menschliche Bewusstsein unterscheidet zwischen sich als Selbst (wesentlich) und dem Anderen (unwesentlich).

Sören Kierkegaard (1813–1855)
Bekannt als: früher Vertreter der Existenzphilosophie
Kurz und bündig: Kierkegaard geht es darum, sich mit individuellen Menschen zu beschäftigen und mit der Welt, in der sie leben. Sich abstrakte Gedanken über die Menschheit insgesamt zu machen, lehnt er ab. Wichtig sind ihm au-

ßerdem menschliche Freiheit und der eigene Wille, ebenso
wie die Möglichkeit, laufend Entscheidungen zu treffen –
insbesondere moralische. Der Mensch, so Kierkegaard,
wird sich des Verhältnisses zwischen Körper und Geist bewusst und erkennt seine Verantwortung vor sich selbst und
der Welt. Er kann sein geistiges Selbst aber nicht durch sich
selbst begründen, er findet es nicht in sich selbst: Gott ist
die Ursache der Unendlichkeit und Freiheit des Menschen.
Trotzdem gibt es für den einzelnen Menschen keinen objektiven Halt, er wird immer wieder zurückgeworfen auf
seine eigene, ungewisse Existenz. Kierkegaard benutzt den
Begriff «Existenz», um die menschliche Art des Seins zu
beschreiben: Bei jedem Schritt treffen wir Entscheidungen,
wir wählen.

Was Simone daran inspiriert: Kierkegaards Fragen nach
dem Verhältnis des Menschen zur Welt: Welche Beziehung
besteht zwischen der Freiheit eines Individuums und der
Gegebenheit seiner Situation? Für Kierkegaard wie für Simone sind das existenzielle Probleme. Kierkegaards Ausführungen zum Verhältnis zwischen Mensch und Gott
überzeugen sie allerdings nicht.

Edmund Husserl (1859 – 1938)

Bekannt als: Begründer der Phänomenologie

Kurz und bündig: Phänomenologie will das Wesen der
Dinge erkennen: Man muss die Dinge so sehen, wie sie
sind, und nicht, wie man denkt, wie sie sein sollten. Dafür müssen wir uns von Klischees und Annahmen über
den Untersuchungsgegenstand losmachen, sachlich, vor-
urteilsfrei und methodisch vorgehen. So erfassen wir statt
der bloßen Dinge sogenannte Phänomene: Damit sind
gewöhnliche Dinge, Objekte oder Ereignisse gemeint, wie

sie sich meiner Erfahrung darstellen und nicht, wie sie vielleicht in der Realität aussehen. Husserl geht von der «Intentionalität des Bewusstseins» aus. Das bedeutet, das Bewusstsein ist auf etwas gerichtet – und durch einen solchen «Akt des Bewusstseins» konstituiert das Bewusstsein überhaupt erst Gegenstände: Indem wir Sachen wahrnehmen, geben wir ihnen eine Sinnhaftigkeit. Bewusstsein ist immer Bewusstsein «von etwas».

Was Simone daran inspiriert: die Überzeugung, dass theoretische Analysen auf konkreten Eigenheiten gelebter Erfahrung basieren müssen. Simone übernimmt außerdem Husserls Definition des Bewusstseins als einzigartigen Mittelpunkt der Welt, von dem aus die Dinge durch den Anblick ihre Existenz erhalten. Und: Dieses Bewusstsein ist intentional, es ist auf etwas gerichtet.

Martin Heidegger (1889–1976)

Bekannt als: Existenzphilosoph und Phänomenologe

Kurz und bündig: Heidegger geht es vor allem um das «Dasein», also das Sein des Menschen. Dieses menschliche Dasein befindet sich an einem bestimmten, unverwechselbaren, seinem Wollen entzogenen Ort: Es ist «geworfen in sein Da». Das ganze Dasein wird vom Tod bestimmt. Aus der Tatsache, dass wir alle sterben, leitet Heidegger die Bedeutsamkeit und Dringlichkeit für das menschliche Dasein ab. Die Zeit läuft ab, jede Entscheidung zählt, und wir müssen deshalb unser Leben in Freiheit und Verantwortung führen. Das führt natürlich zu Angst, und in dieser Angst begegnet der Mensch dem Nichts. Das Wesen des Daseins ist quasi eine «Transzendenz in das Nichts». Durch das Nichts erfährt der Mensch das Sein. Gäbe es keinen Tod, gäbe es auch keinen Lebenssinn.

Was Simone daran inspiriert: die Vorliebe für philosophische Beispiele aus dem Alltag. Simone interessiert sich außerdem sehr für Heideggers *Mitsein* – also die Tatsache, dass wir diese Welt zusammen mit anderen bewohnen und was das für unser Dasein bedeutet. Heideggers Auffassung, dass alle Lebens-Entwürfe vom Tod her bestimmt werden, teilt Simone allerdings nicht: Ihrer Meinung nach werden Entwürfe von gewissen Zielen her bestimmt, die wir uns selbst setzen.

Für eine Moral der Doppelsinnigkeit gehört zu den wenigen philosophischen Essays im strengeren Sinne, die Simone geschrieben hat (u. a. *Soll man de Sade verbrennen?*). Tatsächlich aber ist ihr ganzes Werk von Philosophie durchzogen und geprägt, selbst ihre Memoiren. Simone trennt nicht zwischen Alltag, Literatur und Philosophie, und so bilden ihre Romane einen wichtigen Bestandteil ihrer philosophischen Theorie. In dem Artikel *Literatur und Metaphysik* entwirft sie die Grundzüge des sogenannten metaphysischen Romans, der sich irgendwo zwischen reiner Philosophie und reiner Literatur befindet. Dessen Ziel ist es, kurz gesagt, eingehend das Verhalten der Menschen zu untersuchen und menschliche Erfahrungen in ihrer metaphysischen Dimension darzustellen – das heißt, danach zu fragen, was die Wirklichkeit ausmacht. Es soll um subjektive Erfahrungen und Empfindungen gehen, authentisch sein: «Es muss versucht werden, sie (die Realität, Anm.) in ihrer Vollständigkeit darzubieten, so wie sie sich in der lebendigen Beziehung enthüllt, die zunächst Handeln und Fühlen ist, bevor sie sich zum Denken macht.»[49] Simone ist stets mehr daran interessiert, menschliches Leben und Dasein erfahrbar darzustellen, als abstrakte philosophische Abhandlungen zu schreiben. Oder, wie die Figur der Françoise es in *Sie kam und blieb* zusammenfasst: «Aber für mich [...], ist eben eine Idee nichts Theoretisches, man erlebt sie, oder sie bleibt Theorie, und dann zählt sie nicht [...]»[50]. Philosophie ist für Simone «eine lebendige Realität, eine unerschöpfliche Quelle»[51] – auch einer der Gründe, warum ihre philosophischen Ideen bis heute nichts von ihrer inspirierenden Kraft verloren haben. Simone schafft es, zum Denken anzuregen.

Muse, Anhängerin, Apostelin

Als klassische Philosophin sieht sie selbst sich allerdings nicht, trotz Philosophiestudium und der philosophischen Dimension ihres Werks. Philosophen sind für Simone originelle Denker, und sie glaubt, dass es ihr an Originalität fehlt: «[I]ch wusste sehr wohl, dass die Mühelosigkeit, mit der ich in einen Text eindrang, auf meinen Mangel an produktiver Phantasie zurückging.»[52] Philosophen, davon ist Simone überzeugt, müssen eigene Denksysteme entwickeln; es reicht nicht, bloß die Systeme anderer zu kritisieren oder weiterzudenken. Ziemlich strenge Kriterien, denen heutige Philosophen wohl kaum standhalten würden. Nicht umsonst heißt ein Buch über Sartre *Le dernier philosophe* (dt. Der letzte Philosoph) – für den Autor Alain Renaut ist Sartre der letzte Philosoph im klassischen Sinne, ein Philosoph, der ein eigenes Denksystem ausgearbeitet und etabliert hat.

> *«Wenn eine Theorie mich überzeugte, baute ich sie in mein Leben ein, sie veränderte mein Verhältnis zur Welt, sie färbte meine Erfahrung.»*[53]

Simone versteht sich selbst also nicht als «originelle» Denkerin, als Philosophin dann aber irgendwie doch. Warum einfach, wenn es auch kompliziert geht? In einem Interview kurz vor ihrem Tod sagt sie:

«Denn während ich sage, dass ich kein Philosoph bin in dem Sinne, dass ich nicht Schöpfer eines Systems bin, bin ich dennoch ein Philosoph in dem Sinne, dass ich eine Menge Philosophie studiert habe, ich habe einen Abschluss in Philosophie, ich habe Philosophie unterrichtet, ich bin durchdrungen von Philosophie, und wenn ich Philosophie in meine Bücher hineinbringe, dann deshalb, weil es für mich ein Weg ist, die Welt zu sehen […].»[54]

Ganz offensichtlich ist Simone also eine Philosophin. Aber: Sie gehört nicht zu den Denkern, die von Beginn an zweifelsfrei als Philosophen erkannt und bezeichnet wurden. Das liegt einerseits an Simone selbst und ihrer hartnäckigen Weigerung, die Bezeichnung «Philosophin» für sich zu reklamieren. Andererseits aber auch daran, wie sie ihre philosophischen Ideen vermittelt: Ihre bevorzugte Ausdrucksform ist viel mehr der Roman als die theoretische Darlegung. Dabei wird ihre wichtigste philosophische Abhandlung immer noch nicht als solche gesehen: *Das andere Geschlecht* gilt nach wie vor eher als sozialwissenschaftliches Werk. Und natürlich spielt bei Simone immer eine Rolle, dass viele sie nur in Zusammenhang mit Sartre denken, ihre philosophischen Ideen mit seinen gleichsetzen. Sie gilt als seine Muse, seine treue Anhängerin und Apostelin. Tatsächlich bildeten Simone und Sartre eine zweiköpfige Denkfabrik, in der die Ideen und Theorien nur so hin- und hergeschoben wurden. Fest steht aber: Simone hat philosophisch ihren eigenen Kopf. Dass sie trotzdem als eine Art Anhängsel Sartres gilt, ist kaum verwunderlich: Damals wie heute herrscht die Überzeugung, dass große

Ideen natürlich von großen Männern produziert werden. Für weibliche Denkerinnen ist kaum Platz. Simone wird sich dessen sehr wohl bewusst sein und entschied sich vielleicht auch deshalb gegen die Berufsbezeichnung «Philosophin»: weil sie in ihrer Arbeit freier sein und sich nicht festlegen wollte. Denn ihre große Leidenschaft galt dem Schreiben und der Literatur – sie wollte schon als Mädchen Schriftstellerin werden, es war ihr Traumberuf: «Indem ich ein aus meinem eigenen Erleben genährtes Werk verfasste, würde ich mich selber wiedererschaffen und mein Dasein rechtfertigen.»[55]

TEIL IV

Schreiben

«Schreiben ist die große Angelegenheit
meines Lebens geblieben.»[1]

Chronik

1943 *Sie kam und blieb* erscheint

1945 *Das Blut der anderen* erscheint

1946 *Alle Menschen sind sterblich* erscheint
      Simone hält in Tunesien Vorträge zum Thema
      Literatur

1947 Simone hält in den USA Vorträge zum Thema
      Literatur

1954 *Die Mandarins von Paris* erscheint
      Simone erhält den *Prix Goncourt*

1956 Simone beginnt, ihre Memoiren zu schreiben

1958 *Memoiren einer Tochter aus gutem Hause*
      erscheint

1960 *In den besten Jahren* erscheint

1963 *Der Lauf der Dinge* erscheint
      Simones Mutter stirbt

1964 *Ein sanfter Tod* erscheint

1966 *Die Welt der schönen Bilder* erscheint

1967 *Eine gebrochene Frau* erscheint

1972 *Alles in allem* erscheint

1979 *Marcelle, Chantal, Lisa …* erscheint

Zut! Verdammt! Frustriert legt Simone ihren Stift zur Seite und starrt aus dem Fenster, auf die Straßen Marseilles. Es ist 1932, Frühjahr. Sie sitzt seit Stunden in diesem Café und versucht, alles, was sie sieht, genauestens zu beschreiben: die Wände, die kleinen Tische. Doch die selbstauferlegte Schreibübung führt zu nichts. Simone gibt auf. Eigentlich will sie sowieso viel lieber an ihrem Roman weiterschreiben – aber auch dieses Vorhaben frustriert sie. Auf die Idee mit der Schreibübung ist sie ja nur gekommen, weil es mit dem Roman nicht vorangeht. Hat sie sich zu viel vorgenommen? Sie zweifelt an sich, ist unzufrieden mit ihrem Dasein als Philosophielehrerin. Sie will mehr, sie will Schriftstellerin sein. So, wie sie es sich schon als junges Mädchen vorgestellt hat.

Der Zauber der Seiten

Bücher können sprechen, davon ist die junge Simone überzeugt. Sie sprechen von der sie umgebenden Welt, und manchmal entdeckt Simone sich selbst in ihnen. Bücher bringen sie zum Träumen und Nachdenken, sie werfen Fragen auf und bringen vermeintliche Sicherheiten ins Wanken. Die Eltern geben Simone eine relativ bizarre Mischung aus Abenteuerromanen, kitschigen Geschichten und religiös erbaulicher Literatur zum Lesen. Dabei achten sie streng darauf, dass ihr Töchterchen die «richtigen» Bücher liest – Bücher im Einklang mit ihrer eigenen konservativen Moral: «[S]ie bekannten sich alle zu den gleichen Wahrheiten und Werten wie meine Eltern und meine Lehrerinnen; die Guten wurden belohnt, die Bösen bestraft; Missgeschicke stießen nur lächerlichen, dummen Leuten zu.»[2] In Simones Kinderbüchern ist die Welt fein säuberlich eingeteilt in Schwarz und Weiß. Erscheinen Mama Beauvoir einige Seiten doch bedenklich, heftet sie sie kurzerhand mit Nadeln zusammen. Ganz die brave Tochter aus gutem Hause kommt Simone lange nicht auf die Idee, diese Nadeln zu entfernen und nachzuschauen, was da von ihr ferngehalten werden soll. Simones Cousine Madeleine hingegen liest alles, was ihr in die Hände fällt – kein Erwachsener kontrolliert ihre Lektüre. Papa Beauvoir ist empört, als er die 12-jährige Madeleine mit einer Ausgabe von Alexandre Dumas' *Die drei Musketiere* sieht. So was schickt sich nicht für eine junge Dame! Doch auch Simone hat so langsam keine Lust mehr auf die elterliche Zensur und darauf, dass ihr so viele interessant aussehende Bücher verwehrt bleiben. Sie will herausfinden, was genau in den verbotenen Büchern steht. Selber einen Blick in diese Bücher zu werfen, traut sie sich allerdings nicht; die schüchterne Nachfrage bei Cousine Madeleine ergibt, dass in gewissen Büchern wohl Szenen beschrieben werden, die irgendwie mit der Entstehung von Kindern zu tun haben. Jetzt ist Simone erst recht neugierig geworden und will von einer peinlich berührten Françoise wissen, ob Kinder durch den Bauchnabel auf die Welt kommen. Bücher sprechen nicht nur mit Simone, sie stacheln sie indirekt auch zum Widerstand an.

Mama Beauvoir leiht Bücher aus der Bibliothèque Cardinal an der Place Saint-Sulpice aus, und für Simone gibt es nichts Schöneres, als sie dorthin zu begleiten: alle diese Seiten – ein Bücherparadies! Und sie darf ein Stück dieses Paradieses mit nach Hause nehmen! Je älter Simone wird, desto wichtiger werden Bücher für sie. Als die Familie nach dem Ersten Weltkrieg und dem Verlust ihres Vermögens in eine kleinere Wohnung umziehen muss, nutzt Simone Bücher für die Flucht aus dem Alltag: Ihr Zimmer teilt sie sich mit ihrer jüngeren Schwester Hélène, nirgendwo in der Wohnung hat sie ein Fleckchen nur für sich. Doch Bücher erlauben es Simone, all das hinter sich zu lassen, in fremde Welten einzutauchen, ihre Gedanken und Probleme in Romanfiguren wiederzufinden. Sich selbst sieht Simone als tragische Heldin ihres eigenen Romans: «Da jede Romanintrige Schwierigkeiten und Niederlagen erfordert, erfand ich solche für mich.»[3] Besonders angetan hat es ihr das Buch *Little Women* von Louisa Alcott, welches 1868/1869 in zwei Teilen erschien. Es erzählt die Lebensgeschichte der Schwestern Meg, Jo, Beth und Amy, die in Neuengland aufwachsen. Simone identifiziert sich mit der klugen, jungenhaften Jo, die Schriftstellerin werden und Europa bereisen möchte. Simone selbst ist sich noch nicht sicher, ob sie Bücher später lieber verkaufen oder schreiben möchte – beides erscheint ihr als der bestmögliche Beruf und «in meinen Augen gab es jedenfalls nichts Köstlicheres in der Welt».[4]

Das Bücherparadies: Maison des Amis des Livres

Die von der berühmten Adrienne Monnier betriebene Buchhandlung *Maison des amis des livres* (etwa: Haus der Bücherfreunde) auf der Pariser Rue de l'Odéon 7 ist für Simone so etwas wie ein kleines Refugium. Hierher kommt sie, um neuen Lesestoff zu kaufen oder auszuleihen – seit ihrer Studentenzeit an der Sorbonne macht sie von dem Ausleih-Angebot regen Gebrauch. Auch andere Schriftsteller wissen den Laden zu schätzen: André Gide, James Joyce und Jean Cocteau sind nur drei von vielen berühmten Stammkunden. Adrienne Monnier lebt ihre Liebe zu Büchern, im wahrsten Sinne des Wortes – ihre

Lebensgefährtin ist Sylvia Beach, die, ebenfalls in der Rue de l'Odéon, ihren eigenen Buchladen *Shakespeare & Company* betreibt.

Lust, selber zu schreiben, hat Simone durchaus. Ihr erster ernsthafter Versuch nennt sich *Les malheurs de Marguerite* (etwa: Die Unglücksfälle der Marguerite) und erzählt die dramatische Geschichte einer jungen verwaisten Elsässerin, die mit ihren Geschwistern über den Rhein nach Frankreich gelangen will. Doch das sind die «Kritzeleien»[5] eines Kindes, Teenager-Simone hat höhere Ziele. Das Schreiben von Aufsätzen macht ihr Spaß, aber die Lehrerinnen tadeln ihren «gespreizten Stil»[6] – Simone fragt sich, ob sie überhaupt Talent hat. Trotzdem trägt sie als 15-Jährige in das Album einer Freundin bei der Frage nach ihrem Berufswunsch, ohne zu zögern, «Eine berühmte Schriftstellerin» ein[7]:

«[…] in diesem Punkte gab es kein Zaudern bei mir […]. Zunächst lag das an der Bewunderung, die ich für alle Schriftsteller hegte; mein Vater stellte sie durchaus noch über Naturwissenschaftler, Gelehrte oder Professoren. Auch ich war von ihrem Prestige überzeugt; selbst wenn ein Spezialist weit und breit bekannt war, so sprach sein Werk doch nur zu wenigen; Bücher aber las jeder: Sie rührten an die Einbildungskraft, an das Herz. Sie trugen ihrem Autor den zugleich universalen und persönlichsten Ruhm ein.»[8]

Georges de Beauvoirs Einfluss auf die spätere Berufswahl seiner Tochter ist also nicht zu leugnen – hätte er davon gewusst, hätte er vermutlich entschieden Gegenmaßnahmen ergriffen. Eine schreibende Frau? Für den konservativen Georges eine lächerliche Vorstellung. Simone aber ist fest entschlossen, der ihr drohenden einförmigen Erwachsenenexistenz zu entkommen – sie will ihrem Leben einen Sinn verleihen, etwas leisten. Das geht, so glaubt sie, am besten durch geistige Arbeit. Sie ist empört, als ihre beste Freundin Zaza ihr erklärt, neun Kinder in die Welt zu setzen, wie ihre eigene Mutter es getan habe, sei «ebenso viel wert wie Bücherschreiben».[9] Die Tätigkeit des Schreibens umweht für Simone ein Hauch von Mythos und Revolution. Sie soll ihr die Unsterblichkeit sichern, jetzt, wo Simone ihren katholischen Glauben verloren und jede Aussicht auf Seligkeit verloren hat:

«Es gab keinen Gott mehr, der mich liebte, aber ich würde in Millionen von Herzen wie eine Flamme weiterbrennen. Indem ich ein aus meinem eigenen Erleben genährtes Werk verfasste, würde ich mich selbst wiedererschaffen und mein Dasein rechtfertigen.»[10]

Ganz schön ambitioniert, Mademoiselle. Die Literatur übernimmt den Platz, den in Simones Leben so lange die Religion innehatte. Cousin Jacques macht seine «Sim» (sein Spitzname für Simone) mit einer Art von Literatur bekannt, die diese von zu Hause nicht gewohnt ist: Er leiht ihr unter anderem Werke des Surrealisten Jean Cocteau und des Lyrikers Paul Valéry. Die Entdeckung dieser Bücher ist für Simone ein sinnliches Erlebnis, sie kann sich kaum sattsehen an den «frischen Fruchtbonbonfarben»[11] der Buchumschläge – Cocteau leuchtet in Himbeerrot, Valéry in Schneeweiß. Begierig schlägt Simone die Bücher auf: «Viele Bücher schon waren mir durch die Hände gegangen, aber diese gehörten nicht zur landläufigen Sorte: Ich erwartete von ihnen außergewöhnliche Offenbarungen.»[12] Erstaunt muss sie feststellen, dass auch diese Bücher nur Wörter enthalten. Trotzdem packen sie sie, machen etwas mit ihr. Simone erkennt sich in den Büchern wieder, fühlt sich angesprochen von Menschen aus

Fleisch und Blut. Sie will mehr davon, und Jacques führt Simone in die zeitgenössische französische Literatur ein. Durch ihn lernt sie André Gide, Marcel Proust und Raymond Radiguet kennen. Den größten Eindruck macht auf sie der 1913 erschienene Roman *Le grand Meaulnes* (deutsch: *Der große Meaulnes*) von Alain-Fournier: Er mutierte bald nach seinem Erscheinen zum Kultbuch und erzählt von der Freundschaft zwischen einem behüteten Lehrersohn und dem 17-jährigen Augustin Meaulnes, von enttäuschter Liebe und vom Erwachsenwerden. Alain-Fournier wechselt in seinem Roman die Perspektiven sowie zwischen Traum und Wirklichkeit hin und her, ein innovatives und modernes Vorgehen. Simone identifiziert sich mit Yvonne, die Meaulnes heiratet, und ist sich sicher, dass ihr Schwarm Jacques ihr das Buch nur gegeben hat, um ihr damit etwas zu sagen – aber was? Auch *Der große Meaulnes* hilft ihr nicht dabei, Jacques' Verhalten ihr gegenüber zu entschlüsseln. Ach, diese Männer! Wenn Simone nicht gerade damit beschäftigt ist, in Jacques Lieblingsroman nach Antworten zu suchen, vertieft sie sich in den Surrealismus, liest Louis Aragon, André Breton und avantgardistische Magazine: «Zerstörung der Kunst, der Moral, der Sprache, systematische Auflösung, Verzweiflung, die bis zum Selbstmord ging: Diese Exzesse berauschten mich.»[13] So sehr, dass Simone mit 19 versucht, ein wenig mehr Exzess in ihr eigenes Leben zu bringen – zusammen mit ihrer Schwester Hélène traut sie sich in Bars, wo sie sich verwegen gibt und sich absichtlich danebenbenimmt. Lesen kann eben durchaus gefährlich sein.

Auf der Suche nach der verlorenen Inspiration

Eigentlich hat Simone sich schon längst für eine Karriere als Schriftstellerin entschieden. Doch die Philosophie interessiert sie ebenfalls, und so beschließt sie, eben Philosophielehrerin zu werden – der Mensch muss ja Geld verdienen, und mit dem Schreiben anfangen kann sie schließlich immer noch. Tatsächlich hatte Simone auch früher schon vor, Lehrerin zu werden, doch die Literatur scheint ihr besser dazu geeignet, ihre Träume zu verwirklichen. Simone schwört sich, mit spätestens 22 Jahren «das große Werk abzuschließen, in dem ich alles sagen würde».[14] Na, wenn es sonst nichts ist. Als Studentin aber traut sie sich nicht so richtig, mit anderen über ihren Traum vom Schreiben zu sprechen. Zu unkonkret, zu fern kommt ihr dieses Vorhaben vor. Die Begegnung mit den *petits camarades* 1929 bedeutet Motivation und Frustration zugleich: Vor allem Sartre und Nizan sind von ihrer eigenen Zukunft als Schriftsteller komplett überzeugt, sie wissen genau, welche Bücher sie schreiben wollen, und arbeiten bereits mit großem Eifer an ihrem Werk. Das beeindruckt Simone, schüchtert sie aber auch ein, denn ihr wird bewusst, wie wenig sie bisher tatsächlich für ihren Traum getan hat. Frustriert muss sie feststellen, dass ein bloßes «Ich will» nicht ausreicht; zu einer Karriere als Schriftstellerin gehört mehr als das. Zwar hat Simone immer mal wieder angefangen, etwas zu schreiben: vom Versuch, ihre unglückliche Romanze mit Jacques zu verarbeiten bis hin zu einer flammenden Streitschrift gegen die Kirche. Doch ihre Schreibversuche bleiben ziellos und unbefriedigend. In jedem ihrer Texte will Simone *alles* über ein bestimmtes Thema sagen. Dass dieses Vorhaben schiefgehen muss, ist klar.

«Ich wollte einen Roman schreiben, das ist alles, und das war schon viel.»[15]

Doch nun ist da Sartre, dessen Kreativität keine Grenzen kennt. Er produziert mühelos Melodien, Gedichte und Fabeln, während Simone sich den Kopf darüber zerbricht, worüber verdammt sie schreiben könnte. Sartre ermuntert seine Freundin, es immer weiter zu versuchen und ihren Traum Realität werden zu lassen. Er ist fest davon überzeugt, dass sie Schriftstellerin werden *muss*, hat mehr Vertrauen in sie als Simone in sich selbst. Als die beiden 1929 die *agrégation* bestehen und Sartre zum obligatorischen Militärdienst einberufen wird, bleibt Simone in Paris und bewirbt sich nicht um eine Lehrerstelle. Einerseits, weil sie Angst hat, in die Provinz versetzt zu werden – ein Schicksal, das allen Junglehrern droht. Andererseits möchte sie so viel Zeit wie möglich mit dem Schreiben verbringen. Um überhaupt ein Einkommen zu haben, gibt sie Privatstunden und arbeitet als Aushilfslehrerin an einem Gymnasium. Theoretisch hat Simone also jede Menge Zeit und Muße, sich dem Schreiben zu widmen. Praktisch fehlt es ihr aber an Inspiration und Motivation. Denn in ihrem Leben läuft alles wunderbar: Sie ist ihrem Elternhaus entkommen, kann ihr Leben nun selbstbestimmt führen und hat dafür auch noch den passenden Partner gefunden. Kurzum: Sie ist wunschlos glücklich, ihr Leben nahezu perfekt. Für sie gibt es keine dringende innere Notwendigkeit, zu schreiben. Alles läuft zu rund, es sind keine Reibungen da, durch die ein Funke Inspiration entstehen könnte. Sartre kann es nicht fassen, als er seine Freundin in Paris besucht und feststellen muss, dass die rumhängt, statt sich in die Arbeit zu stürzen. Auch Papa Beauvoir ist *not amused* – fragen ihn Freunde und Bekannte nach Simone, werden sie mit einem verschnupften «Sie versumpft in Paris» abgespeist.[16] Simone hat sich aller lästigen Verpflichtungen erledigt und meidet – bis auf ihre Eltern und Hélène – ihre Familie so gut es geht. Abends ist sie oft mit Henriette Nizan, Hélène oder ihren Freundinnen Stépha und Gégé unterwegs, zieht durch die Pariser Bars und ist selten vor zwei Uhr morgens im Bett. Zwischendurch versucht sie halbherzig, Zazas Tod im Herbst 1929 literarisch zu verarbeiten, aber es gelingt ihr nicht. Frustriert stellt sie fest:

«Ich arbeitete ohne Überzeugung; das Schreiben erschien mir bald als Strafaufgabe, bald als Scherz. Jedenfalls hatte ich es nicht eilig. Im Augenblick war ich glücklich, das genügte. Und doch auch wieder nicht. Ich hatte ganz anderes von mir erwartet.»[17]

5 von Simones Lieblingsautoren

Franz Kafka (1883–1924)

Simone und Sartre lesen 1934 in der damals avantgardistischen Literaturzeitschrift *Nouvelle Revue Française* Kafkas *Die Verwandlung* und sind begeistert. Kurz darauf erscheint *Der Prozess*, und Simone befindet, dies sei eines der «ungewöhnlichsten und schönsten Bücher, die wir seit langem gelesen hatten».[18] Kafka, so empfinden es Simone und Sartre, spricht sie direkt an, spricht von Themen, die sie betreffen: «Er deckte unsere Probleme auf, angesichts einer Welt ohne Gott, in der sich dennoch unser Heil vollzog.»[19]

Virginia Woolf (1882–1941)

Über Woolf sagt Simone in einem Interview 1965, diese sei eine der Schriftstellerinnen gewesen, die sie am meisten interessiert habe.[20] Mehrfach erwähnt und zitiert Simone Woolf in *Das andere Geschlecht* und weist insbesondere auf den Essay *Ein eigenes Zimmer* von 1929 hin. Simone bewundert Woolfs Sprache und ihre Reflexionen über Sprache allgemein.[21]

Stendhal (1783–1842, eigentlich Marie-Henri Beyle)

Simone hält Stendhal für den «größten französischen Romancier»[22] – insbesondere sein Roman *Rot und Schwarz* von 1830 gefällt ihr. Stendhal gilt als einer der frühesten Vertreter des literarischen Realismus, der die erfahrbare, fassbare Welt möglichst objektiv betrachten will.

George Eliot (1819–1880, eigentlich Mary Anne Evans)

Eliots Klassiker *Die Mühle am Floss* (1860) liest Simone mit elf oder zwölf: Sie fühlt sich unverstanden und alleine und identifiziert sich stark mit der Hauptperson Maggie Tulliver, die zwischen Pflichterfüllung und Selbstverwirklichung in einer konservativen Umgebung hin- und hergerissen ist. In George Eliot selbst sieht Simone ein Vorbild – sie wünscht sich, wie diese, eine «Legende»[23] zu werden.

Katherine Mansfield (1888–1923)

Simone, stets bemüht, aus ihrem eigenen Leben eine schöne Erzählung zu machen, fühlt sich als junge Lehrerin in Marseille besonders von Katherine Mansfields *Tagebüchern* und *Briefen* inspiriert: [I]ch fand die Rolle der ‹einsamen Frau›, die sie so sehr bedrückt hatte, höchst romantisch. Ich sagte mir, dass auch ich diese Rolle verkörpere [...].»[24]

Das bequeme Leben in Paris nimmt ein abruptes Ende, als Simone im Herbst 1931 eine Stelle als Philosophielehrerin in Marseille bekommt. Sie ist aus ihrem Pariser Umfeld herausgerissen und auf sich allein gestellt. Und: Sie hat viel Zeit zum Schreiben, denn als *agrégée* muss sie nur ein paar Stunden in der Woche unterrichten. Nun soll endlich das Roman-Projekt angegangen werden. Das Thema: Zazas tragischer Tod. Doch Simone ist von ihrem Geschriebenen nicht überzeugt, ein unfruchtbarer Schreibversuch reiht sich an den nächsten. Auch in Marseille kommt sie ihrem Traum vom Schriftstellerdasein nicht wirklich näher. 1932 packt Simone die Koffer und tritt eine neue Stelle in Rouen an. Ist Nordfrankreich vielleicht ein besserer Ort, um produktiv zu arbeiten? Zumindest ein bisschen: Simone fängt einen Roman über Zaza an und beendet ihn sogar, ist mit dem Ergebnis aber unzufrieden. Sie beschließt, nur einige Teile des Romans zu behalten und diese für eine Sammlung von Erzählungen zu verwenden. Doch in Rouen lauern Ablenkungen – Simone verstrickt sich in eine nervenaufreibende *ménage à trois* mit ihrer ehemaligen Schülerin Olga Kosakiewicz und Sartre. Erst als sie 1936 nach Paris zurückkehrt, widmet sich Simone ihrem Vorhaben «Schreiben» endlich mit ganzer Energie. 1937 legt eine Lungenentzündung sie für mehrere Monate lahm, und sie nutzt die Zeit, um ihre Erzählungen zu überarbeiten und neu zu schreiben. Aus diesen Erzählungen wird später *Marcelle, Chantal, Lisa ...* (französisch: *Quand prime le spirituel*): Jede der fünf Geschichten trägt einen Frauennamen als Titel, inhaltlich geht es um den Selbstfindungsprozess junger Frauen und um die Hindernisse, auf die sie dabei stoßen. Marcelle, Chantel und Co leiden unter den starren Glaubensprinzipien und moralischen Vorgaben ihres Milieus – Simone hat viel von sich selbst in die Geschichten gelegt, Anne verkörpert offensichtlich Zaza: «Ich würde mich auf die Dinge, auf die Leute beschränken, die ich kannte; ich würde versuchen, eine Wahrheit spürbar zu machen, die ich selbst erfahren hatte.»[25] *Marcelle, Chantal, Lisa ...* ist die erste literarische Arbeit seit Ende des Studiums, die Simone zu ihrer Zufriedenheit beendet. Sartre ist voll des Lobes und will das Manuskript Brice Parain geben, der für den großen und angesehenen Verlag Gallimard arbeitet. Simone ist sich sicher, dass ihr Buch veröffentlicht wird, und erzählt es stolz Freunden und Familie. Aber sie ist zu voreilig: Gallimard lehnt die Veröffentlichung ab, und auch beim Verlag Grasset hat die Jung-Schriftstellerin kein Glück. In ihren Memoiren schreibt Simone, Brice Parain habe das Buch «schlecht im Aufbau und farblos im Detail»[26] gefunden. Ihrer Biographin Deirdre Bair erzählt sie allerdings später, dass es für die Ablehnung wohl auch andere Gründe gab:

«Sartre sagte mir, Brice Parain habe ihm versichert, dass es nichts mit mir oder der Qualität meiner Arbeit zu tun habe, sondern dass das Haus Gallimard Bücher nicht verstehe, die von Frauen über Frauen meiner Generation und Herkunft geschrieben wurden, dass das moderne Frankreich und die französischen Verlage sich noch nicht dafür interessierten, was Frauen dachten, fühlten und wollten, und dass die Veröffentlichung eines solchen Buches sie zu einem subversiven Verlagshaus abstempeln würde, was sie wegen der zahlreichen Stammkunden und Kritiker nicht riskieren könnten.»[27]

Diese Begründung ist durchaus plausibel: Obwohl stilistisch nicht besonders avantgardistisch, spricht *Marcelle, Chantal, Lisa ...* Themen an, die für die tonangebende, konservative Bourgeoisie skandalös sind. Simone ist ihrer Zeit einfach voraus: Ihr Erstlingswerk wird erst 1979 in Frankreich veröffentlicht – über 40 Jahre nach der Fertigstellung.

Simones tägliche Routine

Arbeit ist ihr Leben: Simone gehört zu den Menschen, denen es auch im Urlaub schwerfällt, mal richtig abzuschalten, Freizeit macht sie irgendwie nervös. In Paris folgt die junge Autorin einem strikten Tagesablauf. Sie ist kein Morgenmensch und steht erst zwischen acht und neun Uhr auf. Zum Arbeiten zieht Simone die trubelige Atmosphäre der Cafés ihrem stillen Hotelzimmer vor. Im *Deux Magots* oder *Café de Flore* trinkt sie Kaffee, liest die Zeitung und macht sich gegen zehn an die Arbeit. Sie liest, was sie am Vortag geschrieben hat, macht Korrekturen und dann von da aus weiter. Zum Mittagessen um eins trifft sie oft Sartre und / oder Freunde. Nachmittags kehrt sie zurück zu ihrer Arbeit und schreibt bis neun Uhr abends, meistens Seite an Seite mit Sartre. Steht abends sonst nichts an, gehen die beiden etwas essen und dann ins Kino, oder sie trinken bei guter Musik einen Whisky. Als Simone und Sartre genug vom Hotelleben haben, Simone sich 1948 eine kleine Studiowohnung mietet und Sartre nach dem Tod seines Stiefvaters zu seiner Mutter zieht, ändert sich der Tagesablauf etwas, wenn auch nur geringfügig: Die beiden arbeiten nachmittags nun bei Sartre. Wenn sie für ein Buch recherchiert, verbringt Simone den Morgen oft in der Bibliothek. In einem Brief beschreibt sie Nelson Algren ihren Alltag während der Arbeit an *Das andere Geschlecht*: «Ich gehe jeden Morgen für etwa vier Stunden in die Bibliothèque Nationale, dann esse ich mit Freunden zu Mittag, nachmittags arbeite ich in Sartres Arbeitszimmer, wir essen in irgendeinem Restaurant zu Abend und trinken einen Scotch mit Soda in irgendeiner Bar. Ich gehe um Mitternacht schlafen, und alles beginnt wieder von vorne.»[28]

Gekommen, um zu bleiben

Die Absage von Gallimard trifft Simone hart, aber sie versucht, sich mit einem neuen Projekt abzulenken. Allerdings weiß sie mal wieder nicht recht, worüber sie schreiben soll. Sartre wirft ihr Zaghaftigkeit vor: Zwar würde Simone sich mit für sie wichtigen Themen und Fragen beschäftigen, aber immer nur auf Umwegen, über andere Personen. «Warum projizieren Sie nicht Ihre eigene Person in das, was Sie schreiben? [...] Sie sind viel interessanter als diese Renées, diese Lisas ...»[29], will Sartre wissen. Simone aber hat Angst, zu viel von sich selbst in ihr Schreiben einzubringen, Angst davor, dass die Literatur «sich in etwas so Schwerwiegendes verwandeln würde wie das Glück und der Tod».[30] Trotzdem fasst sie sich ein Herz und befolgt Sartres Rat. In ihrem nächsten Werk soll es um ein Thema gehen, das sie persönlich seit Jahren beschäftigt: die anderen. Simone ist fasziniert davon, dass diese ein Bewusstsein haben wie sie selbst. Daraus entsteht ihr Debütroman *Sie kam und blieb* (französisch: *L'Invitée*), in dem sie das missglückte Trio mit Olga und Sartre literarisch verarbeitet. Denn, wie Simone feststellt: «Die Literatur tritt in Erscheinung, wenn irgend etwas im Leben aus den Fugen gerät.»[31] In Simones Leben läuft eben nicht mehr alles rund, sie hat Erfahrungen von Einsamkeit, Eifersucht und Scheitern gemacht, war unglücklich und unzufrieden. Zack – und schon ist sie da, die Inspiration! Inhaltlich geht es in *Sie kam und blieb* darum: Die Schriftstellerin Françoise und ihr Partner, der Regisseur und Schauspieler Pierre, sind Teil der Pariser Bohème der 1930er. Sie führen eine offene Beziehung, die auf absoluter Ehrlichkeit basiert, arbeiten zusammen und stehen in ständigem Austausch miteinander. Eigentlich sind sie glücklich, doch dann tritt die kapriziöse Xavière in ihr Leben:

eine junge Frau aus der Provinz, derer sich das intellektuelle Paar annimmt. Xavière lässt sich ziellos durchs Leben treiben, ist launisch und unberechenbar, neigt zur Melancholie. Françoise und Pierre sind fasziniert von diesem widersprüchlichen Geschöpf. Durch Xavières Augen werfen sie einen neuen Blick auf ihre Beziehung und treffen eine Entscheidung: Zusammen wollen sie ein Trio bilden, eine *ménage à trois*. Doch die Liebe zu dritt ist nicht einfach, und schon bald empfindet Françoise die Anwesenheit Xavières nicht mehr als stimulierend, sondern als Bedrohung. Zum ersten Mal seit langem sieht sie ihre Beziehung zu Pierre aus einer anderen Perspektive und sorgt sich um ihren Zustand. Sie macht sich und Pierre Vorwürfe:

«Du hast es noch gar nicht gemerkt, sagte sie, das wundert mich auch nicht. Du legst solchen Wert auf die Liebe, dass du sie irgendwo sicher abgestellt hast, außerhalb von der Zeit, vom Leben, sodass niemand daran rühren kann; dann und wann denkst du mit Befriedigung daran, aber was in Wirklichkeit aus ihr geworden ist, darüber denkst du gar nicht nach.»[32]

Ganz deutlich steht hier die Problematik des «Anderen» im Mittelpunkt. Das eigene Bewusstsein wird mit einem fremden Bewusstsein konfrontiert: Jedes Ich erlebt sich selbst natürlich als das Absolute und fühlt sich deshalb durch das fremde Bewusstsein, welches sich ebenfalls als absolut empfindet, bedroht. Der Blick des Anderen sieht das individuelle Ich und die Welt auf seine Art. Es geht also auch darum, wie man andere sieht – und wie man selbst gesehen wird. *Sie kam und blieb* zeigt außerdem, wie unterschiedlich eine Situation von verschiedenen Menschen wahrgenommen wird: Meine Wahrnehmung ist die meine, nicht aber die anderer. Der Roman hat ein philosophisches Grundmotiv und ist aus existenzialistischer Perspektive geschrieben. Wenig überraschend gibt es also eine Menge Betrachtungen und Dialoge, in denen das deutlich wird. So erklärt Pierre Xavière:

«[…] die Zeit besteht ja nicht aus lauter kleinen Einzelabschnitten, in denen man nacheinander lebt; auch wenn Sie nur in der Gegenwart und aufs Geratewohl zu existieren glauben, haben Sie schon eine Entscheidung für die Zukunft getroffen.»[33]

Trotzdem liest sich *Sie kam und blieb* nicht wie ein philosophisches Traktat: Simone schafft es, ihre Charaktere mit Leben zu füllen und von ihnen ausgehend die Beziehungen zwischen Menschen – Begehren, Eifersucht, Liebe – zu untersuchen. Diese Emotionen drücken sich bei Simone oft sehr körperlich aus, zum Beispiel beim Tanzen oder in Form von Krankheiten. Maurice Merleau-Ponty erklärt *Sie kam und blieb* später anerkennend zum Prototyp des metaphysischen Romans, dessen Ziel es ist, die Existenz in ihrer ganzen Subjektivität darzustellen. Simone selbst ist ihrem Erstlingswerk gegenüber kritischer. Sie ärgert sich insbesondere über den Schluss – Achtung, Spoiler –, die Ermordung Xavières durch Françoise. Vielen Kritikern scheint dieser Mord übertrieben und aus der vorherigen Handlungsentwicklung nicht nachvollziehbar. Simone gibt zu: «Es war mir nicht gelungen, den Alltag in die Tragödie umschlagen zu lassen.»[34] Und doch befindet sich der Mord im Einklang mit dem Hegel-Zitat, das Simone ihrem Roman vorangestellt hat: «Ebenso muss jedes Bewusstsein auf den Tod des anderen gehen.» Ganz offensichtlich verarbeitet Simone in ihrem Erstlingswerk ihre eigenen Erfahrungen mit einer *ménage à trois* – nur gut, dass diese Beziehung im wahren Leben nicht wie im Buch endete. Über Olga sagt Simone, sie habe sie in Form von Xavière «systematisch» entstellt.[35]

Die Regeln des Schreibens

In *Sie kam und blieb* findet sich bereits vieles von dem, was Simones Werk später auszeichnen wird. Simone ist eine Autorin, die sehr von anderen Autoren inspiriert ist. Begeistert liest sie sich durch Klassiker und Neuerscheinungen, immer auf der Suche nach Techniken und Ideen, die sie für ihr eigenes Werk adaptieren kann. Ein großer literarischer Einfluss ist Ernest Hemingway, von dem Simone sich den Verzicht auf sogenannte objektive Schilderungen abguckt: «Landschaften, Szenarien, Dinge werden immer in der Sicht des Helden dargestellt, in der Perspektive der Handlung.»[36] Auch seine Vorliebe für das gesprochene Wort teilt sie, den Willen, die Charaktere so sprechen zu lassen wie «echte» Menschen. Von Fjodor Dostojewski und Dashiell Hammett übernimmt Simone die Regel, dass jedes Gespräch Handlung sein muss, «das heißt, es muss das Verhältnis der Personen zueinander und die Gesamtsituation ändern».[37] Tatsächlich sind Beauvoir-Romane sehr dialoglastig – häufig wechseln sich Gespräche mit inneren Monologen ab. Ein weiterer Einfluss ist John Dos Passos: Von ihm adaptiert sie den sogenannten Kamerablick, durch den «der Autor den Leser dazu bringt, die Romanfiguren aus seiner Sicht wahrzunehmen, und gleichzeitig ordnend und lenkend auf die Rezeption des Lesers einwirkt».[38] Von D. H. Lawrence stammt die Idee, den Protagonisten «Wurzeln» zu geben, sie mit einer Vergangenheit auszustatten. Es fällt auf: Simone ist vor allem durch englischsprachige Literatur geprägt (auch William Faulkner begeistert sie); mit dem experimentellen *nouveau roman* (dt. neuer Roman), der nach dem Zweiten Weltkrieg in Frankreich entsteht, kann sie nicht viel anfangen. Ihre Romane und Erzählungen sind eher traditionell komponiert – auch wenn

Simone zum Beispiel in *Das Blut der anderen* stilistisch etwas herumprobiert und durchaus glaubt, eine neue Art der Erzählung geschaffen zu haben. Eine Regel, die Simone und Sartre selber aufgestellt haben, lautet, dass die Helden nichts über den Augenblick hinaus wissen dürfen: «In jedem Kapitel war einer der Helden ich selbst, ich verbot mir, mehr zu wissen oder mehr zu denken als er.»[39] Typischerweise gibt es deshalb in Simones Romanen mehrere Erzähler, aus deren Perspektive berichtet wird. Das hat auch mit der existenzialistischen Weltsicht zu tun, die Simones Werk zugrunde liegt: Es geht darum, zu zeigen, dass es unterschiedliche Wahrnehmungen ein- und derselben Situation, dass es unterschiedliche Bewusstseine von etwas gibt. So ist der Erzähler, das Subjekt des einen Kapitels, im nächsten Kapitel Objekt der Wahrnehmung eines anderen. Die verschiedenen Charaktere spiegeln sich gegenseitig und sorgen für eine multidimensionale Perspektive. Besonders typisch ist die Aufteilung der Erzählperspektive auf einen Mann und eine Frau, so wie in *Das Blut der anderen* oder *Die Mandarins von Paris*.

> *«Eine Stimme sagte: Du musst schreiben. Wir gehorchten, wir bedeckten viele Seite mit unserer Schrift. Zu welchem Zweck? Welche Leute würden es lesen? Und was würden sie lesen? Der dornige Weg, dem wir zwangsweise folgten, mündete in unbestimmte Nacht.»*[40]

Sie kam und blieb erscheint 1943, also noch während der deutschen Besetzung von Paris, und beschert Simone einen Achtungserfolg. Als sie im Oktober nach mehrwöchigem Sommerurlaub nach Paris zurückkehrt, ist sie überwältigt von der geballten Aufmerksamkeit: Alle Welt will sie kennenlernen und drückt sich in ihrem Stammcafé, dem *Flore*, herum, in der Hoffnung, einen Blick auf sie zu erhaschen oder ein paar Worte mit ihr zu wechseln. Simone freut sich zwar, will sich aber nicht auf dem Erfolg ausruhen; sie arbeitet bereits an einem neuen Roman, *Das Blut der anderen*. Simone selbst nennt diese Phase ihres Schaffens ihre «moralische Periode»[41]. Dazu gehören sowohl zwei Romane – *Das Blut der anderen* und *Alle Menschen sind sterblich* – als auch Zeitungsartikel, philosophische Essays und ihr einziges Theaterstück *Die unnützen Mäuler*. Vor dem Hintergrund des Zweiten Weltkriegs richtet Simone ihren Fokus auf die Suche nach einer Moral: «Ich ließ mich nicht mehr von meiner Spontaneität leiten. Daher musste ich mich nach meinen Prinzipien und nach meinen Zielen fragen.»[42] Mit dem Schreiben von *Das Blut der anderen* tut Simone sich deshalb sehr schwer. Eigentlich geht es um zwei Liebende im besetzten Paris, Simone möchte der Handlung aber einen existenzialistischen Überbau geben: Während Jean sich als Teil des Kollektivs fühlt und Verantwortung für andere übernimmt, sieht Hélène sich als davon radikal losgelöst und macht vor allem das, was sie will. Durch Jean erkennt Hélène, dass sie als Einzelne sehr wohl Verantwortung für andere hat, und schließt sich der *Résistance* an. Es geht darum, dass Freiheit eben auch Verantwortung bedeutet, konkretes Engagement, aber ebenso um Simones Lieblingsthema, der Andere: Wie stehen die als individuell erlebten Erfahrungen und die universelle Realität zueinander? Die Freiheit ist für jeden Menschen grundlegend für seine Existenz – aber was passiert, wenn diese individuelle Freiheit auf die individuelle Freiheit eines anderen trifft? Simone möchte zeigen, dass Handlungen Einzelner Auswirkungen auf andere haben. Es sich einfach zu machen und nicht zu handeln, ist keine Option, denn auch Nichthandeln bedeutet Handeln:

«‹Natürlich kann man nie etwas ändern, wenn man glaubt, man sei nur eine Ameise in einem riesigen Ameisenhaufen. Ich sage auch nicht, dass ich, wenn ich meine Arme ausgebreitet hätte, den Einmarsch der Nazis hätte aufhalten können. […] Aber wenn wir alle unsere Arme ausgebreitet hätten … […] Wir sind alle dafür verantwortlich. Aber alle heißt jeder. […]›»[43]

Diese Maxime ist an einigen Stellen von *Das Blut der anderen* etwas plakativ und moralisierend formuliert – eben ein Merkmal der «moralischen Periode». Bei seinem Erscheinen 1945 wird das Buch vor allem als ein Roman der Widerstandsbewegung eingestuft und gefeiert. Simone, selbstkritisch wie immer, attestiert ihren Helden zu wenig «Dichte», sie seien nur durch «moralische Einstellungen» definiert.[44] Über den Erfolg freut sie sich trotzdem – weniger über das Etikett «existenzialistisch», das ihr von nun an anhaftet.

Zwischen zwei Blöcken

Simone hat es geschafft: Sie ist Schriftstellerin. Während des Kriegs hat sie ihre Anstellung als Lehrerin verloren – dem Vichy-Regime war sie offenbar nicht patriotisch und wertkonservativ genug – und tut jetzt endgültig nichts anderes, als zu schreiben. Plötzlich fällt es ihr nicht mehr schwer, Themen zu finden. Warum? Zunächst einmal beherrscht Simone ihr Handwerk mittlerweile besser und ist selbstbewusster geworden: Übung macht die Meisterin! Wichtiger für diese Entwicklung ist aber der Zweite Weltkrieg, der Simone nachhaltig prägt: «Seit der Kriegserklärung hatten die Dinge endgültig aufgehört, selbstverständlich zu sein. Das Unglück war über die Welt hereingebrochen. Die Literatur wurde mir so nötig wie die Luft, die ich atmete.»[45] Simone greift immer dann zum Stift, wenn sie in den Büchern keine Antworten auf für sie dringende Fragen, wenn sie sich selbst nicht in ihnen findet – Schreiben ist für sie immer auch Selbsterforschung und Suche. In den folgenden Jahrzehnten veröffentlicht sie Romane (u. a. 1946 *Alle Menschen sind sterblich* und 1966 *Die Welt der schönen Bilder*), Essays (u. a. 1949 *Das andere Geschlecht*), Reiseberichte (u. a. 1950 *Amerika Tag und Nacht*), Erzählungen (1968 *Eine gebrochene Frau*) sowie ihre umfangreichen Memoiren. Richtig berühmt macht Simone 1949 *Das andere Geschlecht* – oder eher: berühmt-berüchtigt. Denn das Buch hat viele Fans, aber auch viele Feinde. Eigentlich ist *Das andere Geschlecht* eher ein Zufallsprodukt: Simone hat Michel Leiris' Autobiographie *Mannesalter* gelesen, ist beeindruckt, will ihrerseits über ihre Kindheit schreiben und entdeckt dabei, dass ihre Kindheit eben die einer Frau gewesen ist; wenn sie von sich spricht, muss sie von Frauen allgemein sprechen. Das Memoiren-Projekt legt sie erstmal auf Eis – fast zehn Jahre lang.

Michel Leiris (1901 – 1990) – Ethnologe, Schriftsteller & Vorbild

Dieser Mann verkörpert Vielfalt: Michel Leiris, Abkömmling einer bourgeoisen Familie und von den Eltern zum Chemiestudium gezwungen, ist Ethnologe, Schriftsteller, Redakteur, Kunstkritiker und Philosoph. Die Chemie lässt er schleunigst hinter sich, treibt sich lieber im Pariser Surrealisten-Umfeld herum und arbeitet ab 1929 bei der intellektuell-kulturellen Zeitschrift *Documents* mit. 1931 zieht es Michel als Teil der Forschungsexpedition Dakar-Djibouti nach Afrika. Er ist mit der schriftlichen Dokumentation der Reise betraut – allerdings ähnelt diese eher einem privaten Tagebuch, welches er 1934 unter dem Titel *Phantom Afrika* veröffentlicht. Das Buch ist ein oftmals poetischer Mix aus ethnographischen Beobachtungen und persönlichen Erlebnissen. Im Schreiben sieht Michel seine Berufung, mit der geplanten Autobiographie *Mannesalter* geht es aber nicht recht voran. Ergebnis: Zwischen 1929 und 1935 unterzieht der angehende Schriftsteller sich einer Psychoanalyse. 1939 erscheint das Werk endlich, mal eben definiert Michel damit das angestaubte Genre der Autobiographie neu: Er nimmt sich selbst als Untersuchungsobjekt, analysiert sich mit ethnologisch-anthropologischen Methoden. Simone liest *Mannesalter* und ist begeistert, es inspiriert sie dazu, ebenfalls ihre Memoiren zu schreiben – auch, wenn aus diesem Vorhaben zunächst *Das andere Geschlecht* entsteht. Michel ist für Simone so etwas wie ein literarisches Vorbild, und sie freut sich, als sie ihn endlich persönlich kennenlernt: Ab 1943 entwickelt sich zwischen Simone, Sartre und dem Ehepaar Louise «Zette» und Michel Leiris eine Freundschaft. Bei den Leiris lernt Simone unter anderem den Künstler Pablo Picasso und den Psychoanalytiker Jacques Lacan kennen. Die Leiris kennen *tout Paris* und laden ihre Freunde oft zum Abendessen zu sich nach Hause ein. In ihrer Wohnung finden 1944 die Proben zu Picassos erstem Theaterstück statt, an dem sich neben Sartre und Simone auch Lacan und Camus beteiligen. Simone, die sich wegen der Arbeit an ihren Büchern viel zu oft im Einsiedler-Modus befindet, ist begeistert von der Offenheit der Leiris. Sowohl Michel als auch Zette beeindrucken sie: Michel mit seinem literarischen Talent, Zette mit ihrer Klugheit und Attraktivität. Während des

Zweiten Weltkriegs verstecken Michel und Zette Juden und unterstützen untergetauchte Künstler, Michel arbeitet außerdem mit der Widerstandsgruppe *Groupe du Musée de l'Homme* zusammen. Er ist stark von Sartres Theorie der engagierten Literatur beeinflusst und gehört nach dem Krieg zum Gründungsteam der *Temps Modernes*. Zusammen mit Simone und Sartre engagiert er sich für die algerische Unabhängigkeit. Michels große Angelegenheit bleibt aber das Schreiben: Sein Leben ist eine permanente Selbstbefragung. Er fühlt sich in den verschiedensten Genres wohl, geht stets mit ethnologischem Interesse vor und lehnt jeglichen geistigen Stillstand ab. Michel schaut genau hin, interessiert sich viel mehr für gesellschaftliche Bruchstellen als die vermeintlich großen Ideen. Stets will er die Leere mit Sinn füllen, stets stellt er die ganz großen Fragen. Literatur ist für ihn Selbsterhaltung und Selbsterforschung – etwas, das ihn mit Simone verbindet.

Kritische und öffentliche Anerkennung erfährt Simone mit ihrem Roman *Die Mandarins von Paris*, der 1954 erscheint und im gleichen Jahr den prestigeträchtigen *Prix Goncourt* erhält. Die Idee für den Roman trägt Simone monatelang mit sich herum, bevor sie sich hinsetzt und mit dem Schreiben anfängt. Sie hat Angst, etwas Neues zu beginnen – *Alle Menschen sind sterblich* ist nach seinem Erscheinen 1946 von der Kritik zerrissen worden, und *Das andere Geschlecht* hat ihr zu einer zweifelhaften Berühmtheit verholfen. Simone quält sich, schreibt, streicht, fängt wieder von vorne an und hat keine Hoffnungen, dass aus diesem Projekt je etwas wird. Selbst Sartre zeigt sie lange Zeit nichts von ihrem geplanten Roman, ganz entgegen ihren sonstigen Gewohnheiten. Das

Thema, die Situation der Intellektuellen im Nachkriegsfrankreich, liegt ihr am Herzen und berührt sie emotional, schließlich ist sie unmittelbar davon betroffen:

«So wie früher das Fiasko, das mein Privatleben durcheinanderbrachte, *L'Invitée* inspiriert hatte, so reagierte ich auch jetzt auf meine jüngsten Erlebnisse und empfand den Wunsch, sie durch Worte zu retten [...]. Meiner Meinung nach konnte nur der Roman den vielfältigen und wechselnden Sinn der veränderten Welt herausstellen, in der ich im August 1944 aufgewacht war: eine in ständigem Wandel begriffene Welt, die nicht mehr aufgehört hatte, in Bewegung zu sein.»[46]

Durch den Kalten Krieg ist die Welt in zwei Blöcke geteilt, mit den Westmächten unter Führung der USA auf der einen, und dem sogenannten Ostblock unter Führung der Sowjetunion auf der anderen Seite. Die französische Linke ist zwischen Kommunismus und Antikommunismus gespalten: Die führende Stellung im linken Lager hat die kommunistische Partei Frankreichs (*Parti Communiste Français*, PCF), die mit verschiedenen linken sozialistischen Strömungen sowie mit der antikommunistischen französischen Sektion der Arbeiter-Internationale (*Section Française de l'Internationale Ouvrière*, SFIO, Vorgängerpartei der heutigen Sozialisten, PS) konkurriert. Auch die Intellektuellen sind entlang dieser Linien zerstritten. Aus der *Résistance* ist keine geeinte Bewegung hervorgegangen, viele Linke, darunter auch Simone, sind desillusioniert. Die Vierte Französische Republik, die nach dem Krieg entsteht, ist instabil, die Regierung wechselt alle paar Monate. Meistens haben die Konservativen die Mehrheit, was Simone als eine «siegreiche Wiederkehr des bürgerlichen Regimes»[47] empfindet. In *Die Mandarins von Paris* verarbeitet sie die Dilemmata, vor denen französische Intellektuelle in den 1940er Jahren stehen. Der Titel ist eine Anspielung auf die privilegierten Beamten im alten chinesischen Kaiserreich – wie diese Mandarine sind auch die Pariser Linksintellektuellen der Nachkriegszeit elitär und in gewisser Weise abgeschnitten vom restlichen Volk. Die Grundstimmung des Romans ist eine der Melancholie und Enttäuschung; ähnlich wie in *Das Blut der anderen* geht es um Verantwortung, darum, welche Wahl man trifft, doch unter ganz anderen Umständen. Während die *Résistance* etwas Heroisches an sich hatte, Gut und Böse, Richtig und Falsch wie in den Büchern aus Simones Kindheit relativ klar voneinander abgegrenzt waren, sieht die Situation im Frankreich der 1940er anders aus. Was richtig und was falsch ist, lässt sich nicht mehr so einfach feststellen. Die Intellektuellen sind zerrissen zwischen dem Willen zu handeln, Ineffektivität und Wirkungslosigkeit sowie dem Verlust der eigenen geistigen Integrität und Freiheit. Simone lässt diese Konflikte durch eine ganze Reihe von Charakteren lebendig werden. Die Geschichte selbst wird abwechselnd aus der Sicht des Journalisten, Schriftstellers und ehemaligen Widerstandskämpfers Henri Perron und aus der Sicht der Psychoanalytikerin Anne Dubreuilh erzählt. Anne ist mit dem berühmten – um die 20 Jahre älteren – Philosophen Robert Dubreuilh verheiratet und hat mit ihm eine erwachsene Tochter, Nadine. Dazu gesellen sich eine ganze Reihe mal mehr, mal weniger ausgestaltete Nebencharaktere. Einen der Haupthandlungsstränge bildet der Konflikt zwischen Henri und Robert: Henri möchte seine politische und intellektuelle Unabhängigkeit bewahren, Robert ihn und seine Zeitschrift *Espoir* jedoch für sein Projekt einer unabhängigen nichtkommunistischen Linken gewinnen. Anne wiederum ist unglücklich in ihrer Beziehung mit Robert, der für sie eher ein väterlicher Freund ist. Sie sucht für sich nach einem Weg, dieser Situation zu entkommen – doch auch die

Beziehung mit einem Amerikaner befreit sie nicht aus ihrer Einsamkeit. *Die Mandarins von Paris* wirft viele Fragen auf: Es geht um Gewissenskonflikte, um den Zwiespalt zwischen Denken und Handeln, um Engagement, um Authentizität und darum, das «Richtige» tun zu wollen. So fragt Henri sich mehr und mehr, welche Macht die Literatur überhaupt hat, wen er damit erreicht. Die Charaktere und ihre unterschiedlichen Beziehungen zueinander bilden ein dichtes Panorama der französischen Intellektuellen-Szene, welches die dort stattfindenden vielfältigen Diskussionen und Auseinandersetzungen abbildet.

> *«Vor allem aber habe ich auf literarischem Gebiet von meiner Freiheit Gebrauch gemacht; man geht beim Schreiben von dem aus, wozu man sich selbst gemacht hat, doch jedes Mal ist es ein neuer Start.»*[48]

Der Roman wird oft als Schlüsselroman gelesen, in dem die Charaktere real existierenden Personen entsprechen: So ist Robert Dubreuilh angeblich Jean-Paul Sartre, Henri Perron verkörpert Albert Camus und Anne Dubreuilh stellt die literarische Version von Simone dar. Simone selbst hat sich immer gegen eine solche Interpretation von *Die Mandarins* gewehrt. Zwar hat sie «eine Menge Figuren erfunden, die uns repräsentieren sollten»[49] und sich dabei von sich selbst, von Freunden und Bekannten inspirieren lassen – Nelson Algren war überhaupt nicht glücklich mit seinem Alter Ego Louis Brogan. Die Charaktere lassen sich aber nicht schablonenhaft auf Sartre, Camus und Co pressen, selbst wenn sie mit diesen einige Charakterzüge teilen. Genauso wenig ist der Roman eine exakte Chronik der Ereignisse in Frankreich nach dem Zweiten Weltkrieg: «Es macht wenig aus, inwieweit und auf welche Weise das Erdichtete durch die gegebenen Tatsachen angeregt wurde: Es kann nur entstehen, wenn man die Fakten verbrennt und in anderer Gestalt auferstehen lässt.»[50] Auch die Interpretation, *Die Mandarins von Paris* sei ein Tendenzroman mit politisch-propagandistischer Absicht, lehnt Simone ab, denn ein solcher Roman «vertritt eine Wahrheit, die alles andere überschattet und den unendlichen Kreislauf der Zweifel zum Stillstand bringt.»[51] Simone hingegen bietet für die von ihr thematisierten Probleme keine Lösungen an. Mit dem Roman scheint sie einen Nerv zu treffen, im ersten Monat nach seinem Erscheinen werden in Frankreich 40 000 Exemplare verkauft. Schnell ist die Rede vom *Prix Goncourt*, Simone allerdings hält sich mit 46 Jahren für zu alt, um den renommierten Preis noch zu bekommen – normalerweise wird er eher an jüngere «Nachwuchsschriftsteller» verliehen. Das heißt nicht, dass sie ihn nicht gerne haben will: Mit dem Goncourt ist zwar kein Preisgeld verbunden, aber normalerweise schießen die Verkäufe des ausgezeichneten Buches in die Höhe und bescheren dem Autor so gute Einnahmen. Simone will mit ihrem Roman das große Publikum erreichen und ja, sie will Geld verdienen. Sie gewinnt – und kauft sich von dem verdienten Geld ihre erste eigene Wohnung auf der Rue Schœlcher im 14. Pariser Arrondissement (nur wenige Straßen von ihrem Geburtshaus entfernt), in der sie bis zu ihrem Tod leben wird.

Simones Buchempfehlungen an Nelson Algren

Simone ist ein richtiger Bücherwurm und will natürlich auch ihren *Chicago boy* für ihre Lieblingsbücher begeistern. In den Briefen nach Amerika finden sich zahlreiche Empfehlungen, insbesondere zu zeitgenössischer Literatur.

Sonnenfinsternis von Arthur Koestler (1940): «*Darkness at Noon* ist wunderbare Arbeit, ich las es in einem Zug in einer einzigen Nacht, ohne zu schlafen, so stark interessierte es mich.»[52]

Les jours de notre mort von David Rousset (1947): «Ich habe Ihnen, wie ich mich erinnere, flüchtig von einem Mann erzählt, der drei Jahre in Buchenwald verbracht und zwei sehr gute Bücher – die besten, die es gibt – darüber geschrieben hat.»[53]

Die Pest von Albert Camus (1947): «Ich bin nicht mit allem einverstanden, aber er schreibt ein sehr schönes Französisch, und einige Teile des Buchs sind wirklich bewegend und sprechen das Herz an.»[54]

Tagebuch eines Diebes von Jean Genet (1949): «Er (Genet, Anm.) hat vor kurzem ein wirklich erstklassiges Buch veröffentlicht, in dem er seine Jugend in Spanien beschreibt, als er sich prostituierte – ein hartes Leben.»[55]

Der Fragebogen von Ernst von Salomon (1951): «Es ist kein Roman, sondern ein wahrer Bericht über die Erlebnisse, die einem seltsamen, interessanten Mann zugestoßen sind […]. Er ist von dem Fragebogen ausgegangen, den jeder Deutsche nach dem Krieg beantworten musste: 131 Fragen! Er beantwortet alle erschöpfend und bewerkstelligt es, auf diese Weise die gesamte Zeitgeschichte zu erzählen.»[56]

Die Geschichte einer Seinswerdung

In ihrer neuen Wohnung macht Simone sich im Oktober 1956 an ihr nächstes großes Projekt: ihre Memoiren. Diese bereiten ihr Kopfzerbrechen – sie möchte unbedingt über sich und ihre Kindheit schreiben, gleichzeitig kommt es ihr «unbescheiden vor, so viel von mir zu reden».[57] Auch der Schreibprozess gestaltet sich schwierig. Simone ärgert sich später über Leser, die meinen, über sich selbst könne ja jeder schreiben und glauben, dass «die Lebenserinnerungen nur so aus der Feder flössen».[58] Simone liest alte Tagebucheinträge und Zeitungsartikel, versenkt sich in ihr jüngeres Ich:

«Achtzehn Monate lang, mit Höhen und Tiefen, unter großen Schwierigkeiten und Freuden, widmete ich mich dieser Auferweckung von den Toten: Es war ein Schöpfungsakt, weil er an die Phantasie und die Überlegung genauso große Ansprüche stellte wie an das Gedächtnis.»[59]

Tatsächlich sind Simones Memoiren auch eine Art der Fiktion, kunstvoll erzählt und komponiert. Simone selbst behauptet nie, darin die ganze Wahrheit gesagt zu haben. Stattdessen warnt sie ihre Leser zu Beginn ihres zweiten Memoirenbands *In den besten Jahren*: «Ich werde vieles entschlossen im Dunkeln lassen.»[60] Es geht ihr nicht darum, aus dem Nähkästchen zu plaudern, sondern darum, ein eigenes Narrativ ihres Lebens zu schaffen. In den *Memoiren einer Tochter aus gutem Hause*, dem ersten und stilistisch ambitioniertesten Memoirenband, zeigt Simone sich selbst als Heldin: eine junge Frau, die sich von den Fesseln ihres Milieus und Elternhauses löst und ihren eigenen Weg geht. Manchmal schwingt dabei eine leise Ironie mit, die ältere, berühmte Simone distanziert sich von ihrem naiven jüngeren Ich. Simone liefert eine philosophische Grundlage für ihre eigene Seinswerdung: den Existenzialismus. Sie bedient sich existenzialistischen Vokabulars, um Simones Reifeprozess zu zeigen. Da geht es zum Beispiel um Existenz: «[Ich] lauerte förmlich auf ein Wort, das mich meinem Nimbus entreißen und mir endgültig in ihrer Welt Existenz verschaffen würde.»[61] Und um Bewusstsein: «Nicht nur brachen die Erwachsenen meinen Willen, sondern ich musste mich noch dazu als eine Beute ihres privaten Bewusstseins fühlen.»[62] Simone zeigt, wie aus einem kleinen Mädchen Simone de Beauvoir werden konnte und was diese Frau geprägt hat. Eine große Rolle spielt im Buch die Freundschaft mit Zaza. So oft hat Simone versucht, ihrer verstorbenen Freundin ein literarisches Denkmal zu errichten, immer ist sie damit gescheitert. Jetzt endlich, in der autobiographischen Form, kann sie Zaza und dem, was Zaza für sie bedeutete, gerecht werden. Die *Memoiren einer Tochter aus gutem Hause* enden mit dem Tod Zazas. Dieser unterstreicht die Entwicklung, die die im Buch 21-jährige Simone durchgemacht hat und setzt sie in starken Kontrast zu Zazas Schicksal: Von den zwei freiheitsliebenden und nach Unabhängigkeit strebenden jungen Frauen hat nur eine es geschafft, sich von den Fesseln ihres Milieus zu lösen. Freiheit und Unabhängigkeit, so Simones eindringliche Botschaft, müssen erkämpft werden – und das klappt nur, indem man Verantwortung übernimmt für die vielen kleinen Entscheidungen, die man im Alltag trifft. Jede Wahl bedeutet einen Schritt entweder in die eine oder in die andere Richtung. Jede Wahl bringt einen der Freiheit näher oder entfernt einen von ihr.

Als die *Memoiren einer Tochter aus gutem Hause* 1958 erscheinen, lösen sie ein riesiges Echo aus. Noch heute halten viele Kritiker Simones Memoiren für ihr gelungenstes und wichtigstes Werk. Simone bekommt massenhaft Zuschriften von

Frauen, die sich bei ihr bedanken, viele wollen wissen, wie es nun weitergeht: Was geschah nach Zazas Tod? Auch wenn Simone nicht vorhatte, ihrem Buch eine Art *Cliffhanger* zu verpassen, fühlt sie sich durch das große Interesse an ihren Erinnerungen geschmeichelt. Sie beschließt, ihre Memoiren fortzusetzen: 1960 erscheint *In den besten Jahren*, 1963 *Der Lauf der Dinge* und 1972 *Alles in allem*. Von *In den besten Jahren* werden noch vor Erscheinen 40 000 Exemplare verkauft, und Simone befürchtet, eine jener «Bestsellerfabrikantinnen»[63] geworden zu sein, bei denen nur noch der Name und nicht die Qualität des Werkes zählt. Natürlich verkauft sich der Band auch deshalb so gut, weil viele Leser auf intime Einblicke in die Paarbeziehung Sartre-Beauvoir hoffen. So richtig befriedigt dürften sie nicht sein: Wirklich Intimes gibt Simone nicht preis – immerhin aber die Entstehungsgeschichte des berühmten «Pakts». Und die Leser erfahren, was die «Tochter aus gutem Hause» mit ihrer gewonnenen Freiheit und Unabhängigkeit gemacht hat: Sie ist Schriftstellerin geworden. Der Prozess des Schreibens spielt in den Memoiren eine große Rolle: Schreiben, macht Simone klar, ist ihr nie leichtgefallen oder einfach so zugeflogen – es ist jedes Mal, immer wieder, harte Arbeit. Klarsichtig beurteilt sie ihre Situation als schreibende Frau:

«In Frankreich zu schreiben und eine Frau zu sein, heißt Ruten für den eigenen Rücken anfertigen. Besonders in dem Alter, in dem ich mich befand, als meine Werke gedruckt wurden. Einer ganz jungen Frau begegnet man mit anzüglicher Nachsicht. Ist sie alt, dann erweist man ihr seine Reverenz. Wagt man aber den Mund aufzumachen, wenn die erste Frische dahin ist, ohne dass man bereits die Patina des Alters erworben hat: Dann fällt die Meute über einen her!»[64]

Violette Leduc (1907–1972) – Schriftstellerin & literarische Ziehtochter

Im Oktober 1947 schreibt Simone an Nelson Algren, sie sei mit der «hässlichen Frau» essen gewesen: «[S]ie lebt allein, ist in ihrem Inneren lesbisch und viel kühner als alle Frauen, die ich kenne; sie ist kühn in den Dingen, die sie sagt, und in der Art, wie sie sie sagt.»[65] Die Frau, von der Simone spricht, ist die Schriftstellerin Violette Leduc. Monatelang hat diese Simone im *Café de Flore* mehr oder weniger gestalkt, bevor sie einander 1945 offiziell vorgestellt werden. Violette macht der von ihr verehrten Autorin sexuelle Avancen, doch die lehnt dankend ab. Trotzdem ist sie bereit, sich Violettes Romanmanuskript durchzulesen – und erkennt sofort dessen Potenzial: Kompromisslos schreibt Violette über Abtreibungen, Bisexualität und obsessive Leidenschaft, geht schonungslos mit sich selbst und ihren eigenen Erfahrungen um. Mit Simones Unterstützung erscheint *L'Asphyxie* 1946 in der von Albert Camus bei Gallimard herausgegebenen Reihe *Espoir*. Zwar verkauft es sich schlecht, aber Schriftsteller wie Nathalie Sarraute und Jean Genet werden auf die Autorin aufmerksam. In den kommenden Jahren wird Simone zu Violettes Lektorin, auch finanziell leistet sie großzügig Hilfestellung. Der Umgang mit der latent anstrengenden, hochemotionalen, liebesbedürftigen und zu Selbstmitleid neigenden Violette fällt ihr dabei oft nicht leicht. Die hat schon seit ihrer Kindheit einen Minderwertigkeitskomplex, sowohl was ihr Aussehen als auch was ihre Herkunft betrifft: Ihr Vater, ein wohlhabender Bürgersohn, in dessen Elternhaus Violettes Mutter Berthe als Haushälterin diente, erkennt die Vaterschaft nicht an. Zeitweise leben Mutter und Tochter in großer Armut. Als Berthe erneut heiratet, kommt Violette sich erst recht ausgestoßen und ungeliebt vor. Später wird sie sich wiederholt in unerreichbare Menschen verlieben, ob schwule Männer (von denen sie einen sogar heiratet) oder desinteressierte Frauen. In Paris lebt sie ab Beginn der 1930er neun Jahre lang mit ihrer ehemaligen Klavierlehrerin aus Douai zusammen. Sie arbeitet für wenig Geld im Verlag Plon und als Werbetexterin, ab und zu klaut sie Seidentücher und Halsketten im Luxuskaufhaus Lafayette. 1944 entdeckt sie *Sie kam und blieb* und vermutet in der Autorin eine Seelenverwandte. Das sieht Simone zwar anders, trotzdem ist sie Violettes Muse, eifrigste Leserin, Mentorin und Cheerleaderin. Als 1964 der Roman *La Bâtarde* erscheint, in dem Violette ihre eigene Lebensgeschichte erzählt, wird er schnell zum Bestseller, sogar vom *Prix Goncourt* ist die Rede. Simone hat ein wohlwollendes und kenntnisreiches Vorwort verfasst. Das Buch ist, wie auch die anderen Werke Violettes, radikal ehrlich – und deshalb so verstörend. Für Simone verkörpert Violette eine authentische weibliche Erfahrung, eine Frau, die sich ihre Freiheit hart erkämpft hat. So frei ist Violette dann aber doch nicht: Sie leidet an Paranoia und depressiven Verstimmungen. Und auch ihre Literatur ist gewissermaßen unfrei: Ihr Roman *Ravages* wird 1955 stark zensiert veröffentlicht, Gleiches passiert 1966 mit *Thérèse et Isabelle*. Eine Frau, die ehrlich über ihre Sexualität schreibt, ist für den damaligen französischen Zeitgeist schlicht zu radikal.

Die Freischreiberin

Für eine Karriere als Schriftstellerin hat Simone sich auch deswegen entschieden, weil es hier weibliche Vorbilder gab, im Gegensatz zur Philosophie (die Ausnahme ist natürlich Léontine Zanta): «Mir als Frau schienen [...] diese Gipfel zugänglicher als einsame Hochebenen: Die berühmtesten meiner Schwestern hatten sich in der Literatur hervorgetan.»[66] Simone hat sich ihre Freiheit erschrieben: Sie hat sich zur Heldin ihrer eigenen Geschichte gemacht; eine Heldin, die die Dinge selbst in die Hand nimmt, die Freiheit als Verantwortung begreift. Natürlich, der Weg zur berühmten Schriftstellerin war nicht leicht. Schreiben, das macht Simone immer wieder deutlich, ist für sie eine oft anstrengende Selbstverpflichtung: «Mein eigenes Werk hat Studien, Entschlüsse, Ausdauer, Kämpfe, Arbeit von mir gefordert.»[67] Doch Simone hat immer ihr Ziel im Blick behalten: das Schreiben selbst. Sie wollte sich selbst in ihren Büchern erfahrbar machen, eigene Probleme benennen und diskutieren. Bevor sie 1956 mit dem Schreiben ihrer Memoiren anfängt, blickt Simone bereits auf Jahrzehnte der Selbsterforschung zurück – erst in Form von Tagebüchern, dann durch ihre Romane, Essays und Erzählungen. In ihrem Werk steckt so viel von ihr selbst, so viel Wille, ihre Wahrheit den Lesern mitzuteilen:

«Mystifikationen zu beseitigen, die Wahrheit zu sagen, ist eines der Ziele, die ich in allen meinen Büchern am hartnäckigsten verfolgt habe. Diese Hartnäckigkeit hat ihre Wurzeln in meiner Kindheit; ich hasste das, was meine Schwester und ich ‹Dummheit› nannten: eine gewisse Art, das Leben und seine Freuden unter Vorurteilen, Gewohnheiten, Täuschungen und sinnlosen Vorschriften zu ersticken. Ich wollte dieser

Unterdrückung entrinnen und habe mir fest vorgenommen, sie rücksichtslos aufzuzeigen.»[68]

Tatsächlich hat Simone sich aus dieser Unterdrückung hinausgelesen und -geschrieben. Und sie hat ihren Traum wahrgemacht: Sich durch ihre Bücher auf eine gewisse Art unsterblich zu machen, anerkannt zu werden. Dabei sind Simone die Grenzen ihrer eigenen literarischen Fähigkeiten sehr deutlich bewusst. «Ich bin keine virtuose Schriftstellerin geworden»[69], schreibt sie am Ende von *Alles in allem*, dem letzten Teil ihrer Memoiren. Sie sei keine Virginia Woolf, kein Proust, die «das schillernde Spiel der Empfindungen wieder zum Leben erwecken»[70]. Andererseits ist das auch nicht ihre Absicht gewesen: «Ich wollte mich existent machen für andere, indem ich ihnen auf die unmittelbarste Weise mitteilte, wie ich mein eigenes Leben empfand.»[71] Und noch eine andere Absicht verfolgt Simone mit dem Schreiben: Sie will Einfluss nehmen auf die Welt, will sie, wenn möglich, zum Besseren verändern. Das Schreiben ist ihre Art des Engagements.

Bücherschnelldurchlauf

Simones Romane und Erzählungen in jeweils einem Satz.

Sie kam und blieb (1943): Verhängnisvolle *ménage à trois* im Paris der 1930er (oder: Drei sind einer zu viel).

Das Blut der anderen (1945): Überzeugte Individualistin findet durch die Liebe und die *Résistance* zur Solidarität.

Alle Menschen sind sterblich (1946): Unsterblicher versucht, seinem Leben einen Sinn zu geben.

Die Mandarins von Paris (1954): Irrungen und Wirrungen im Pariser Intellektuellenmilieu der 1940er Jahre.

Die Welt der schönen Bilder (1966): Moderne Frau auf der Suche nach sich selbst.

Eine gebrochene Frau (1969): Ältere Frauen am Rande der Verzweiflung.

Marcelle, Chantal, Lisa … (1979): Jüngere Frauen am Rande der Verzweiflung (oder: *I'm not a girl, not yet a woman*).

TEIL V

Handeln

«Die Erde enthüllte mir ein anderes ihrer
Gesichter; die Gewalt war losgelassen,
die Ungerechtigkeit, die Dummheit, das
Ärgernis, der Schrecken.»[1]

Chronik

1933 Machtergreifung Hitlers in Deutschland

1936 Beginn des Spanischen Bürgerkriegs
Die Volksfront gewinnt die Wahlen in Frankreich

1939 Polenfeldzug Hitlers
Frankreich erklärt Deutschland den Krieg
Sartre wird eingezogen und kommt zum
Wetterdienst nach Nancy
Ende des Spanischen Bürgerkriegs

1940 Juni: Die Deutschen besetzen Paris
Juli: Gründung des État français in Vichy
Internierung Sartres in einem deutschen
Kriegsgefangenenlager

1941 Rückkehr Sartres aus der Kriegsgefangenschaft
Gründung der Widerstandsgruppe *Socialisme
et Liberté*

1943 Simone verliert ihre Stelle als Lehrerin
Bekanntschaft mit Albert Camus

1943
bis 1944 Simone arbeitet als Programmgestalterin bei
Radio Nationale

1944 Befreiung von Paris

1945 Ende des Zweiten Weltkriegs
Das Blut der anderen erscheint
Uraufführung von *Die unnützen Mäuler*
Sartre gründet die Zeitschrift
Les Temps Modernes

Mit großen Augen blickt die junge Frau vom Buchcover, ernst und ruhig. Ihr Name ist Djamila Boupacha: Die 23-Jährige ist Agentin der Nationalen Befreiungsfront, die für ein von Frankreich unabhängiges Algerien kämpft. Während des Algerienkriegs ist sie von französischen Soldaten gefoltert und vergewaltigt worden – ein Schicksal, von dem die Anwältin Boupachas, Gisèle Halimi, 1962 in ihrem Buch *Djamila Boupacha* berichtet. Das Vorwort stammt von Simone, die kein Blatt vor den Mund nimmt. Sie macht klar, dass Boupacha kein Einzelfall ist, sondern dass die französische Armee systematisch gegen Menschenrechte verstößt. Und sie fordert die Franzosen auf, zu handeln:

«Die Wahrheit begegnet Ihnen auf Schritt und Tritt, Sie können sich nicht mehr herausreden, indem Sie sagen, ‹Aber wir hatten ja keine Ahnung …›. Können Sie immer noch so tun, als ob Sie nichts wüssten, oder es bei ein paar trockenen Schluchzern bewenden lassen? Ich hoffe nicht.»[2]

Simones Appell fällt auch deshalb so energisch aus, weil sie selbst genau jene apolitische, passive Haltung eingenommen hat, die sie nun kritisiert – lange hat sie sich nicht aktiv eingebracht, nicht gehandelt. Und das bereut sie.

Naive Sorglosigkeit

In den 1930er Jahren, mit Mitte 20, ist Simone vor allem eines: naiv. Gleiches gilt für den großen Sartre, auch wenn der politisch etwas interessierter ist als seine Partnerin. Das morganatische Ehepaar glaubt, dass radikale Freiheit als Lebensprinzip ausreicht: «Unser Leben verlief so wunschgemäß, dass es uns schien, wir hätten es selbst gewählt: Wir schlossen daraus, dass es sich immer unserer Regie fügen würde.»[3] Simone und Sartre fühlen sich losgelöst von allem, von Orten, Ländern, Klassen, Berufen, Generationen. Sie sind einfach sie. Ihre Haltung ist individualistisch und anarchistisch, sie wollen sich in keine Schublade pressen lassen und fühlen sich nur sich selbst verpflichtet, beim Thema «Moral» gähnen sie: Warum sich bestehenden Gesetzen unterwerfen, wenn man seine eigenen Regeln machen kann? *Vive la liberté!* Von einem gewissen überheblichen Moralismus, Produkt ihrer religiösen Erziehung, kann Simone sich allerdings nicht losmachen – sie hat hohe Ansprüche an andere. Diese anderen bewerten Simone und Sartre nach deren Leistungen und Taten, vergessen dabei aber, dass nicht alle Menschen im gleichen Maße über die Freiheit verfügen, zu handeln. Schonungslos stellt Simone später fest:

«Dadurch blieb unsere Moral idealistisch und bürgerlich; wir bildeten uns ein, in uns den Menschen im Allgemeinen zu begreifen. So manifestierten wir, ohne es zu wissen, unsere Zugehörigkeit zur privilegierten Klasse, von der wir glaubten, uns losgesagt zu haben.»[4]

Ihre Sorglosigkeit verwechseln die beiden *bourgeois* mit souveräner Freiheit. Sie haben keine Ahnung von der Welt, von den ihr zugrunde liegenden Strukturen. Sich einer politischen Organisation anzuschließen, kommt für Simone und Sartre nicht in Frage. Zwar lockt sie der Kommunismus, aber die beiden finden eine geschmeidige Ausrede: Das Ganze sei eine Sache des Proletariats und deshalb nicht ihr Kampf. Genau genommen sehen Simone und Sartre nichts so richtig als «ihre Sache» an – Sartre geht nicht einmal wählen und Simone stört es nicht besonders, dass sie als Frau kein Wahlrecht hat. Das junge Paar schwebt über den Dingen, daran ändert auch der Siegeszug des Faschismus in Europa nichts. Im Januar 1933 hat Hitler in Deutschland die Macht ergriffen und wandelt die Weimarer Republik im Rekordtempo in eine Diktatur um. Nachbar Frankreich leidet seit 1931 unter der zwei Jahre zuvor begonnenen Weltwirtschaftskrise, hinzu kommen innenpolitische Unruhen: Die faschistische Bewegung *Croix de Feu* (dt. Feuerkreuzler) nimmt im Februar 1934 an einer antiparlamentarischen Straßenschlacht teil, der Premierminister Édouard Daladier tritt zurück. 1936 gewinnt die Volksfront aus Sozialisten, Kommunisten und Radikalsozialisten die Parlamentswahlen. Gegenüber dem nationalsozialistischen Hitler-Regime verfolgt die französische Regierung eine Appeasement-Politik, und auch im von 1936 bis 1939 herrschenden Spanischen Bürgerkrieg will man lieber keine klare Stellung beziehen. Alle diese Ereignisse sind Simone ziemlich egal – sie weigert sich, an die Möglichkeit eines Krieges überhaupt zu denken –, nur der Krieg in Spanien berührt sie: Einer ihrer besten Freunde, der mit ihrer Freundin Stépha verheiratete Maler Fernando Gerassi, ist Spanier: «Kein Land stand uns näher als Spanien.»[5]

Geographisch steht Deutschland Frankreich mindestens genauso nahe, aber Simone zieht es vor, die dortigen Entwicklungen zu ignorieren oder herunterzuspielen. Sartre schafft es sogar, von 1933 bis 1934 ein ganzes Jahr am *Institut français* in Berlin zu verbringen, ohne das NS-Regime als wirkliche Bedrohung zu begreifen. Simone und Sartre setzen Scheuklappen auf und vertrauen darauf, dass das Weltgeschehen sich auch weiterhin ihrem Willen fügt. Doch es nützt ihnen nichts: Am 1. September 1939 beginnt Hitler mit seinem Polenfeldzug und Frankreich, vertraglich gebunden, erklärt Deutschland am 3. September den Krieg. Zunächst bleibt das auf militärische Auseinandersetzungen schlecht vorbereitete Frankreich in der Defensive und harrt im sogenannten Sitzkrieg aus (den die Franzosen *la drôle de guerre*, den seltsamen Krieg, nennen) – bis die deutsche Wehrmacht am 10. Mai 1940 ihren Angriff auf die Niederlande, Belgien, Luxemburg und Nordfrankreich startet. Die Niederlande und Belgien kapitulieren schnell, und die Wehrmacht rückt nach Paris vor, welches sie am 14. Juni 1940 besetzt. Der französische Ministerpräsident Paul Reynaud tritt zurück, und Staatspräsident Albert Lebrun beauftragt den Marschall Philippe Pétain mit der Regierungsbildung sowie Waffenstillstandsverhandlungen. Der Waffenstillstand wird am 22. Juni unterzeichnet, Frankreich fügt sich damit de facto Hitlers Bedingungen. Der komplette Norden und Westen Frankreichs geraten als *zone occupée* unter deutsche Besatzung. Innerhalb weniger Wochen ist das politische System der Dritten Französischen Republik in sich zusammengebrochen. Pétain gründet am 11. Juli 1940 in Vichy – in der *zone libre* – den *État français*. Er ist ein gefeierter Nationalheld, der sich während der Schlacht von Verdun im Ersten Weltkrieg um sein Vaterland verdient gemacht hat. Viele Franzosen glauben, dass er nur das Beste für Frankreich will – für Pétain sowie das von ihm begründete Vichy-Regime gehört dazu auch die Kollaboration mit dem NS-Regime. Pétain betont stets, er wolle lediglich das Leiden des französischen Volkes lindern. Doch diese angeblich ehrenvollen Absichten nützen ihm nichts: Nach Kriegsende wird er zu lebenslanger Haft verurteilt.

Eine sogenannte Revolution

Im besetzten Paris kann Simone nicht mehr länger die Augen vor der politischen Realität verschließen, denn der Krieg betrifft sie ganz persönlich: Sartre wird im September 1939 zum Militärdienst eingezogen, genau wie ihr Geliebter Jacques-Laurent Bost. Sartre hat Glück im Unglück, er leistet seinen Dienst auf einer Wetterbeobachtungsstation und bekommt dort von den wirklichen Kämpfen nicht viel mit. Bost hingegen kämpft an vorderster Front, wird verletzt und erhält für seine Verdienste später das französische *croix de guerre* (dt. Kriegskreuz). Sartres alter Freund, sein *petit camarade* Paul Nizan, fällt am 23. Mai 1940 bei Dünkirchen – er wird nur 35 Jahre alt. Als Simone davon erfährt, übergibt sie sich in der Toilette eines Cafés.[6] Die Realität hat sie endgültig eingeholt, und trotzdem versucht Simone, in Paris irgendwie ihr bisheriges Leben weiterzuführen. Leicht ist das nicht: Die Nahrungsmittel sind oft knapp, Luxuswaren wie Wein werden rationiert. Fast täglich steht Simone mit anderen Franzosen vor den Geschäften Schlange, um ihre Marken in Lebensmittel umzutauschen. Zum ersten Mal in ihrem Leben kocht Simone für sich und andere – sie, die sonst am liebsten in Cafés und Bistros isst, für die radikale Freiheit auch Freiheit von typisch weiblichen Tätigkeiten wie Kochen bedeutet. In ihrem schäbigen Hotelzimmer macht Simone das Beste aus den oft minderwertigen Nahrungsmitteln und isst gemeinsam mit Freunden und Bekannten. Es gibt wenig Seife und kaum warmes Wasser: Simone versteckt ihre fettigen Haare unter dem Turban, der später ihr Markenzeichen wird. In der Stadt wimmelt es von deutschen Soldaten, und Simone meidet Cafés und Kneipen, in denen sich diese gerne aufhalten. Doch das Hakenkreuz ist überall, eine bedrückende Dauerpräsenz, der man nicht entfliehen kann. Simone macht das abwechselnd wütend und traurig, denn den Faschismus lehnt sie aus tiefstem Herzen ab:

«Wenn man Optimist war, konnte man ihn (den Faschismus, Anm.) als die notwendige Antithese zum bürgerlichen Liberalismus betrachten, als eine Etappe also auf dem Weg zur Synthese, die wir erhofften: zum Sozialismus. Aber um den Faschismus eines Tages zu überwinden, war es nötig, ihn zunächst einmal abzulehnen. Keine Philosophie hätte mich dazu bringen können, ihn zu bejahen. Er stand im Widerspruch zu allen Werten, auf die mein Leben sich gründete.»[7]

Ebenso verabscheut sie das autoritäre Vichy-Regime sowie Pétains Besessenheit mit der «nationalen Einheit» Frankreichs, die er in einer *révolution nationale* herbeizuführen hofft. Diese sogenannte nationale Revolution beinhaltet die Rückkehr zu traditionellen Werten, getreu der Parole *Travail, Famille, Patrie* (dt. Arbeit, Familie, Vaterland) – das war's mit *Liberté, Égalité, Fraternité*. In einem Rundschreiben wird den Lehrerinnen und Lehrern eingeschärft, ihre Schülerinnen zur Geburtensteigerung anzuhalten. Eine Botschaft, die Simone selbstverständlich so nicht weitergibt. Frauen sind schließlich keine Gebärmaschinen! Diese Haltung – und ihr, nun ja, unorthodoxer Lebenswandel – wird Simone später noch in direkten Konflikt mit dem Regime bringen.

Das ist es dann aber vorerst auch mit Simones Widerstand. Im Herbst 1940 unterschreibt sie eine eidesstattliche Erklärung, dass sie weder Jüdin noch Freimaurerin ist. Für sie ein notwendiger Kompromiss, um weiter ihrem Beruf nachgehen zu können.[8] Ansonsten ist sie viel zu sehr mit sich selbst und der Sorge um Sartre und Bost beschäftigt, als dass sie wirkliches Interesse daran aufbringen könnte, was um sie herum geschieht. Dem Schicksal ihrer ehemaligen Schülerin und Freundin Bianca Bienenfeld gegenüber bleibt sie seltsam distanziert. Biancas Familie ist jüdisch und hat nach Ausbruch des Kriegs erfolglos versucht, in die USA auszureisen. Unter der jüdischen Bevölkerung Frankreichs herrscht große Verunsicherung, niemand weiß, was passieren wird. Bianca hat Angst und erwägt, einen amerikanischen Staatsbürger zu heiraten, um in die USA fliehen zu können. Simone lässt Biancas Not kalt, spöttisch schreibt sie Sartre im März 1940: «Zur

Abwechslung orakelt sie wie eine Kassandra und schwankt zwischen Konzentrationslager und Selbstmord und zieht den Selbstmord vor: Sie nennt das sein Schicksal spüren.»[9] Sie kann oder will nicht begreifen, wie ernst die Lage für Bianca und andere Juden ist. Ja, in Frankreich sind zu diesem Zeitpunkt kaum genaue und gesicherte Kenntnisse über die systematische Vernichtung der Juden verfügbar und ja, Simone weiß sehr wahrscheinlich nicht, was der Begriff «Konzentrationslager» überhaupt bedeutet.[10] Trotzdem ist ihr Verhalten Bianca gegenüber teilnahmslos und zynisch. In Simones Memoiren klingt das alles natürlich ganz anders, war Simone angeblich voller Sorge für Bianca. Später bereut sie offen ihre Haltung.[11] Die Fähigkeit zur Selbstkritik, sie ist tatsächlich eine ihrer größten Stärken. Wenn auch nicht unbedingt in ihren Memoiren.

Vom Nichtstun zum Engagement

Simone fühlt sich im besetzten Paris allein und verloren. Viele ihrer alten Freunde sind emigriert, Nizan ist tot, Sartre in Kriegsgefangenschaft, Bost an der Front. Während andere sich der Widerstandsbewegung anschließen, macht sich in Simone Hilflosigkeit breit: «Ohne Sartres Anleitung hatte ich keine Vorstellung davon, was ich hätte tun können oder sollen.»[12] Ihr fehlt ein intellektueller Wegweiser. So macht Simone eben das Beste aus ihrer Situation, indem sie sich den harten Bedingungen im besetzten Paris anpasst und einen strikten Tagesablauf einhält: Arbeit in der Schule, Arbeit im Café oder in der Bibliothek, abends Treffen mit Freundinnen und einmal wöchentlich Essen bei den Eltern. Wenn die ganze Welt in kriegerischem Chaos versinkt, hilft Routine:

«Ich hatte mich im Krieg eingerichtet, der Krieg hatte sich in Paris eingerichtet.»[13] Dann kehrt Sartre im März 1941 plötzlich aus der Kriegsgefangenschaft zurück – doch von Wolke sieben keine Spur: Dem Paar fällt es schwer, wieder zueinanderzufinden. Sartre hat monatelang in der Gegenwart von Männern verbracht, mit ihnen diskutiert, gelacht, gelitten. Er hat Solidarität erfahren, der Krieg und die dadurch erfahrene Kameradschaft sind für ihn einschneidende Erlebnisse. Der in Paris gebliebenen Simone macht der bekehrte Individualist Vorwürfe: Wie kann sie nur Tee auf dem Schwarzmarkt kaufen? Das ist unmoralisch! Außerdem hätte sie die eidesstattliche Erklärung niemals unterschreiben dürfen. Sartre, schon immer recht kritisch, ist zum Moralapostel mutiert, und Simone fühlt sich, als wäre sie bei einer wichtigen Prüfung durchgefallen. Verbittert stellt sie fest: «Er kam aus einer Welt, die mir genauso fremd war, wie ihm die Welt fremd sein musste, in der ich seit Monaten lebte; wir hatten den Eindruck, nicht die gleiche Sprache zu sprechen.»[14] Nur langsam versteht Simone den Wandel, der in Sartre stattgefunden hat. Die antifaschistische Bruderschaft, der er in den letzten Monaten angehört hat, verbindet eine Art Gelübde: «Nicht nachgeben, keine Zugeständnisse machen.»[15] Sartre ist fest entschlossen, sich an dieses Gelübde zu halten – er will endlich handeln. Simone ist von diesem Aktionismus weder begeistert noch glaubt sie, dass Sartre tatsächlich etwas erreichen kann. Doch ihre Skepsis weicht bald Schuldgefühlen: Monatelang hat sie sich in ihren kleinen privaten Kosmos zurückgezogen, sich abgeschottet. Nun sprengt Sartre diesen, und Simone schämt sich für ihr Nichtstun. Sie lässt sich also breitschlagen, Sartre bei seinem Vorhaben zu unterstützen. Tatsächlich hat sich in ihr schon länger etwas getan, sie datiert diese Veränderung bereits auf das Frühjahr 1939, nur wenige Monate nach dem

Münchener Abkommen, mit dem das Sudetenland in das Deutsche Reich eingegliedert wurde:

«Der Krieg war nicht mehr vermeidbar. Aber wie hatte es so weit kommen können? Ich hatte nicht das Recht, darüber zu klagen, ich hatte keinen Finger gerührt, um ihn zu verhindern. Ich fühlte mich schuldig. Hätte ich mir nur sagen können: Schön! Ich werde bezahlen, ich werde meine Verblendung, meinen Leichtsinn wieder wettmachen, indem ich die Folgen auf mich nehme. Aber ich dachte an Bost, an alle jungen Leute seines Alters, die nicht die geringste Möglichkeit hatten, auf die Ereignisse einzuwirken. Sie konnten mit vollem Recht Anklage gegen die ältere Generation erheben [...].»[16]

Für Simone geht es nicht nur um sie – sie macht sich Sorgen darum, was ihr Nichthandeln für andere bedeutet, und lässt endlich ihren Individualismus hinter sich. Das zeigt sich auch in einem Brief, den sie Sartre am 8. Oktober 1939 schreibt: «Ich weiß wohl, dass wir nichts tun konnten, aber immerhin gehören wir zu der Generation, die es hat geschehen lassen [...].»[17] Sartre ist von diesen Gedanken begeistert: «Sie haben mich lebhaft interessiert mit dem, was Sie über unsere passive Verantwortung gegenüber der Generation nach uns sagten.»[18] Wenig später taucht in seinen Notizen zum ersten Mal der Begriff des «Engagements» auf, so wie er ihn nach der Befreiung von Paris 1944 verwenden und bekannt machen wird. Bisher hat Sartre stets geglaubt, er habe Menschen gegenüber nur individuelle Verpflichtungen – jetzt erkennt er, dass es darüber hinaus gesellschaftliche und politische Verpflichtungen gibt.[19] Genau genommen geht die Anregung für den Engagementbegriff also auf Simone zurück, die allerdings hat diese Idee nie für sich reklamiert und sie stattdessen immer Sartre zugeschrieben. Das hat wohl mehrere Gründe, zum Beispiel den symbiotischen Austausch, bei dem Simone und Sartre gemeinsam ihre Ideen diskutieren, diese weiterdenken und kritisieren – Simone liegt nichts ferner, als Ideen und Konzepte in «meins» und «deins» einzuteilen. Trotzdem überlässt sie die Theorieentwicklung meistens Sartre, so auch beim Thema Engagement. Er entwickelt aus dem Umdenken, das in Simone stattgefunden hat, eine Handlungsanleitung, eine Maxime. Und die setzt er nach langen Jahren des Zögerns in die Tat um.

> *«Ich gab endlich zu, dass mein Leben nicht eine Geschichte war, die ich mir erzählte, sondern ein Kompromiss zwischen der Welt und mir.»* [20]

Nach den Osterferien 1941, nur wenige Wochen nach dem Ende seiner Kriegsgefangenschaft, fängt Sartre an, wieder als Lehrer zu arbeiten, und versucht, politische Kontakte zu knüpfen. An einem Nachmittag findet in Simones Zimmer im Hotel Mistral eine erste Zusammenkunft für potenzielle Widerstandskämpfer statt. Ein Bekannter ist gleich mit Feuereifer dabei und will Einzelattentate auf Kollaborateure verüben, der Rest aber fühlt sich bei dem Gedanken an Bomben und Handgranaten nicht wohl. [21] Stattdessen will man zu anderen Gruppen Kontakt aufnehmen, Informationen sammeln und diese durch Flugblätter verbreiten. Abgesehen davon lautet das Hauptziel, die Nachkriegszeit vorzubereiten; die Linke, davon sind Simone, Sartre und ihre Mitstreiter überzeugt, wird nach dem Krieg eine neue Doktrin brauchen – eine Doktrin, die sie entwickeln wollen. Die Gruppe nennt sich *Socialisme et Liberté* (dt. Sozialismus und Freiheit): Sie hat jede Menge ehrgeizige Ziele, ist letztendlich aber nicht besonders erfolgreich. Das hat mehrere Gründe. Zum einen ist zu diesem Zeitpunkt die *Résistance* in Frankreich noch nicht wirklich organisiert, die Gruppe steht isoliert da. Zum anderen wird Sartre als Führungsfigur einer politischen Vereinigung nicht so ganz ernst genommen: In der Widerstandsbewegung wird zwar seine gute Absicht anerkannt, gleichzeitig erscheint Sartre vielen dort jedoch unvorsichtig und übereifrig. Kein Wunder, dass *Socialisme et Liberté* es nicht schafft, neue Mitglieder zu werben – dabei machen Simone und Sartre im Sommer 1941 sogar eine Fahrradtour durch die «freie Zone» in Südfrankreich, um die Schriftsteller André Gide und André Malraux für ihr Vorhaben zu gewinnen. Beide lehnen ab. Die Gruppe, mit so viel Elan gestartet, löst sich schon Ende 1941 oder Anfang 1942 wieder auf. Es wurde zwar viel geredet, aber wenig gemacht.

Politik? Nein danke!

Also führt Sartre seinen Widerstand auf andere Weise fort. Über den jungen Schriftsteller Albert Camus steht er mit der Widerstandgruppe *Combat* (dt. Kampf) in Kontakt; Anfang 1943 tritt er der Organisation der oppositionellen Schriftsteller bei, dem *Comité National des Écrivains* (C.N.E.). Er nimmt an den – streng geheimen – Treffen des Komitees teil und schreibt für dessen Publikation.[22] Im Frühjahr 1943 erscheint trotz Papierknappheit Sartres Werk *Das Sein und das Nichts*, in dem er seine Theorie der Freiheit deutlich darlegt. Im Juni 1943 wird sein Stück *Die Fliegen* in Paris uraufgeführt. Vordergründig geht es darin um den antiken Mythos des Orestes, der nach Jahren des Exils in seine Heimatstadt Argos zurückkehrt. Die leidet unter dem Schreckensregime seiner Mutter Klytaimnestra und deren Liebhaber Aigisthos.

Mit Unterstützung seiner Schwester Elektra tötet Orestes die beiden. Tatsächlich kritisiert Sartre mit diesem in ein antikes Gewand gehüllten Stück die deutsche Besatzungsmacht und das Vichy-Regime. 1944 löst sein Theaterstück *Geschlossene Gesellschaft* einen Skandal aus, wird aber trotzdem – oder gerade deswegen – zu einem großen Erfolg. Sartre ist zum öffentlichen Intellektuellen geworden und vor allem zu einem Intellektuellen des Widerstands. Und Simone? Die widmet sich notgedrungen ganz dem Schreiben. Denn ihren Job als Lehrerin ist sie los: Weder ihre Unterrichtsinhalte noch ihr Lebenswandel gefielen ihren Vorgesetzten. Gilbert Gidel, der Rektor der Pariser Akademie, informierte im April 1942 das Erziehungsministerium darüber, dass Mademoiselle Beauvoir im Hotel wohne, im Café arbeite und Beziehungen zu verschiedenen Männern unterhalte. Im Unterricht empfehle sie ihren Schülerinnen die überaus gefährliche Lektüre von Gide und Proust.[23] Simones Lebenswandel gilt in den Augen des neuen Regimes als unmoralisch und passt nicht zu den neuen Prinzipien des *État français*. Kurz nach der Uraufführung von *Die Fliegen* 1943 erhält Simone ihre Kündigung; in der Entlassungsurkunde wird ein von Marschall Pétain 1940 erlassenes Gesetz angeführt, das eine sogenannte Säuberung der Lehranstalten zum Ziel hat. Der Jobverlust an sich stört Simone nicht besonders – sie will sowieso lieber schreiben –, der Einkommensausfall allerdings schon. Sartre lässt seine Kontakte spielen und verschafft ihr eine Stelle bei *Radio Nationale*, dem von Vichy kontrollierten staatlichen Rundfunk in der freien Zone. Dort schreibt Simone ein paar Sendungen zu historischen Themen, nichts Politisches oder Aktuelles. Trotzdem ist sie für diese vermeintliche «Kollaboration» oft kritisiert worden – so oft, dass Simone sich in ihren Memoiren verteidigt:

«Die Schriftsteller, die auf unserer Seite standen, befolgten stillschweigend gewisse Regeln. Man durfte nicht für Zeitungen oder Zeitschriften der besetzten Zone schreiben oder über Radio Paris sprechen. Man konnte für die Presse der freien Zone und für Radio Vichy arbeiten. Alles hing vom Sinn der Artikel und der Sendungen ab.»[24]

Krieg, das macht Simone deutlich, bedeutet auch, Kompromisse einzugehen. Zu leben, trotz allem. Mittlerweile ist ihr Debütroman *Sie kam und blieb* erschienen, Simone hätte also jedes Recht, wie Sartre an den Zusammenkünften des C. N. E. teilzunehmen. Aber sie verzichtet – sie und Sartre seien sich so einig in allem, dass ihre Anwesenheit nur «sinnlos die seine verdoppelt hätte».[25] Die Politik überlässt sie generell lieber Sartre, sie selbst fühlt sich in diesem Bereich zu unsicher und uninformiert. Im Gegensatz zu Sartre ist sie keine öffentliche Intellektuelle und konzentriert sich lieber auf die Arbeit an ihrem nächsten Roman *Das Blut der anderen*, in den ihre Gedanken zum Thema Freiheit und zur aktuellen politischen Situation fließen. Sie liest viel, sitzt stundenlang in der Bibliothek und setzt sich mit Hegel auseinander, dessen Ideen Eingang in ihren philosophischen Essay *Pyrrhus und Cineas* finden. Die Arbeit lenkt sie ab, vom Krieg, vom Elend: Niemand kann sich auf Dauer und 24 Stunden am Tag Gedanken über den Krieg machen, über den möglichen Tod von Freunden und Familie, über die Tatsache, dass die eigene Stadt vom Feind besetzt ist. Und so machen Simone, Sartre und ihre Freunde das Beste aus der Situation: Im Winter 1943/1944 findet fast jeden Abend irgendwo eine Party statt, selbst Simone bewirtet in ihrem Hotelzimmer Gäste. An minderwertigem Alkohol herrscht kein Mangel, und so trinkt man sich mit schlechtem Wein und Whisky die deutsche Besatzung und den Krieg erträglich. Auch das kann eine Form des Überlebens sein.

Albert Camus (1913–1960) –
Schriftsteller, Philosoph & Mann in der Revolte

Er ist der Dandy unter den Philosophen, seinem Charme können sich auch Simone und Sartre beim ersten Treffen 1943 nicht entziehen. Man ist sich auf Anhieb sympathisch, und Sartre spannt den Nachwuchsautor, dessen 1942 erschienenen Roman *Der Fremde* er bewundert, gleich für sein nächstes Stück ein. Simone ist ebenfalls vom gutaussehenden Albert fasziniert, widmet ihm in ihren Memoiren später aber nur ein paar Zeilen. Das liegt einerseits an dem großen Bruch zwischen Albert und Sartre in den 1950er Jahren, andererseits aber wohl auch daran, dass Simone gerne eine Liaison mit Albert gehabt hätte – dieser aber ablehnte.[26] Ursprünglich stammt Albert aus Algerien: Sein Vater fällt im Ersten Weltkrieg, seine Mutter – die Analphabetin ist und eine leichte Hör- und Sprachbehinderung hat – zieht den kleinen Albert und seinen älteren Bruder Lucien in ärmlichen Verhältnissen auf. Albert ist ein begabter Schüler, wechselt aufs Gymnasium, macht Abitur und studiert an der neu gegründeten Universität Algier. Mit Anfang 20 ist er zum ersten Mal verheiratet, lernt das mondäne Leben der algerischen Oberschicht kennen, veröffentlicht erste Texte. 1935 wird er Mitglied der kommunistischen Partei Algeriens, später aufgrund kritischer Äußerungen über die Parteiführung jedoch ausgeschlossen. Er arbeitet für das linke Magazin *Alger républicain* und schreibt hauptsächlich über die Diskriminierung von Arabern und Berbern durch Algerienfranzosen. 1940 geht Albert mit seiner zweiten Frau Francine nach Paris, dort hat er eine Stelle bei der Zeitung *Paris-Soir* erhalten. Mit seinem philosophischen Essay *Der Mythos des Sisyphos* trifft er 1942 den Nerv der Zeit. In diesem Essay, in Romanen und Theaterstücken entwickelt Albert seine Philosophie des Absurden, die er ausdrücklich nicht als existenzialistische Philosophie verstanden wissen will: Das Leben, so Albert, ist per se sinnlos. Diese Sinnlosigkeit der eigenen Existenz kann nur überwunden werden, indem man sie akzeptiert und ein Bewusstsein für neue Möglichkeiten der Auflehnung, der (inneren) Revolte entwickelt. Den Auftrag zur Revolte setzt Albert selbst konsequent um: Während des Zweiten Weltkriegs ist er in der *Résistance* aktiv, arbeitet für das Untergrund-Blatt *Combat*. Später kritisiert er die französische Kolonialpolitik, kann sich ein völlig unabhängiges Algerien allerdings auch nicht vorstellen. Er ist ein Pazifist, der Freiheit und Gerechtigkeit miteinander vereinigen will, der lieber Fragen stellt, als Antworten zu geben. Oft gerät der um politische Mäßigung und Überparteilichkeit bemühte Albert zwischen die Fronten. 1951 kommt es zum Bruch mit Sartre: Anlass ist die Veröffentlichung von Alberts Essay *Der Mensch in der Revolte*, mit dem Sartre überhaupt nichts anfangen kann und den er in den *Temps Modernes* von einem Redakteur zerreißen lässt. Dahinter steckt jedoch eine politische Entfremdung: Albert hat, von einem kurzen Flirt mit dem Kommunismus mal abgesehen, stets nein gesagt zum stalinistischen Sozialismus, zum sowjetischen Totalitarismus. Sartre hingegen – wie so viele andere aus seinem Kreis – nimmt diesen Totalitarismus hin und glaubt, dass selbst ein schlecht umgesetzter Sozialismus immer noch das bestmögliche System sei. Die Geschichte wird Albert recht geben. Davon bekommt der jedoch nichts mehr mit: Am 4. Januar 1960 stirbt er bei einem Autounfall in Südfrankreich.

Auge um Auge

Nach der Befreiung von Paris im August 1944 und dem Ende des Zweiten Weltkriegs 1945 gilt Sartre als einer *der* Schriftsteller des französischen Widerstands. Die Medien feiern ihn, die Jugend ist von ihm fasziniert. Der Existenzialismus wird zur Trend-Philosophie und liefert Antworten auf genau jene Fragen, die die vom Krieg verunsicherten Franzosen sich nun stellen. Auch in Simone hat der Krieg einen grundlegenden Wandel bewirkt: «Der Krieg hatte nicht nur meine Beziehung zu allem verändert, er hatte überhaupt alles verändert [...] Mit der Naivität eines Kindes, das an die absolute Vertikale glaubt, hatte ich gedacht, die Wahrheit der Welt stehe fest.»[27] Von wegen. Simone legt ihre Distanz und Passivität ab und beginnt endlich, sich für das zu interessieren, was um sie herum passiert. Und es passiert eine ganze Menge. So stellt sich unter anderem die Frage nach dem Umgang mit ehemaligen Kollaborateuren. Simone ist überrascht, als sie darum gebeten wird, eine Petition für Robert Brasillach zu unterschreiben: Brasillach, ein bekannter Journalist und Schriftsteller, hatte während des Krieges mit der deutschen Besatzungsmacht kollaboriert. Als Chefredakteur des Propagandablatts *Je suis partout* (dt. Ich bin überall) denunzierte er – komplett mit Namen und Adresse – oppositionelle Politiker, *Résistance*-Mitglieder und Juden. 1944 wird Brasillach festgenommen, im Januar 1945 findet der Prozess statt. Simone weigert sich, sich als Schriftstellerin mit Brasillach solidarisch zu erklären und das Gericht um Milde zu bitten, so wie es unter anderem Camus und die Schriftstellerin Colette getan haben. Am Prozess will sie aber trotzdem teilnehmen: «[M]eine Unterschrift hatte zwar kein Gewicht, und meine Weigerung war rein symbolisch gewesen. Doch selbst durch eine Geste übernimmt man eine gewisse Verantwortung, und es erschien mir allzu bequem, mich der meinen durch Gleichgültigkeit zu entziehen.»[28] Simone verfolgt den Prozess von der Pressetribüne und erlebt mit, wie Brasillach zum Tode verurteilt wird. Ihre Eindrücke und Gedanken verarbeitet sie in dem Artikel *Auge um Auge*. Darin beschäftigt sie sich mit den Ideen von Rache und Bestrafung; sie unterscheidet zwischen Rache um seiner selbst willen und Rache im Namen anderer. Generell hält Simone sich vom politischen Engagement aber fern. Zwar ist sie endlich dem C. N. E. beigetreten, nimmt an den Zusammenkünften jedoch nicht teil. Ihre alte Ausrede gilt noch immer: Reicht doch, wenn Sartre dabei ist. Simone und Sartre fühlen sich den Kommunisten nahe, wollen jedoch nicht in die Partei eintreten – ihre Unabhängigkeit ist ihnen wichtiger. Und sie haben ja auch so genug zu tun: Zusammen mit anderen gründen die beiden im Oktober 1945 die Zeitschrift *Les Temps Modernes*; der Titel ist eine Anspielung auf den Charlie-Chaplin-Film *Moderne Zeiten*. Die Zeitschrift hat eine literarisch-politische Ausrichtung, veröffentlicht Texte zu einer großen Bandbreite an Themen und mausert sich schnell zum Sprachrohr der Linksintellektuellen. Die Gründungsredaktion besteht aus Simone, Raymond Aron, Michel Leiris, Maurice Merleau-Ponty, Albert Ollivier und Jean Paulhan. Sartre fungiert als Herausgeber, mit den täglichen Aufgaben eines Redakteurs hat er nicht viel am Hut. In der ersten Ausgabe der *Temps Modernes* skizziert er im Editorial seine Vorstellung einer «engagierten Literatur»: Literatur, so Sartre, hat eine gesellschaftlich-politische Aufgabe, muss mehr bieten als nur literarischen Nutzen. Simone widmet sich weniger der theoretischen Ausrichtung der *Temps Modernes*, sondern geht in der redaktionellen Arbeit auf: Sie schreibt und redigiert Artikel, bestimmt die Agenda der Zeit-

schrift und kontaktiert mögliche Autoren: «In jener tasten-
den, brodelnden Periode der Wiedergeburt gab es unaufhörlich neue Fragen, die der Beachtung wert waren.»[29]

Intellektuelle in Frankreich

Irgendwie fühlt es sich an, als sei «der Intellektuelle» eine
genuin französische Erfindung. Das ist gar nicht mal so
falsch, denn der Begriff entsteht angeblich während der
französischen Dreyfus-Affäre: 1894 wird der jüdische Offizier Alfred Dreyfus wegen Landesverrat verurteilt und ver-
bannt – zu Unrecht, wie sich später herausstellt. Er habe für
die Deutschen spioniert und ihnen geheime militärische
Informationen weitergegeben, so der Vorwurf. Dreyfus
beteuert stets seine Unschuld, und seine Familie hört nie
auf, für sein Recht zu kämpfen. 1896 tauchen Beweise auf,
die Dreyfus entlasten und stattdessen auf Major Ferdinand
Walsin-Esterházy als den wahren Schuldigen hinweisen.
Doch der Versuch, eine Revision des Prozesses zu erreichen,
scheitert am Widerstand der Generäle und der Regierung.
Als Esterházy 1898 schließlich doch der Prozess gemacht
wird, weigern sich die Generäle, die gegen Dreyfus ausge-
sagt haben, ihre Aussagen zu widerrufen, und bringen sogar gefälschte Indizien vor, um Dreyfus' Schuld zu bewei-
sen. Esterházys Freispruch löst einen Sturm der Empörung
aus: Der Autor Émile Zola veröffentlicht in der Zeitung
L'Aurore seinen berühmten offenen Brief *J'accuse …!* (dt.
Ich klage an …!), der sich an Staatspräsident Félix Faure
richtet und Gerechtigkeit für Dreyfus fordert. Schnell spal-
ten sich Gesellschaft und Öffentlichkeit in *Dreyfusards* und
Anti-Dreyfusards, die Schuld oder Unschuld Dreyfus' wird

hitzig diskutiert – es geht um die Prinzipien der Republik. Der Politiker und *Dreyfusard* Georges Clemenceau bezeichnet die prominenten Unterstützer Dreyfus' in einem Artikel als *intellectuels*, er ist aber wohl nicht der Erste, der diesen Begriff verwendet. Wie dem auch sei, fest steht jedenfalls, dass der Begriff in der Folge eine negative Konnotation bekommt und Personen charakterisiert, die es an französischem Nationalstolz und Patriotismus mangeln lassen. So wie in den Augen ihrer Gegner eben die *Dreyfusards*. Deren Einsatz lohnt sich übrigens, Dreyfus wird 1899 begnadigt. Natürlich gab es auch schon vor der Affäre um den Offizier Intellektuelle in Frankreich, die hießen nur nicht so. Man denke zum Beispiel an Voltaire, Diderot und Rousseau, die Vordenker der französischen Aufklärung im 18. Jahrhundert. Als die Verkörperung *des* Intellektuellen *par excellence* gelten heute aber immer noch Personen wie Simone, Sartre und Camus. Im Rückblick wird da vieles verklärt, zu Lebzeiten waren diese Modell-Intellektuellen ja keineswegs unumstritten – was auch daran liegt, dass der Begriff «Intellektueller» selbst nicht klar definiert ist. Sartre verkörperte den engagierten Intellektuellen, der sich aktiv in gesellschaftliche und politische Diskussionen und Geschehnisse einmischt. Sein ehemaliger Kommilitone, Mitbegründer der *Temps Modernes* und späterer Lieblingsfeind Raymond Aron hingegen sah die Intellektuellen eher in der Rolle von engagierten Beobachtern. Noch heute haben Intellektuelle in Frankreich mehr zu sagen als im Nachbarland Deutschland – die Deutungshoheit über die großen gesellschaftspolitischen Fragen aber haben sie auch dort verloren. Zu den bekanntesten, aber auch umstrittensten französischen Intellektuellen dürften heute der Philosoph Bernard-Henri Lévy – auch BHL genannt – und der Schriftsteller Michel Houellebecq zählen: Bei BHL scheint es, als würde er mit seinem weit geöffneten Hemdkragen für mehr Gesprächsstoff sorgen als mit seinen brillanten philosophischen Analysen, während Houellebecq sich in Schweigen hüllt und mürrisch vor sich hin pafft. Aber wo, wenn nicht in Frankreich, hätten ein schillernder BHL, ein übellauniger Houellebecq oder ein übereifriger Sartre den Platz, der ihnen aktuell und im kollektiven Gedächtnis des Landes eingeräumt wird?

Moralische Fragen

Die Nachkriegsjahre in Frankreich sind chaotisch und emotional: Simone beschreibt die ideologischen und intellektuellen Grabenkämpfe 1954 in ihrem Roman *Die Mandarins von Paris*. Das Regierungssystem der Vierten Französischen Republik erweist sich als instabil, die Regierungsmehrheiten wechseln häufig. Hinzu kommt der Indochinakrieg auf dem Gebiet des heutigen Laos, Kambodscha und Vietnam: Seit 1946 kämpft die *Liga für die Unabhängigkeit Vietnams* in einem Guerillakrieg gegen die französische Kolonialmacht; Frankreich wird diesen Krieg 1954 verlieren. Von *politics as usual* kann im Nachkriegsfrankreich also keine Rede sein. Von Simone und Sartre wird immer häufiger und selbstverständlich erwartet, dass sie öffentlich zu allen möglichen politischen Themen Stellung beziehen. Simone ist zwar politisch nicht so engagiert wie Sartre, aber als Autorin eines gefeierten «existenzialistischen» Romans (das 1945 erschienene *Blut der anderen*) sowie als Redakteurin einer intellektuellen Zeitschrift steht sie nun ebenfalls im Rampenlicht. Simone ist das eher unangenehm – aber weil sie an die Richtigkeit der von Sartre entwickelten existenzialistischen Positionen glaubt, fügt sie sich ihrem Schicksal. Sie selbst fühlt sich wohler, wenn sie Politik nicht ständig in der Öffentlichkeit diskutieren muss und ihre Ideen und Theorien in Ruhe beim Schreiben entwickeln kann. Ganz aus der Politik raushalten kann sie sich aber nicht: Sie und Sartre sympathisieren mit dem *Rassemblement Démocratique Révolutionnaire*, einer von Georges Altman und David Rousset 1947 neugegründeten sozialistischen Bewegung.[30] Im Gegensatz zu Sartre hat Simone keine wirkliche Aufgabe innerhalb der Bewegung, sie wird von den Männern nur deshalb akzeptiert, weil sie Sartres Partnerin ist. Niemand erwartet von ihr, überhaupt eine eigene politische Meinung zu haben.[31] Hinzu kommt ihre Furcht vor öffentlichen Auftritten: Simone mag ihre eigene Stimme nicht, das Sprechen vor großen Menschenmengen macht sie nervös. Ein politisches Engagement wie das Sartres kommt für sie auch deshalb nicht in Frage.

Stattdessen fängt sie an, sich Gedanken über eine existenzialistische Moral zu machen. Das Ergebnis dieser Überlegungen ist der Essay *Für eine Moral der Doppelsinnigkeit* von 1947. Darin geht Simone davon aus, dass der Mensch ein «doppelsinniges» Wesen ist: Einerseits ist der Mensch in seinem Handeln frei, andererseits wird diese Freiheit durch gewisse Faktoren eingeschränkt, zum Beispiel das Geschlecht. Statt vor dieser Doppelsinnigkeit zu fliehen, muss man sie akzeptieren und als fundamentales Merkmal der Existenz begreifen. Nur dann kann man sich in Form von Projekten in die Zukunft transzendieren und das, was einem bereits gegeben ist, überschreiten.[32] Geht es um die Beziehung zu anderen Menschen, so macht Simone klar, dass so etwas wie «Solidarität» nicht einfach vorhanden ist, sondern geschaffen werden muss. Deshalb kann auch eine «humanistische» Politik nur scheitern – es gibt keine universellen Werte oder Prinzipien, die sich einer vermeintlich einheitlichen Menschheit überstülpen lassen. Man kann nicht im Interesse aller handeln, und man kann auch nicht Entscheidungen, die gewisse Menschen benachteiligen, mit dem Hinweis auf allgemeine Werte oder Prinzipien rechtfertigen. Das wäre zu einfach. Gleichzeitig bedeutet es nicht, dass das eigene Handeln, das Handeln von Politikern, nicht auf Werten basieren sollte. Nein, was Simone meint, ist, dass auch Werte und Leitprinzipien nicht als selbstverständlich hingenommen und stattdessen immer wieder hinterfragt werden sollten. Das macht es naturgemäß schwieriger, politische Entscheidungen zu treffen: In der Politik gibt es keine Entscheidungen, die zu hundert Prozent richtig sind – aber trotzdem müssen sie getroffen werden. Simone fordert, dass politische Entscheidungen nicht *a priori*, also von der Erfahrung unabhängig getroffen werden. Letztendlich sind Politiker auch nur Menschen, doppelsinnige Existenzen; ihre Entscheidungen und Urteile sind daher ebenfalls doppelsinnig und fehleranfällig, so wie alles menschliche Handeln. So sind politische Entscheidungen nur informierte und begründete Vermutungen, die von einem spezifischen Menschen in einer spezifischen Situation getroffen werden.[33] Simone fordert von Politikern nichts anderes als das, was sie – ganz Existenzialistin – von jedem Menschen fordert: eine ständige Hinterfragung angeblich allgemeingültiger Regeln und Normen sowie Selbstreflexion. Und ja, das ist genauso anstrengend, wie es klingt.

Von Amerika nach Algerien

Simone drängt es nach Ende des Krieges danach, die Welt besser kennenzulernen. 1946 reist sie für ein paar Vorträge nach Tunesien und Algerien, im Januar 1947 zum ersten Mal in die USA – für sie geht ein Traum in Erfüllung. Die Reise beeindruckt sie sehr, sowohl im positiven als auch im negativen Sinne: Simone ist fasziniert von dem *American way of life* und geschockt von der in den Südstaaten herrschenden Rassentrennung und der damit verbundenen Diskriminierung der Afroamerikaner. In ihrem Reisebericht *Amerika Tag und Nacht* hält sie ihre Beobachtungen fest:

«Auf den Türen der *restrooms* lesen wir auf einer Seite ‹*White Ladies*›, ‹*White Gentlemen*›, und auf der anderen Seite ‹*Coloured Women*›, ‹*Coloured Men*›. Man sieht nur Weiße in der großen Halle, die als Wartesaal dient: Die Schwarzen sind in einem kleinen Verschlag daneben zusammengepfercht. […] Zum ersten Mal sehen wir mit eigenen Augen diese scharfe Trennung, von der wir bisher nur gehört hatten – und so gut wir auch darauf vorbereitet waren: Etwas fällt wie eine Last auf unsere Schultern, es wird uns während unserer ganzen Reise durch den Süden nicht mehr verlassen. Unsere eigene Haut ist schwer und drückend geworden, und ihre Farbe verbrennt uns.»[34]

Ihre Erlebnisse mit Rassismus in den USA setzen bei Simone einen Denkprozess in Gang, der sich zwei Jahre später auch in ihrem Werk *Das andere Geschlecht* wiederfindet, an welchem sie zu diesem Zeitpunkt bereits arbeitet. Simone lehnt die Unterdrückung anderer Menschen konsequent ab, denn diese steht diametral allem gegenüber, wovon sie überzeugt ist. Andere Menschen der Freiheit zu berauben – das ist für Simone ein großes Verbrechen.

Richard Wright (1908–1960) –
Schriftsteller & Augenöffner

In seinem semiautobiographischen Buch *Black Boy* (1945) schreibt Richard Wright, während seiner Kindheit sei Lesen für ihn wie eine «Droge» gewesen – als er einmal damit anfing, konnte er nicht mehr aufhören. Später nutzt er selbst die Macht der Wörter, um gegen den Rassismus in den USA anzuschreiben, gegen Unterdrückung und Unmenschlichkeit. Sein Vater ist Baumwollpflücker, seine Großeltern wurden noch in die Sklaverei hineingeboren. Richard wächst in Mississippi und Arkansas auf und erfährt den dort herrschenden Rassismus, der einen bleibenden Eindruck auf ihn macht. Der Vater verlässt die Familie, als Richard gerade einmal sechs Jahre alt ist. Durch einige Umzüge und den Schlaganfall seiner Mutter sieht es mit regelmäßigen Schulbesuchen schlecht aus, vieles bringt Richard sich selbst bei. Mit 15 schreibt er seine erste Kurzgeschichte, die in einer örtlichen afroamerikanischen Zeitung veröffentlicht wird. 1927 zieht die Familie nach Chicago. Richard träumt vom Schreiben, studiert den Stil verschiedener Autoren und verdient derweil sein Geld als Postbeamter, Straßenfeger und Tellerwäscher. Er fühlt sich zum Kommunismus hingezogen, tritt 1933 der kommunistischen Partei bei (und knapp neun Jahre später wieder aus). Er beginnt, zahlreiche proletarische Gedichte für linksorientierte Magazine zu schreiben, arbeitet mit dem *National Negro Congress* zusammen, veröffentlicht Essays sowie 1936 die Geschichte *Big Boy Leaves Home*. Nicht alle afroamerikanischen Kommunisten nehmen ihn mit offenen Armen auf: Einigen ist er zu bourgeois, zu intellektuell. 1937 zieht Richard nach New York und erlangt 1938 mit seiner Geschichtensammlung *Uncle Tom's Children* einige Aufmerksamkeit. Sein 1940 veröffentlichter Roman *Native Son* macht den jungen Afroamerikaner endgültig bekannt: Hier schreibt ein schwarzer Autor über das Tabuthema Rassismus und wählt dafür auch noch einen schwarzen Helden, der kaum als Vorbild taugt. 1945 erscheint *Black Boy*, ein Bestseller, in dem Richard von seiner Kindheit als afroamerikanischer Junge im Süden der USA berichtet. Der afroamerikanische Schriftsteller und Bürgerrechtlicher James Baldwin nennt Richard den «größten schwarzen Autor der Welt». 1946 zieht Richard mit seiner zweiten Frau Ellen und Tochter Julia nach Paris, erst vorübergehend, dann dauerhaft. Grund dafür ist neben dem alltäglichen Rassismus auch die spätere Kommunistenhetze der McCarthy-Ära. In Paris lernt Richard Sartre und Simone kennen: Man versteht sich gut, eine Freundschaft entsteht. Während ihres ersten USA-Aufenthalts 1947 sieht Simone die Wrights, die für eine Stippvisite zurück in New York sind, so oft wie möglich. Sie bekommt die Blicke mit, die dem Paar – Ellen ist weiß – zugeworfen werden, diskutiert mit Richard ausführlich die Situation der Afroamerikaner und liest interessiert *Black Boy*. Viele ihrer Eindrücke wird Simone in *Das andere Geschlecht* verarbeiten, sie sieht einige Parallelen zwischen der Lage der Afroamerikaner und der Lage der Frauen. Genau wie Richard nutzt auch sie die Macht der Wörter, um die Position einer gesellschaftlichen Gruppe zu verbessern – oder es zumindest zu versuchen.

«Die Weißen sind es, die ihnen ihren Platz zuweisen, und ihre Lebenshaltung wird bestimmt durch die von der weißen Majorität geschaffene Situation.»[35]

Kein Wunder also, dass der Algerienkrieg sie ebenfalls tief bewegt. Von 1954 bis 1962 wird er hauptsächlich zwischen dem französischen Militär und der algerischen Unabhängigkeitsbewegung (*Front de Libération Nationale*, FLN) ausgetragen; die FLN kämpft in einem Bürgerkrieg außerdem noch gegen algerische Unabhängigkeitsgegner. 1954 startet die FLN eine Offensive – ihre Methode: Guerilla-Angriffe und terroristische Aktionen. Das französische Militär greift hart durch und macht sich dabei zahlreicher Menschenrechtsverletzungen schuldig. Simone und Sartre stehen, wie viele andere Linksintellektuelle, auf der Seite der algerischen Unabhängigkeitsbewegung. Politisch aktiv werden beide 1960, davor haben sie aber bereits mehrere kritische Artikel von Francis Jeanson zur französischen Algerienpolitik in *Les Temps Modernes* veröffentlicht und das *Manifest der 121* unterzeichnet, in dem Intellektuelle, Universitätsangehörige und Künstler die Haltung Frankreichs gegenüber der algerischen Unabhängigkeitsbewegung kritisieren. Im Gegensatz zu Jeanson finden Simone und Sartre die Methoden der FLN fragwürdig und können sich lange nicht zu einer offenen Unterstützung der FLN durchringen. Doch letztlich lassen sie sich überzeugen:

«Da es der Linken nicht gelungen war, ihre Ziele auf legale Weise zu erreichen, blieb einem, wenn man an seinen antikolonialistischen Überzeugungen festhalten und sich von jeder Mitschuld an diesem Krieg lossagen wollte, nichts anderes übrig, als sich für die Untergrundbewegung zu entscheiden.»[36]

Simone kann sich für sich selbst jedoch nicht vorstellen, zur FLN-Kämpferin zu werden. Ehrlich gesteht sie ein: «Ich bin kein Mensch der Tat. Mein Daseinszweck ist das Schreiben. Um ihn zu opfern, müsste ich mir einbilden können, anderswo unentbehrlich zu sein.»[37]

Doch auch mit Schreiben kann man eine Menge bewegen, und Simone hat mittlerweile einen solchen Status erreicht, dass ihre Stimme gehört wird. 1960 wird sie von einer engagierten Anwältin kontaktiert: Gisèle Halimi vertritt Djamila Boupacha, eine junge Algerierin, die der Spionage angeklagt wird. In der Haft ist Boupacha von französischen Soldaten gefoltert und mit einer Flasche vergewaltigt worden. Halimi möchte, dass Simone einen Artikel darüber schreibt – die sagt sofort zu. Sie schickt ihren Artikel an *Le Monde*, und dort ist man entsetzt über Simones wiederholten Gebrauch des Wortes «Vagina». Der zuständige Redakteur versucht sie dazu zu bringen, es doch lieber durch «Bauch» zu ersetzen. Als seien diese beiden Dinge auch nur annähernd dasselbe. Simone weigert sich, aus «Vagina» wird im gedruckten Text trotzdem «Unterleib». Ein Problem ist, dass Simone in ihrem Artikel wörtlich aus dem Gerichtsprotokoll zitiert – das ist verboten, und so wird die entsprechende Ausgabe von *Le Monde* beschlagnahmt. Simone und Gisèle Halimi stört das nicht, schließlich bekommt ihr Anliegen so nur noch mehr Aufmerksamkeit. Die beiden gründen ein Komitee zur Verteidigung Djamila Boupachas, mit Simone als Vorsitzender. Halimi fasst den Fall in einem Buch zusammen, zu dem Simone das Vorwort beisteuert und Pablo Picasso die Titelzeichnung: *Djamila Boupacha* erscheint 1962, Simone teilt sich mit Halimi die Verantwortung als Autorin. Denn sich öffentlich für die algerische Unabhängigkeit zu engagieren, ist gefährlich – die gesellschaftliche Stimmung ist aufgeheizt, französische Nationalisten stehen angeblichen «Vaterlandsverrätern» gegenüber. Auf Sartres Wohnung wird ein Bombenanschlag verübt, und so verlässt auch Simone aus Sicherheitsgründen ihre Wohnung. Als sie einen Tag nach Erscheinen des Boupacha-Buchs zu ihrer alten Wohnung geht, um die Post zu holen, kommt ihr das Hausmeister-Ehepaar aufgeregt entgegen: Jemand habe sie angerufen und gedroht: «Achtung, Achtung! Heute Nacht fliegt Simone de Beauvoir in die Luft!»[38] Trotz Gefahr hat sich der Einsatz für Boupacha gelohnt, die Algerierin kommt dank einer Amnestie frei. Auch an anderen Fronten kämpft Simone für die algerische Unabhängigkeit: 1961 machen sie und Sartre Kampagne gegen den neuen französischen Präsidenten Charles de Gaulle und dessen *Referendum zur Selbstbestimmung Algeriens*. De Gaulle favorisiert eine Lösung, bei der Algerien teilselbständig wird, mit politischer Anbindung an Frankreich. Für Simone und Sartre kommt jedoch alles andere als die völlige Unabhängigkeit Algeriens nicht in Frage, und sie rufen die Franzosen dazu auf, bei dem Referendum mit «Nein» zu stimmen. Zwar setzt de Gaulle sich mit seiner Algerien-Lösung zunächst durch, am 18. März 1962 aber werden die Verträge von Évian unterzeichnet – Algerien ist unabhängig.

Alles neu macht der Mai

In den 1950er und 1960er Jahren entdeckt Simone also – endlich, könnte man sagen – ihre Verantwortung als Intellektuelle. Sie bringt sich aktiv ein, demonstriert gegen den Vietnamkrieg und nimmt an Friedenskongressen teil. Besonders im Ausland sind Simone und Sartre als *die* Vorzeige-Intellektuellen gefragt. In ihrer Heimat hingegen zählen sie schon längst nicht mehr zum Kreis der angesagten Idole: Der Existenzialismus gilt als passé, angesagt sind nun die Poststrukturalisten Foucault, Derrida und Barthes. Zusammen mit Sartre reist Simone durch ganz Europa, nimmt an Schriftstellerkongressen teil, führt Gespräche mit verschiedenen Dissidentengruppen oder besucht auf Einladung von Regierungen zahlreiche Länder. 1960 fliegen Simone und Sartre nach Kuba, welches ihnen, wie so vielen anderen Intellektuellen, als sozialistisches Paradies erscheint. Zwischen 1962 und 1966 reist das Paar jedes Jahr in die Sowjetunion, in China sind sie bereits 1955 gewesen. Im Mai und November 1967 nehmen Simone und Sartre an den Sitzungen des Russell-Tribunals in Stockholm und Kopenhagen teil: Dieses Tribunal wurde 1966 von dem britischen Philosophen, Mathematiker und Literaturnobelpreisträger Bertrand Russell ins Leben gerufen und hat zum Ziel, die US-amerikanischen Kriegsverbrechen in Vietnam zu untersuchen und zu verurteilen. Aber auch in Frankreich mischen sich Simone und Sartre weiter ein: Sie unterstützen die radikale und militante linke Zeitschrift *La Cause du Peuple*. Als im Januar 1968 die Druckerei der Zeitschrift von der Polizei umstellt und mehrere Verkäufer festgenommen werden, verteilen Simone, Sartre und andere das Organ der *Gauche prolétarienne* – eine maoistische Sponti-Organisation – eigenhändig in den Straßen von Paris.

«*Ich habe mich oft gefragt, wo ich meinen Platz gefunden hätte, wenn ich nicht mit Sartre liiert gewesen wäre. Sicherlich in der Nähe der Kommunisten, aus Abscheu vor allem, was sie bekämpften. Andererseits liebte ich die Wahrheit viel zu sehr, als dass ich nicht das Recht beansprucht hätte, ihr ungehindert nachzugehen.*»[39]

Dann bricht der Mai 1968 an. In Paris ist es bereits 1967 zu Studentenprotesten gekommen: Die Studierenden forderten bessere Studienbedingungen und kritisierten den von Staatspräsident Charles de Gaulle verkörperten konservativen Gaullismus. Beeinflusst werden diese gesellschaftlichen Diskurse durch die Hippiebewegung, die aus den USA nach Frankreich schwappt. Simone trifft sich schon seit längerem regelmäßig mit Studentinnen der Universität Nanterre. Letztere befindet sich westlich von Paris und ist mehr oder weniger aus dem Boden gestampft worden, um Klagen über den Kapazitätsmangel an Pariser Unis entgegenzuwirken. Die Studentinnen beschäftigen sich mit *Das andere Geschlecht*, und Simone diskutiert nur allzu gerne mit ihnen darüber. So ist sie auch über die aktuellen Entwicklungen und die Stimmung an den Unis auf dem Laufenden. Am 22. März 1968 kommt es zu gewalttätigen Auseinandersetzungen an der Uni Nanterre, eine Gruppe linker Studierender, darunter der spätere Grünen-Politiker Daniel Cohn-Bendit, gründet die radikale *Bewegung 22. März*. Im Mai verschärfen sich die Unruhen, Nanterre wird geschlossen, und an der Sorbonne protestieren die Studierenden dagegen. Im Quartier Latin kommt es zu Straßenschlachten zwischen Demonstranten und der Polizei, Hunderte von Menschen werden festgenommen, die Sorbonne wird geschlossen. Die Proteste sind Ausdruck der tiefen Unzufriedenheit junger Franzosen mit den herrschenden gesellschaftlichen und politischen Umständen: Charles de Gaulle repräsentiert einen autoritären Konservatismus, Technokratie und Materialismus breiten sich nach Meinung vieler junger Menschen in Frankreich aus. Hinzu kommt, dass es Frankreich erstmals seit Ende des Zweiten Weltkriegs wirtschaftlich wieder schlechter geht: Die Arbeitslosenzahlen steigen, viele junge Menschen machen sich Sorgen um ihre Zukunft und fordern deshalb eine Demokratisierung des französischen Unisystems, Zugang zur höheren Bildung für alle. Simone fühlt sich solidarisch mit den Demonstranten und Studierenden, sie unterstützt ihre Forderungen und unterzeichnet zusammen mit Sartre, Colette Audry, Michel

Leiris und anderen am 8. Mai einen Aufruf an die Arbeiter-
klasse, diese solle sich gemeinsam mit den Intellektuellen hinter die Studierenden stellen.[40] Doch obwohl sie den Mai 1968
unmittelbar miterlebt und die Ziele der Studentenbewegung
teilt, schreibt sie später in ihren Memoiren:

«Ich gestehe, dass ich nicht zu den Intellektuellen gehöre,
die der Mai 1968 nachhaltig erschüttert hat. Der Widerspruch
zwischen den universellen Zielen des Intellektuellen und dem
Partikularismus, in den er sich eingeschlossen sieht, dieser
Widerspruch, auf den Sartre hingewiesen hat, war mir schon
1962 bewusst geworden, als ich *La force des choses* (In den besten Jahren, Anm.) abschloss.»[41]

Sprich, weder bietet der Mai 1968 Simone neue Erkenntnisse, noch überrascht er sie. Aber: Sie knüpft in dieser Zeit
viele neue Kontakte, insbesondere zu jungen Frauen. Aus diesen Kontakten schöpft sie Mut und Kraft für ihren Einsatz in
den kommenden Jahren, insbesondere für ihr feministisches
Engagement.

In anderer Hinsicht jedoch bietet das Jahr 1968 durchaus
neue Erkenntnisse – oder bestätigt eher Dinge, die Simone
und Sartre schon lange wussten, bisher aber nicht wahrhaben
wollten: Als sie im August von der brutalen Niederschlagung
des Prager Frühlings durch das sowjetische Regime erfahren,
brechen die beiden endgültig mit der Sowjetunion. Oder? Im
November fliegen Simone und Sartre nach Prag, wo Sartres
Stücke *Die Fliegen* und *Die schmutzigen Hände* aufgeführt
werden. Sie sprechen mit verschiedenen Intellektuellen und
kommen zu dem Schluss: «[D]er tschechische Frühling hatte
sich nicht gegen den Sozialismus gerichtet.»[42] Zwar sind
die beiden vom russischen Regime enttäuscht, genauso wie
von Fidel Castros enthusiastischer Unterstützung der sowje-

tischen Intervention in Prag; sie halten aber an dem Glauben fest, dass nicht der Sozialismus das Problem ist, sondern der Stalinismus – da ist Stalin wohlgemerkt schon 15 Jahre tot. Gleichzeitig sind ihnen die Augen geöffnet worden, sie können die Entwicklungen in der Sowjetunion nicht länger ignorieren. Im Mai 1971 notiert Simone ernüchtert: «Die sowjetischen Politiker haben alle unsere Hoffnungen enttäuscht.»[43]

5 politische Reisen von Simone und Sartre

Kuba
Wann: 1960
Warum: Um die kubanische Revolution zu erleben
Wo: Havanna, Trinidad, Santiago
Was Simone sagt: «‹Das sind die Flitterwochen der Revolution›, sagte Sartre zu mir. Kein Apparat, keine Bürokratie, sondern ein direkter Kontakt zwischen der Führung und dem Volk und eine Fülle etwas wirrer Hoffnungen. Es würde nicht lange dauern, war aber erquickend.»[44]
Glamour-Faktor: hoch, Simone trifft die damaligen Posterboys des Marxismus, Che Guevara und Fidel Castro

Sowjetunion
Wann: Zwischen 1962 und 1966 (jährlich)
Warum: Um den lebendigen Sozialismus mit eigenen Augen zu sehen und den Austausch zwischen Schriftstellern aus Ost und West in Form von jährlichen Schriftstellerkongressen zu fördern
Wo: u. a. Moskau, Leningrad und Sotschi (Russland), Simferopol und Jalta (Krim), Tbilissi (Georgien), Eriwan (Ar-

menien), Kiew und Odessa (Ukraine), Tallin und Tartu (Estland), Vilnius und Kaunas (Litauen)

Was Simone sagt: «Nirgendwo in der UdSSR ist das Leitungswasser trinkbar, außer in Moskau, wo es einen ausgesprochenen Pfefferminzgeschmack hat, der jedoch nicht unangenehm ist.»[45]

Glamour-Faktor: niedrig, aber immerhin präsentiert Nikita Chruschtschow persönlich sein von einer Glaswand umgebenes Schwimmbad, das er per Knopfdruck öffnen kann[46]

Japan

Wann: 1966

Warum: Simones und Sartres japanischer Verleger und die Universität Keiō laden das Paar ein, Vorträge zu halten und Japan kennenzulernen

Wo: u. a. Tokio, Kyoto, Osaka, Nagasaki, Hiroshima

Was Simone sagt: «Man hat mir gesagt, es gebe in Tokio mehrere Arbeitslager, in denen ein Unterproletariat kümmerlich sein Dasein fristet. Offenbar kam es nicht in Frage, dass wir sie besichtigten.»[47]

Glamour-Faktor: mittel bis hoch, die Reisenden werden zuvorkommend behandelt und hofiert

Schweden und Dänemark

Wann: 1967

Warum: Das erste Russell-Tribunal, an dem Simone und Sartre teilnehmen, tagt; es geht um die Untersuchung und Dokumentation US-amerikanischer Kriegsverbrechen in Vietnam

Wo: Stockholm und Kopenhagen

Was Simone sagt: «Trotz einiger Unannehmlichkeiten waren wir von unserer Aufgabe begeistert, wir kamen täglich ein Stück weiter. Unsere Mutmaßungen wurden zur Gewissheit, unsere Gewissheit wurde mit vielen tragischen Bestätigungen untermauert.»[48]

Glamour-Faktor: eher niedrig, das Tribunal tagt in einem großen Saal und muss sich dort laut Simone mit unangenehm blendendem Scheinwerferlicht[49] sowie unterschwelligen Konflikten zwischen den Teilnehmern herumschlagen

Israel
Wann: 1967
Warum: Um sich selbst ein Bild von dem israelisch-palästinensischen Konflikt zu machen
Wo: u. a. Tel Aviv, Jaffa, verschiedene Kibbuze, Nazareth, Galiläa, Jerusalem
Was Simone sagt: «Die beiden Probleme, die mich am meisten interessierten, waren die Lage der Frauen und die Haltung der Jungen (Menschen, Anm.).»[50]
Glamour-Faktor: mittel; neben Diskussionen über die Lage der Araber in Israel bleibt trotzdem noch jede Menge Zeit für Ausflüge

Eine öffentliche Intellektuelle

In den 1970ern und 1980ern engagiert Simone sich in der Frauenbewegung, unterstützt Dissidenten und Oppositionelle, unterschreibt Petitionen, demonstriert und protestiert. So stellt sie ihre Berühmtheit in den Dienst politisch-gesellschaftlicher Bewegungen und Anliegen, in einem Maße, wie sie es früher nie getan hätte. Simone ist sich ihrer Privilegien als anerkannte und gutverdienende Schriftstellerin sehr bewusst und versucht immer, diese Privilegien zum Wohle anderer zu nutzen. Ihre Worte haben Gewicht, sie wird gehört. Und sie will gehört werden: Simones Engagement ab den 1960er Jahren steht in scharfem Kontrast zu ihrer Haltung vor und während des Zweiten Weltkriegs. Schuldgefühle wegen ihrer früheren Gleichgültigkeit spielen auf jeden Fall eine Rolle bei Simones nun nahezu unermüdlichem Einsatz für Freiheit, Gleichheit und Gerechtigkeit. Das zeigt sich gerade auch beim Thema Holocaust: Simone, die während des Zweiten Weltkriegs kaum mehr als Irritation gegenüber den Problemen ihrer jüdischen Freundin Bianca empfand, unterstützt enthusiastisch ihren Ex-Partner Claude Lanzmann während dessen Arbeit an der Monumental-Doku *Shoah*. Lanzmann erinnert sich:

«Nach der Premiere von *Shoah* im April 1985 schrieb Simone de Beauvoir dann einen Artikel, der auf der ersten Seite von Le Monde erschien und entscheidend war für den Weg des Werks, einen großartigen Text, der heute das Vorwort zu dem Buch *Shoah* bildet [...].»[51]

Simone reist nach Israel, macht sich selbst ein Bild vom israelisch-palästinensischen Konflikt. Sie hört nie auf, dazuzulernen und sagt selbst: «Mein Engagement auf politischem Gebiet war immer ein Ausdruck der Ideen, die sich im Laufe meines Lebens in mir entwickelt hatten.»[52]

Lange hadert Simone mit ihrer Rolle als öffentliche Intellektuelle, vielleicht auch deshalb, weil sie oft nur als «Begleiterin» Sartres wahrgenommen wird. Sie reist mit ihm um die Welt und ist für ihn Aufpasserin, Organisatorin und Krankenpflegerin in einem. Im Prinzip hat Simone gegen diese «Aufgabenteilung» – der politisch engagierte Sartre im Vordergrund, sie als Unterstützerin im Hintergrund – nichts einzuwenden. Ein bisschen beengend ist diese aber wohl trotzdem, und vor allem ist Simone sich bewusst, wie hoch die Erwartungen an sie und Sartre sind. So hat sie

«mit Besorgnis und einem gewissen Bedauern die Berühmtheit über Sartre hereinbrechen und meinen Namen bekannt werden sehen. Die Sorglosigkeit ging an dem Tag verloren, da wir zu öffentlichen Persönlichkeiten wurden und gezwungen waren, dieser objektiven Rolle Rechnung zu tragen.»[53]

Mit ihren Äußerungen und Haltungen haben die beiden sich oft Feinde gemacht – während ihres Einsatzes für die algerische Unabhängigkeit galten sie als «Anti-Franzosen», wurden beschimpft und bedroht. Und nicht immer lagen Simone und Sartre mit ihren politischen Einschätzungen richtig. China erscheint ihnen 1955 als eine Art Modellland für den funktionierenden Sozialismus – Simones euphorisch-naiver Reisebericht *China. Das weitgesteckte Ziel* zählt zum Schlechtesten, was sie jemals geschrieben hat. Auch vom sowjetischen Regime lässt das Paar sich blenden. Wobei nicht ganz klar ist, ob Simone die Sowjetunion wirklich so unkritisch sah, oder ob sie lediglich Sartre in dessen Haltung unterstützen wollte. Denn auch wenn sie ihren eigenen Kopf hatte und ihr politisches Engagement sich sehen lassen kann: In der Öffentlichkeit Sartre zu widersprechen, wäre für Simone nie in Frage gekommen. Die beiden präsentierten eine geschlossene Front. Generell verfügte Simone jedoch über eine natürliche Skepsis und Zurückhaltung, gerade in politischen Dingen – ein klarer Gegensatz zum leicht entflammbaren Sartre. Obwohl der als *der* politische Philosoph galt und viel mehr in der Öffentlichkeit stand als seine Partnerin, so sind es doch Simones politisch-philosophische Schriften, die den Test der Zeit bestehen. Sei es ihr monumentales Werk *Das andere Geschlecht*, ihre Überlegungen zur Moral in *Pyrrhus und Cineas* und *Für eine Moral der Doppelsinnigkeit*, ihre Romane *Das Blut der anderen* und *Die Mandarins von Paris*: In diesen Texten stecken sehr moderne Gedanken, die auch heute nichts von ihrer Aktualität verloren haben, Gedanken zu Moral, zu Freiheit, zu Verantwortung. Allein *Das andere Geschlecht* hat etwas in Gang gesetzt, dessen Wirkungen jetzt noch zu spüren sind. Simone mag lange Zeit passiv das Weltgeschehen verfolgt haben, war keine Widerstandskämpferin und lag nicht immer richtig mit ihren politischen Einschätzungen. Aber: Sie war stets bereit, dazuzulernen, Fehler einzugestehen, ihre Berühmtheit in den Dienst der guten Sache zu stellen. Und als sie einmal beschlossen hatte, sich einzubringen, tat sie es entschieden und mit voller Wucht. Nichts zeigt das besser als ihr Einsatz für Frauenrechte.

TEIL VI

Kämpfen

«Ich war eine Ausnahmefrau, und –
ich habe es akzeptiert.»[1]

Chronik

1948 Auszüge aus *Das andere Geschlecht* erscheinen in
Les Temps Modernes

1949 Mai: *Die sexuelle Initiation der Frau* erscheint auf
der Titelseite von *Les Temps Modernes*
Das andere Geschlecht erscheint in zwei Teilen im
Mai und Oktober

1953 *The Second Sex* erscheint in den USA

1970 Erste offizielle Aktion der neuen französischen
Frauenbewegung

1971 Simone unterzeichnet das *Manifest der 343*
Beginn des Einsatzes für das Recht auf
Abtreibung
Präsidentin von *Choisir la cause des femmes*

1972 Simone tritt im Abtreibungsprozess von Bobigny
als Zeugin auf

1973 Gründung der Rubrik *Le sexisme ordinaire* in
Les Temps Modernes

1974 Simone wird Vorsitzende der französischen
Frauenrechtsliga

1975 Durch das *Loi Veil* wird Abtreibung in Frankreich
legalisiert

1977 Simone wird Herausgeberin von *Questions
féministes*

1983 Simone tritt der *Commission Femme et Culture* bei

Tuscheln, Gekicher, abschätzende Blicke, lautes Gelächter. «*C'est elle*, das ist sie, Simone de Beauvoir!» – «Die, die so schlüpfrig und anstößig über Frauen schreibt?» – «Genau die! Es heißt, sie ist sexuell unbefriedigt. Oder vielleicht lesbisch?». Simone versucht, sich nichts anmerken zu lassen. Sie will in Ruhe mit ihrem *lover* Nelson Algren, der sie in Paris besucht, ein Essen im *Nos Provinces* am Boulevard Montparnasse genießen. Doch nichts da. Simone lächelt Algren angespannt zu. Der versteht Französisch nicht besonders gut – den von der benachbarten Tischrunde herüberschwappenden Hohn aber schon. Als er Simone 1947 in Amerika kennenlernte, war sie in Frankreich eine mehr oder weniger bekannte Schriftstellerin und Existenzialistin. Jetzt, 1949, ist seine Freundin berühmt. Und all das wegen eines Buches über Frauen: *Das andere Geschlecht*.

Was es bedeutet, eine Frau zu sein

Das monumentale Werk ist eigentlich ein Zufallsprodukt, es entsteht quasi aus Versehen. 1946 hat Simone gerade ihren philosophischen Essay *Für eine Moral der Doppelsinnigkeit* abgeschlossen und ist auf der Suche nach einem neuen Projekt. Ideenlos und frustriert sitzt sie im *Les Deux Magots* und starrt auf ein leeres Blatt Papier. Der hereinkommende Künstler Alberto Giacometti bemerkt die Gewitterwolken, die Simones Gemüt verdüstern. «Warum machen Sie denn so ein böses Gesicht?», fragt er Simone. «Weil ich schreiben möchte und nicht weiß, was ich schreiben soll», sagt die.[2] Doch eigentlich reift in ihr schon länger eine Idee: Sie möchte über sich selbst schreiben. Michel Leiris' autobiographischer Essay *Mannesalter* (erschienen 1939) hat ihr gut gefallen, und sie beschließt, es ebenfalls mit einer Autobiographie zu versuchen. Zuerst will sie danach fragen, was es für sie bedeutet, eine Frau zu sein – und glaubt, mit der Antwort darauf schnell fertig zu sein, denn: «Gewiss bedauerte ich nicht, eine Frau zu sein; ich zog im Gegenteil große Befriedigung daraus.»[3] Sie hat das Frausein schlicht nie als Nachteil erfahren. Sartre erklärt sie, es habe für sie einfach nie eine Rolle gespielt. Doch Sartre, wie immer kritisch, gibt zu bedenken: «Trotzdem sind Sie nicht so erzogen worden wie ein Junge: Das muss man genauer untersuchen.»[4] Also untersucht Simone und macht eine erstaunliche Entdeckung: «Diese Welt ist eine Männerwelt, meine Jugend wurde mit Mythen gespeist, die von Männern erfunden worden waren, und ich hatte keineswegs so darauf reagiert, als wenn ich ein Junge gewesen wäre.»[5] Simone kann es nicht fassen – wie konnte ihr diese Tatsache so lange entgehen? Ihr Erstaunen und Interesse sind so groß, dass sie den Plan einer autobiographischen Erzählung fallenlässt und sich in die Recherchen für einen längeren Essay stürzt, in dem sie die allgemeine Lage der Frau analysieren will. Simone arbeitet sich in der Pariser Bibliothèque Nationale durch die Literatur, entdeckt Mythen und Vorurteile, Diskriminierung und Ungleichheit. Sie, die sich vorher nie wirklich mit ihrem Geschlecht auseinandergesetzt hat, macht nun eine für sie bahnbrechende Entdeckung nach der anderen: «Es ist merkwürdig und es ist anregend, mit vierzig Jahren plötzlich einen Aspekt der Welt zu entdecken, der in die Augen springt und den man vorher nicht gesehen hat.»[6] Tatsache ist, dass Simone in den Pariser Kreisen, in denen sie sich bewegt, anerkannt ist wie ein Mann. Das liegt vor allem an ihrer Intelligenz, aber auch an dem französischen Universitätssystem, das Simone durchlaufen hat: Schon von ihren Kommilitonen wurde Simone ohne jegliche Herablassung behandelt, weil sie schlicht keine Konkurrenz darstellte. Beim *Concours*, der wettbewerbsbetonten Prüfung für angehende Gymnasiallehrer, wurden Frauen zwar nach den gleichen Maßstäben bewertet wie Männer, sie wurden aber zusätzlich zur begrenzten Anzahl von Plätzen für Männer zugelassen. So nahmen die zum *Concours* zugelassenen Frauen den Männern keine Plätze weg, es gab keine Rivalität.[7] Auch die Beziehung mit Sartre basiert auf Partnerschaft und gegenseitiger Anerkennung. Hinzu kommt, dass Simone sich für ein Leben der *Bohème* entschieden hat – es gibt keine Kinder, keine häuslichen und ehelichen Verpflichtungen, die sie in die Rolle der «Frau» drängen würden.

> **«Dass ich eine Frau bin, hat mich in keiner Weise behindert.»**[8]

Kein Wunder also, dass Simone, was das Geschlechterverhältnis angeht, lange naiv durchs Leben wandelte. Umso eifriger ist sie nun bemüht, *die* Frau unvoreingenommen zu betrachten und zu untersuchen. An Algren schreibt sie:

«Ich habe es Ihnen schon erzählt, ich habe nie darunter gelitten, eine Frau zu sein, und wie Sie wissen, bin ich manchmal sogar froh darüber. Wenn ich jedoch andere Frauen um mich herum sehe, stelle ich fest, dass sie sehr spezifische Probleme haben; und es wäre interessant zu untersuchen, inwiefern sie spezifisch sind.»[9]

Simone braucht weibliches Anschauungsmaterial, ihre Pariser Freundinnen und Bekannte wie Stépha und die Kosakiewicz-Schwestern haben allerdings einen ähnlich liberalen Lebenswandel wie sie – sie sind Schauspielerinnen und Künstlerinnen, keine entspricht dem Prototyp der «abhängigen Frau».[10] Also nutzt Simone ihren ersten USA-Besuch

1947 für die Feldforschung. Ungehemmt fragt sie die verschiedensten Frauen über ihre individuellen Situationen aus, will von ihren Träumen bis zur Frage der Verhütung alles wissen. Ihre Beobachtungen über die Amerikanerinnen hält sie auch in ihrem Reisebericht *Amerika Tag und Nacht* (1950) fest: «Der gesellschaftliche Erfolg einer Frau hängt in einem hohen Maß vom Luxus ihrer äußeren Erscheinung ab – eine entsetzliche Sklaverei für die Armen. […] Tatsächlich ist die Toilette (die Körperpflege, das Ankleiden, Anm.) der Europäerin weniger unterwürfig.»[11] Simone, die sich die USA immer als Land der Freiheit und die Amerikanerin als emanzipierte Frau vorgestellt hat, ist enttäuscht von vielem, was sie sieht:

«Mehr noch als in Frankreich habe ich in hiesigen Frauenzeitschriften lange Artikel über die Kunst des Männerangelns gelesen und darüber, wie man den Mann in die Falle lockt. Ich sah, dass die *college girls* kaum eine andere Sorge hatten als die, einen Mann zu kriegen, und dass der Ledigenstand hier noch schiefer angesehen wird als in Europa.»[12]

So viel anders ist das heute auch nicht. Der Vergleich zwischen Frankreich und Amerika wird in *Das andere Geschlecht* eine große Rolle spielen, das zeigt sich auch in den Parallelen, die Simone zwischen der Situation der Afroamerikaner und der der Frauen zieht. Der offene Rassismus, dem sie auf ihren USA-Reisen begegnet, schockiert Simone. Von ihrem afroamerikanischen Freund, dem Schriftsteller Richard Wright, holt sie sich viele Beobachtungen und theoretische Anregungen zur «Rassenfrage». Großen Eindruck macht auf sie die Studie des schwedischen Wirtschaftswissenschaftlers und Nobelpreisträgers Gunnar Myrdal *An American Dilemma: The Negro Problem and Modern Democracy* von 1944: Auf über 1500 Seiten analysiert dieser, auf welch vielfältige Art und Weise Afroamerikaner in den USA benachteiligt und unterdrückt werden. Beeindruckt schreibt Simone an Nelson Algren: «Ich möchte gerne ein ebenso wichtiges Buch schreiben wie dieses große über die Schwarzen; Myrdal weist auf viele sehr interessante Analogien zwischen dem Status der Neger und dem der Frau hin – ich hatte das bereits geahnt.»[13]

Die Schmach des französischen Mannes

In nur zwei Jahren – mit Unterbrechungen – schreibt Simone ihren Text über die Frauen, den sie Algren gegenüber scherzhaft ihr «Kind» nennt.[14] Die Geburt zieht sich hin: Von Mai bis Juli 1948 erscheint in *Les Temps Modernes* in mehreren Teilen der Text *Die Frau und die Mythen* und bringt einige empfindliche Männerseelen gehörig durcheinander. Der eigentliche Skandal folgt jedoch erst im Mai 1949, als *Les Temps Modernes* auf der Titelseite ein Kapitel aus dem geplanten zweiten Band von *Das andere Geschlecht* abdruckt. Überschrift: *Die sexuelle Initiation der Frau*. Uiuiui. Der erste Band des Buches ist noch nicht einmal erschienen, die Empörung aber bereits groß. Simone stellt fest: «Man warf mir so vieles vor: eigentlich alles!»[15] Da sind zunächst die Männer, «äußerst aktive Angehörige des ersten Geschlechts»[16], die sich durch die Textauszüge persönlich angegriffen fühlen. Sie werfen Simone in zahlreichen Briefen, anonym und signiert, vor, wahlweise sexuell unbefriedigt oder nymphoman zu sein, lesbisch oder frigide. Für Hass-Kommentare braucht es eben nicht unbedingt das Internet. Angeblich soll Simone ein heimliches Kind und Hunderte von Abtreibungen hinter sich haben. Einige bieten sich selbst direkt an, Simones vermeintliche Frigidität zu heilen, ihre verdorbenen Gelüste zu befriedigen.[17] Wer könnte einem solch verlockenden Angebot schon widerstehen? Sittenwächter sehen die Moral der Franzosen in Gefahr, so anstößig ist das, worüber Simone schreibt. Die Autorin wird auf offener Straße beschimpft und bedroht, man lacht über sie und zeigt mit dem Finger auf sie. Das 1940er-Pendant zum heutigen *Shitstorm*. Der katholische Schriftsteller François Mauriac, ein einstiges Idol Simones, schreibt an einen Mitarbeiter der *Temps Modernes*: «Nun weiß ich alles über die Vagina ihrer Chefin.»[18] Auch Frauenheld Albert Camus, eigentlich ein guter Freund von Simone und Sartre, sieht in den Texten eine «Beleidigung des romanischsprachigen Mannes»[19]. Trotz oder gerade wegen dieser Kontroversen verkauft sich der wenig später veröffentlichte erste Band von *Das andere Geschlecht* hervorragend: In der ersten Woche gehen 22 000 Exemplare über den Ladentisch, auch der zweite Band, der im November erscheint, wird zum Bestseller. Auf Französisch heißt das Buch *Le Deuxième Sexe*, also *Das zweite Geschlecht*. Algren gegenüber erklärt Simone: «Die Schwulen werden ja immer das ‹dritte Geschlecht› genannt, aber nie wird erwähnt, dass die Frauen an zweiter Stelle kommen und den Männern nicht gleichgestellt sind. Doch steckt das immer implizit mit drin.»[20] In Nordfrankreich wird das Buch in einigen Buchhandlungen von der Polizei beschlagnahmt, weil eine Organisation namens *Nordfranzösische Liga für Tugend* es für unmoralisch hält[21]. Der Vatikan setzt das Buch auf den Index, im von Franco diktatorisch regierten Spanien und in der kommunistischen Sowjetunion taucht es auf der Liste der verbotenen Bücher auf.[22] Die Konservativen lehnen das Buch aus offensichtlichen Gründen ab – zu kontrovers, zu obszön. Simone hat offenbar einiges richtig gemacht. Der sozialistisch orientierten Linken wiederum geht die im Buch zum Ausdruck gebrachte Gesellschaftskritik nicht weit genug. Simone macht sich viele Feinde, von

Kollegen und Freunden wie Jacques-Laurent Bost, Maurice Merleau-Ponty und Alberto Giacometti erfährt sie aber auch Unterstützung.

Colette Audry (1906–1990) – Schriftstellerin, Aktivistin & Schwester im Geiste

Wäre es nach dem ersten Eindruck gegangen, aus Colette Audry und Simone de Beauvoir wären wohl nie Freundinnen geworden. 1932 arbeiten beide am Lycée Jeanne d'Arc in Rouen, und Simone ist entschlossen, Colettes Bekanntschaft zu machen – schließlich ist ihr die Kollegin von Paul Nizan wärmstens empfohlen worden. Also stürmt Simone ins Lehrerzimmer: «Wer von Ihnen ist Colette Audry?» Die Gesuchte ist erstmal nicht begeistert, merkt aber bei einem gemeinsamen Essen, dass diese energische neue Lehrerin gar nicht so unsympathisch und genauso antibourgeois ist wie sie selbst.[23] Colette stammt aus einer politischen Familie, sie ist die Großnichte des Radikalsozialisten und Präsidenten der Dritten Französischen Republik, Gaston Doumergue (der später allerdings zum konservativen Lager wechselt). 1928 macht sie ihren Abschluss an der extra für Frauen gegründeten École normale supérieure in Sèvres und arbeitet danach als Lehrerin. Zu einer Zeit, als Simone noch keinerlei Interesse am politischen Geschehen aufbringt, beschäftigt Colette sich bereits intensiv mit den Schriften Marx', ist in einer kommunistischen Vereinigung aktiv und plant, der kommunistischen Partei beizutreten. Vor allem aber engagiert sie sich in der Gewerkschaftsbewegung. Während des Zweiten Weltkriegs schließt Colette sich der *Résistance* in Grenoble an. Ihr Leben lang ist sie parteipolitisch aktiv:

erst in der SFIO (dt. Französische Sektion der Arbeiter-Internationale), später in der PSOP (dt. Sozialistische Arbeiter- und Bauernpartei) und der sozialistischen Partei PS, Nachfolgerin der SFIO. Zwischendurch widmet Colette sich erfolgreich ihrer literarischen und künstlerischen Karriere: Sie schreibt für *Les Temps Modernes*, erhält für ihren Roman *Hinter der Badewanne* 1962 den renommierten Prix Médicis und verfasst Drehbücher für die Filme ihrer Schwester Jacqueline (u. a. *Les Malheurs de Sophie* von 1946). Schon ab Anfang der 1960er Jahre setzt sie sich für Frauenrechte ein: Sie ist Mitgründerin des *Mouvement Démocratique Féminin* – einer Art feministischem Think Tank, der François Mitterrand 1965 im Wahlkampf unterstützt – und verantwortlich für die Serie *Femme*, die bei Éditions Denoël erscheint. Dort veröffentlicht sie u. a. Werke von Betty Friedan und Eleanor Roosevelt. Mit Simone versucht sie während ihrer gemeinsamen Zeit in Rouen, die Situation der Frau zu diskutieren und stellte dabei schnell Unterschiede in ihren jeweiligen Auffassungen fest. Colette analysiert ihre Situation vor allem unter politischen Gesichtspunkten: Für sie ist klar, dass die Frauenbefreiung nur in einem nicht kapitalistischen System stattfinden kann. Sie ist eine demokratische Sozialistin, aber keine Sozialdemokratin. Simone hingegen fehlt zu diesem Zeitpunkt noch eine politisch-gesellschaftliche Perspektive, sie geht vor allem von sich selbst aus – eine «Situation» der Frau gibt es für sie schlicht nicht. Sartre belächelt damals Colettes politisches Engagement und glaubt, Frauen hätten in der Politik keinen Platz. Colette droht ihm, eines Tages würde sie ein Buch über Frauen schreiben, über weibliche Erfahrungen: «Warten Sie's ab, Sartre – wenn nicht ich, dann eine andere.»[24] Sie sollte recht behalten.

Was genau ist denn so anrüchig, so skandalös an *Das andere Geschlecht*? Der angeblich so schlüpfrige Schreibstil wohl kaum – Simones über 900 Seiten starkes Werk ist nicht gerade *Fifty Shades of Grey*. Im Gegenteil: Die heiß diskutierten Passagen aus dem Kapitel über die sexuelle Initiation der Frau lesen sich eher wie ein klinischer Bericht. Aber *Das andere Geschlecht* sorgt für Anstoß, weil Simones Botschaft so radikal, ihre Analyse so scharf, umfassend und kompromisslos ist. Als das Buch 1949 erscheint, haben Frauen in Frankreich zwar das Wahlrecht und laut der französischen Verfassung von 1946 ein Recht auf Arbeit, Gleichberechtigung und gleiche Entlohnung (ja, der *Gender Pay Gap* ist schon damals ein Problem). Doch der Einfluss des Katholizismus ist groß, Frankreich generell konservativ und prüde. Kämpften Frauen in der *Résistance* noch gleichberechtigt an der Seite der Männer, so sollen sie jetzt vor allem Kinder produzieren – zum Wohle der Nation. Die Regierung betreibt eine Politik der aktiven Geburtenförderung, die traditionelle Familie sowie Mutterschaft gelten als das Ideal. Schwangerschaftsabbrüche und Verhütungsmittel sind illegal. Der 1804 von Napoléon Bonaparte eingeführte *Code Civil*, der das Zivilrecht regelt, ist ebenfalls nicht das, was man eine emanzipatorische Schrift nennen könnte. Eine vereinigte, aktive Frauenbewegung gibt es nicht, und das ist das Erstaunlichste am *Anderen Geschlecht*: dass es in dieser Zeit erscheint, von einer Autorin geschrieben, die über kein feministisches Umfeld verfügt, und trotzdem die entscheidenden feministischen Themen der damaligen Zeit diskutiert. Das Buch ist seiner Zeit weit voraus, die meisten relevanten Texte des französischen Feminismus werden erst nach 1970 veröffentlicht. Viele Frauen lesen das Buch alleine, privat, und nicht als Teil einer größeren feministischen Diskussion.

Biologie ist kein Schicksal

Das andere Geschlecht besteht aus zwei Teilen: *Fakten und Mythen* sowie *Gelebte Erfahrung.* In der Einleitung macht Simone klar: «Die Menschheit ist männlich, und der Mann definiert die Frau nicht als solche, sondern im Vergleich zu sich selbst: Sie wird nicht als autonomes Wesen angesehen.»[25] Der Mann sieht sich selbst also immer als das Absolute, die Frau als das Relative. Oder, in existenzialistischen Begriffen ausgedrückt: «Das Subjekt setzt sich nur, indem es sich ent-gegen-setzt: Es hat den Anspruch, sich als das Wesentliche zu behaupten und das andere als das Unwesentliche, als Objekt zu konstituieren.»[26] Der Mann als Subjekt, das Eine, die Frau als Objekt, das andere. Das Eine ist es, welches das andere definiert – nicht andersherum. Die Frau ist dem Mann untergeordnet, und Simone möchte wissen, warum das so ist. Und sie möchte wissen, wie ein «Mensch sich im Frau-Sein verwirklichen»[27] kann. Denn der (existenzielle) Konflikt besteht ja darin, dass auch das andere sich als Wesentliches setzen und sich durch Entwürfe in die Zukunft transzendieren will. Eine Frau ist genau genommen zwar eine «autonome Freiheit»[28], wird vom Mann aber in die Rolle des Objekts gezwungen und so in der Immanenz, einer Art erstarrtem Zustand, gehalten. Um herauszufinden, warum die Situation der Frau so ist, wie sie ist, untersucht Simone drei im Trend liegende Einzelwissenschaften: Biologie, Psychoanalyse und den historischen Materialismus. Doch die Antworten, die diese Wissenschaften ihr geben, befriedigen sie nicht. Also wendet Simone einen existenzialistischen Ansatz an, um die Ursachen der Unterdrückung im historischen Kontext sowie die von Männern konstruierten weiblichen Mythen zu analysieren. Der zweite Band ergänzt den ersten durch konkrete Erfahrungsberichte von Frauen: Simone untersucht den Werdegang von Frauen sowie ihre spezifischen Situationen.

«Ein Mann käme gar nicht auf die Idee, ein Buch über die einzigartige Situation der Männer innerhalb der Menschheit zu schreiben.»[29]

In ihrer Analyse stützt sich Simone auf zahlreiche Beispiele aus Literatur und Kultur, zitiert Texte aus den verschiedensten Disziplinen und kommt zu dem Schluss: «Man kommt nicht als Frau zur Welt, man wird es.»[30] Dieser viel zitierte Satz ist im Deutschen lange falsch übersetzt worden – aus «man wird es» wurde «man wird dazu gemacht». Das entspricht aber nicht Simones eigentlicher Botschaft: dass es nämlich eben nicht nur die Gesellschaft ist, durch die die Frau in eine Situation der Unmündigkeit gerät. Die Frau ist nicht nur Opfer, sie ist ebenso Mittäterin und für ihre Passivität und ihren Objektstatus mitverantwortlich (Sartre würde hier von *mauvaise foi*, Unaufrichtigkeit sprechen). Frauen wählen diesen Status aus diversen Gründen, zum Beispiel weil er ihnen Vorteile bringt oder weil sie Angst vor der Selbständigkeit haben, Angst vor der Verantwortung, die diese mit sich bringt. Schließlich ist es immer einfacher, alles beim Alten zu lassen, als sich aktiv um Veränderung zu bemühen und sein Leben zu ändern. Was Simone mit dem berühmten Satz außerdem sagen möchte: Biologie ist kein Schicksal. Es gibt keine durch die Anatomie bestimmte «weibliche Essenz», die Frauen bestimmte Verhaltensweisen, ein bestimmtes Leben, eine bestimmte Situation auferlegt. Simone trennt das biologische Geschlecht von der sozialen Rolle und begründet damit das heutige Konzept von *sex* und *gender*. Die Kategorie Frau ist für Simone nicht mehr als ein gesellschaftliches Konstrukt.

6 Zitate zum Angeben aus *Das andere Geschlecht*

«Ein Mann beginnt nie damit, sich als Individuum eines bestimmten Geschlechts darzustellen: Dass er ein Mann ist, versteht sich von selbst.»[31]

«Der Platz der Frau in der Gesellschaft ist immer der, den der Mann ihr zuweist.»[32]

«Wenn man sagt, die Frau sei ein Geheimnis, heißt das nicht, dass sie schweigt, sondern dass ihr Sprechen nicht verstanden wird.»[33]

«Man kommt nicht als Frau zur Welt, man wird es. Keine biologische, psychische oder ökonomische Bestimmung legt die Gestalt fest, die der weibliche Mensch in der Gesellschaft annimmt.»[34]

«Die Tatsache, eine Frau zu sein, stellt einen autonomen Menschen heute vor ganz besondere Probleme.»[35]

«Die Tatsache, ein Mensch zu sein, ist unendlich viel wichtiger als alle Einzelheiten, die die Menschen unterscheiden.»[36]

Für die Situation der Frau, in der sie das Andere ist, das Objekt, ist der weibliche Körper entscheidend. Simone analysiert, was «Verkörperung» – also die Tatsache, ein Körper in der Welt zu sein – für Frauen bedeutet. Der Körper, das ist für Simone nicht nur eine physische Gegebenheit, sondern auch eine philosophische *Situation*, eine ethische Dimension.

Und er ist durchaus ein Hindernis für Emanzipation, wie sich insbesondere am Beispiel Reproduktion und Mutterschaft zeigt. Denn es sind nun einmal Frauen, die schwanger und Mütter werden, und von denen deshalb erwartet wird, eine bestimmte Rolle zu erfüllen. Simone wehrt sich energisch gegen die Theorie, es gäbe einen sogenannten Mutterinstinkt: «Die Haltung der Mutter ergibt sich aus deren gesamter Situation und aus der Art und Weise, wie sie diese annimmt. Wie wir gesehen haben, ist das Resultat äußerst variabel.»[37] Für ihre negative Darstellung von Schwangerschaft und Mutterschaft – unter anderem bezeichnet sie einen Fötus als «Parasit» – ist Simone oft kritisiert worden. Ihre Haltung ist jedoch vor dem Hintergrund des damals in Frankreich herrschenden Familien- und Mutterkults zu verstehen. Wahr ist aber natürlich auch, dass Simone selbst keine Kinder hat und eine gewisse Abneigung gegenüber allem, was mit Schwangerschaft und Mutterdasein zu tun hat, kultiviert. Letztendlich geht es ihr vor allem darum, dass Mutterschaft zumindest in Frankreich oft etwas ist, was die betroffenen Frauen nicht selbst gewählt haben: Sie haben weder legalen Zugang zu Verhütungsmitteln noch zu Abtreibungen. Simone selbst hat nie abgetrieben, aber die illegale Abtreibung ihrer Freundin Olga miterlebt (und das Erlebnis in *Das Blut der anderen* literarisch verarbeitet) – das Thema liegt ihr am Herzen. [38]

Simone, die Tabubrecherin

Dem *Anderen Geschlecht* liegt eine existenzialistische Ethik zugrunde, die sich nicht nur in der Dichotomie Subjekt / Objekt zeigt, sondern auch in Simones Analyse der Situation von Frauen: Die individuelle Freiheit wird immer durch die individuelle *Situation* eingeschränkt – denn jede Situation wird durch verschiedene, unter anderem gesellschaftliche und kulturelle, Faktoren bestimmt. Als Existenzialistin muss Simone natürlich alle Faktoren, die die Freiheit des Individuums einschränken, ablehnen. Im Existenzialismus *sind* wir nicht einfach, wir müssen uns erst aktiv zu etwas *machen*. Deshalb kann auch niemand als Frau zur Welt kommen, denn das würde bedeuten, es gebe bestimmte Charakteristika oder Eigenschaften, eine vorgegebene Zukunft, die Menschen von Geburt an einfach haben: «Es muss noch einmal wiederholt werden, dass es in der menschlichen Kollektivität nichts gibt, was natürlich wäre, und dass auch die Frau ein Produkt der Zivilisation ist.»[39] Individuelle Entscheidungen, Gewohnheiten und äußere Einflüsse tragen dazu bei, dass Strukturen entstehen, aus denen auszubrechen nicht unbedingt leicht ist – aber auch nicht unmöglich. Denn theoretisch kann die Lage der Frau überschritten werden und in ihrem letzten Kapitel *Auf dem Weg zur Befreiung* zeigt Simone dazu verschiedene Perspektiven auf. Sie fordert, dass die Frau nicht nur über bürgerliche Freiheiten (z. B. das Wahlrecht) verfügen muss, sondern auch über wirtschaftliche Unabhängigkeit. Eigenes Geld zu verdienen, ist für Simone ein Schritt aus der Abhängigkeit, aus der Rolle des anderen: «Sobald sie aufhört, als Parasit zu leben, bricht das auf ihrer Abhängigkeit beruhende System zusammen. Zwischen ihr und dem Universum bedarf es dann keines männlichen Vermittlers mehr.»[40] Aber auch wirtschaftliche Autonomie führt nicht zwangsläufig zur Emanzipation. Frauen sind Männern dadurch nicht automatisch gleichgestellt, denn sie müssen «die Annahme ihrer Geworfenheit und ihrer Transzendenz»[41] erst noch erlernen. Um wirklich frei zu sein, muss die Frau sich mit dem Mann gleichsetzen – als Mensch. Viele Männer versuchen allerdings, das zu verhindern, sie wollen ihre privilegierte Position nicht aufgeben. Das «Menschwerden» der Frau bedeutet laut Simone ausdrücklich nicht das Ende aller Geschlechtsunterschiede. Sie geht im Gegenteil davon aus, dass «bestimmte Unterschiede zwischen Mann und Frau immer bestehen bleiben werden».[42] Schon 1949 greift sie ein Thema auf, das noch heute heiß diskutiert wird: Ist Gleichberechtigung eine Gefahr für die Sexualität? Kann es zwischen zwei Menschen überhaupt noch so etwas wie Leidenschaft geben, wenn sie einander gleichgestellt sind? Tötet Emanzipation den Sex? Simone verneint klar: «Die Spannung, die Zerrissenheit, die Freude, das Scheitern und der Triumph der Existenz werden sich in der Sexualität immer materialisieren.»[43] Mann und Frau werden füreinander immer der jeweils «andere» bleiben, und damit interessant und begehrenswert. Das sind beruhigende Nachrichten, doch von Gleichberechtigung ist die Menschheit ja sowieso noch weit entfernt. So stellt Simone denn auch fest:

«Gewiss, man darf nicht glauben, es reiche aus, die ökonomischen Bedingungen des Frauseins zu verändern, um eine Umwandlung der Frau herbeizuführen. Dieser Faktor ist und bleibt zwar der wichtigste Motor ihrer Evolution, doch solange er nicht die ethischen, gesellschaftlichen, kulturellen und sonstigen Konsequenzen nach sich gezogen hat, auf die er verweist und die er verlangt, kann die neue Frau nicht in Erscheinung treten. Bis zum heutigen Tag sind diese Voraussetzungen nirgendwo verwirklicht, weder in der Sowjetunion noch in Frankreich, noch in den USA.»[44]

Mutig, intelligent und kreativ (und oft sehr, sehr unterhaltsam) dekonstruiert Simone die Vorstellung, es gäbe spezifisch-weibliche Eigenschaften, die die benachteiligte Position der Frau rechtfertigen: Sie wendet die existenzialistische Idee vom Menschen als freies Bewusstsein, der sich in einer gegebenen Situation befindet, auf Frauen an. Ihre Methodik ist dabei manchmal sehr kreativ, und einige Quellen lassen sich nicht richtig nachverfolgen, aber Simone hatte auch nie vor, ein wissenschaftliches Werk zu verfassen: *Das andere Geschlecht* war von Anfang an darauf ausgelegt, von einer breiten Öffentlichkeit gelesen zu werden, was sich auch im zugänglichen und stellenweise heiter-ironischen Schreibstil zeigt («[E]in gewaltiges rundes Ovulum schnappt nach dem beweglichen Spermatozoon und kastriert es.»[45]). Schonungslos diskutiert Simone Dinge, die in Frankreich zur damaligen Zeit als Tabu gelten, insbesondere Abtreibung, Prostitution und Sexualität – damit macht sie diese Themen diskursfähig, verhandelbar. Das Private ist eben politisch. Das merken auch die Leserinnen: Simone erhält viele Zuschriften, bei den *Temps Modernes* melden sich Frauen, die eine Abtreibung brauchen und auf Simones Hilfe hoffen. *Das andere Geschlecht* fordert Frauen auf, aktiv zu werden und die Verantwortung für ihr eigenes Leben zu übernehmen. Es bietet ihnen die Munition und das Hintergrundwissen, um die Benachteiligung von Frauen zu verstehen und zu diskutieren. Simone besteht bescheiden darauf, dass ihr Buch nur eine Hilfestellung sei: «Wenn mein Buch den Frauen geholfen hat, dann nur deshalb, weil es ihnen Ausdruck verleiht. Als Gegenleistung haben sie ihm seinen Wahrheitsgehalt gegeben.»[46]

Lost in translation

Als *The Second Sex* 1953 in den USA erscheint, wird es sofort zum Bestseller. Anders als in Frankreich löst es keinen Skandal aus – Simone kann ihren Erfolg ganz ungetrübt genießen. Heute allerdings ist klar, dass die englische Fassung des Buches vom Übersetzer Howard M. Parshley, einem emeritierten Professor der Zoologie, recht frei gekürzt wurde. Dass Kürzungen vorgenommen werden würden, wusste Simone, von dem Ausmaß der Eingriffe hatte sie aber wohl keine Ahnung. Die Kürzungen und damit einhergehenden Auslassungen (die im Übrigen nirgendwo im Buch angekündigt oder erklärt wurden) sind das eine, das andere sind die falschen Übersetzungen philosophischer Begriffe: So wurde aus *Poursoi* (das Für-sich-Sein, das menschliche Bewusstsein) *her true nature in itself* (ihre wahre Natur an sich), also genau das Gegenteil davon, was der existenzialistische Begriff eigentlich meint. Das Ergebnis des Ganzen ist, dass die existenzialistische Dimension des Buches in der englischen Übersetzung verschleiert wurde.[47] Statt den amerikanischen Lesern den Existenzialismus beispielsweise in einer Einleitung näherzubringen, versucht der Verlag lieber, ihn, so gut es geht, aus dem Buch zu entfernen – man traut den Amerikanern schlicht nicht zu, diese komplizierte französische Philosophie zu begreifen. Mittlerweile gibt es Neuübersetzungen des *Anderen Geschlechts*, die vor allem auf Drängen von Feministinnen entstanden sind. Als Simone 1953 vom Tod Parshleys erfährt, schreibt sie an Algren: «Mein armer Übersetzer ist tot, wussten Sie das? Einem Herzanfall erlegen. Ich vermute, er hielt das Leben nicht mehr aus, als er *Le deuxième sexe* nicht mehr übersetzte, das Leben hatte für ihn jeden Sinn verloren, also starb er.»[48]

Von der Sozialistin zur Feministin

Doch obwohl Simone mit dem Buch einen feministischen Klassiker geschrieben hat, sieht sie selbst sich 1949 nicht als Feministin. Zum einen liegt das daran, dass Simone die damals quasi nicht existente französische Frauenbewegung als schwach und machtlos empfindet – es gibt keine Gruppe, mit der sie gerne gemeinsame Sache machen würde. Zum anderen ist sie Sozialistin und glaubt, dass eine Transformation des kapitalistischen Systems – die Auflösung des Klassenwiderspruchs – automatisch die Befreiung der Frau mit sich bringen wird. Dieses Denken entspricht dem vieler linker Intellektueller der damaligen Zeit, der 1950er, 60er, 70er. Simone sagt über ihre Einstellung: «*Le deuxième sexe* mag für militante Feministen von Nutzen sein, doch ist es nicht eigentlich ein militantes Buch. Ich glaubte, die Lage der Frau werde sich zugleich mit der Gesellschaft verändern.»[49] Doch mit der Zeit erkennt sie, dass es so nicht läuft. Wie viele andere westeuropäische Intellektuelle ist sie desillusioniert vom sowjetischen Regime und sieht im Sozialismus kein Heilsversprechen mehr. Ihr wird klar: Eine sozialistische Gesellschaftsform bringt nicht automatisch die Gleichberechtigung der Geschlechter mit sich, auch im Kommunismus hat die Frauenbefreiung keine Priorität. 1966 identifiziert Simone sich in einem Interview mit dem französischen Philosophen Francis Jeanson als Feministin: «Feminismus ist eine Art, individuell zu leben und kollektiv zu kämpfen.»[50] Sie sei, so

Simone, «radikale» Feministin, weil sie eine vermeintlich gegebene weibliche Natur ablehne.[51]

> *«Gewiss bestehen zwischen dem weiblichen und dem männlichen Exemplar des Menschen genetische, endokrine und anatomische Unterschiede: sie sind jedoch nicht so stark, dass sie das ‹Frausein› bestimmen könnten.»*[52]

Endgültig und quasi offiziell zur Feministin wird sie Ende der 1960er, Anfang der 1970er Jahre – als die neue Frauenbewegung in Frankreich entsteht. In Paris bildet sich 1967 die Gruppe *Féminin, Masculin, Avenir* (dt. Weiblich, Männlich, Zukunft). Sie geht aus der 1962 gegründeten sozialistischen Frauenorganisation MDF (*Mouvement Démocratique Féminin*) hervor. Schon bald entsteht an der avantgardistischen Universität Paris-Vincennes eine neue Gruppe rund um Antoinette Fouque, Monique Wittig und Luce Irigaray, die sich *Psychanalyse & Politique*, kurz *Psy et Po* (dt. Psychoanalyse & Politik) nennt. Die Mitglieder lesen die Werke von Marx und Freud, aber auch die von modernen französischen Vordenkern wie Lacan. Im Mai 1968 beginnen die Studentenunruhen an der Universität Nanterre: Die Studierenden wollen das französische Unisystem demokratisieren, die französische Gesellschaft radikal verändern. Auch viele Frauen sind unter den Protestierenden, sie merken aber bald: Richtig was zu melden haben in der 68er-Bewegung nur die Männer. Oder, wie Simone es ausdrückt: «In diesen pseudorevolutionären Gruppen waren die Frauen auch nichts als Tippsen, die Kaffee kochen durften.»[53] Die moderne französische Frauenbewegung ist somit auch ein direktes Resultat des Mai 1968, eine Reaktion auf die dort vertretenen linken Machos. Im August 1970 findet die erste offizielle Aktion der neuen französischen

Frauenbewegung MLF (*Mouvement pour la Libération des Femmes*) statt: Neun Feministinnen legen am Pariser Triumphbogen am Grab des unbekannten Soldaten einen Kranz nieder – vorher haben sie ein Plakat hochgehalten mit der Aufschrift «Es gibt jemanden, der noch unbekannter ist als der unbekannte Soldat: seine Frau!». Simone steht zu diesem Zeitpunkt schon seit längerem mit der Gruppe von Studentinnen der Universität Nanterre in Kontakt, die sich mit *Das andere Geschlecht* beschäftigt. Richtig feministisch aktiv wird sie aber erst Anfang der 1970er. Die französische Frauenbewegung ist damals in viele kleine Gruppen zersplittert (darunter *Psy et Po* und die *Féministes Révolutionnaires*), die verschiedene Schwerpunkte setzen und daher nicht immer die gleichen Interessen haben. Das Thema, welches 1970 letztendlich all diese Gruppen zusammenbringt, ist das Abtreibungsverbot. Der MLF startet eine groß angelegte Kampagne, um den entsprechenden Paragraphen abzuschaffen. Einige der jüngeren Feministinnen finden, prominente Unterstützung könnte dabei nicht schaden – und beschließen, die berühmte Simone de Beauvoir um Hilfe zu bitten. Die hat im *Anderen Geschlecht* schließlich schon 1949 erläutert, warum es das Recht auf Abtreibung geben muss. Auch die deutsche Autorin und *EMMA*-Herausgeberin Alice Schwarzer gehört zur Gruppe der MLF-Frauen, die Kontakt zu Simone suchen. Schwarzer, damals Ende 20 und journalistisch aktiv, besucht Kurse an der Universität Paris-Vincennes. Sie erinnert sich:

«Gleich im Herbst 1970 gehen einige aus meiner Gruppe in die Rue Schœlcher 12 bis und klingeln bei Simone de Beauvoir. Es ist die Zeit, als Sartre als Compagnon de route, als Weggefährte der Maoisten, von sich reden macht. Und wir finden: Simone de Beauvoir, deren Jahrhundert-Essay *Das andere Geschlecht* uns allen die Augen geöffnet hat und ohne deren Schlüsselwerk der Neue Feminismus nicht mit solchen Siebenmeilenstiefeln hätte voranschreiten können, sie gehört an unsere Seite! Sie sieht das genauso. Wir jungen Feministinnen rennen offene Türen bei ihr ein. Sehr bald schon werden die Treffen und Essen mit der damals 61-Jährigen für uns selbstverständlich. Wir sind in der Mehrheit zwischen 30 und 40.»[54]

Eine neue Generation

Allerdings: Nicht alle Feministinnen, die im MLF aktiv sind, teilen Schwarzers Enthusiasmus für Simone de Beauvoir und *Das andere Geschlecht*. Denn Simone gehört einer anderen Generation an, ihr Buch ist bereits über 20 Jahre alt – und nicht unumstritten. Das liegt zum einen an der existenzialistischen Ethik, die dem *Anderen Geschlecht* zugrunde liegt: Der Existenzialismus als Philosophie hat längst ausgesorgt, stattdessen stehen Poststrukturalisten wie Lacan, Foucault oder Barthes hoch im Kurs. Simone muss auf viele jüngere Feministinnen, die sich intensiv mit Psychoanalyse und Dekonstruktion beschäftigen, wie ein Relikt aus längst vergangenen Zeiten wirken. Aber nicht nur der existenzialistische Rahmen von *Das andere Geschlecht* ist es, was Feministinnen kritisieren. Da wären auch die als negativ empfundenen Darstellungen von Mutterschaft und dem weiblichen Körper sowie Simones «männliches Denken», welches das Buch angeblich prägt: Simone, so sehen es auch heute viele, hat ihr Buch auf der männlichen Philosophie des Existenzialismus begründet und männliche Denkweisen benutzt, um die Benachteiligung von Frauen zu analysieren. Außerdem würde sie von Frauen die Anpassung an männliche Eigenschaften und Verhaltensweisen fordern. Hinzu kommt der Eindruck, Simone präsentiere sich selbst als Ausnahmefrau, als Einzelfall und vernachlässige die Errungenschaften von Frauen, die vor ihr kamen. Weil Simone alles geschafft habe, was sie sich vorgenommen habe, erwarte sie diese Entschlossenheit auch von anderen Frauen – und gehe hart mit ihnen ins Gericht, wenn sie sich als zu passiv oder schwach erweisen. Generell empfinden viele Feministinnen, damals wie heute, Simones Frauenbild als tendenziell negativ: Simone verlangt Frauen einiges ab, auch deshalb, weil sie Unterdrückung vor allem anhand zwischenmenschlicher Beziehungen analysiert und die gesellschaftlichen, wirtschaftlichen und kulturellen Faktoren dabei zu kurz kommen. Alle diese Vorwürfe haben ihre Berechtigung, und tatsächlich hat Simone Kritik an ihrem Werk stets hingenommen und akzeptiert. Letztendlich ist aber das größte Problem, vor dem *Das andere Geschlecht* in den 1970er Jahren steht, dass dieses einst epochale Werk mittlerweile (zu Unrecht) überholt wirkt. Das Buch ist 1949 seiner Zeit weit voraus, fordert das Recht auf Abtreibung, auf Verhütungsmittel, auf wirtschaftliche Unabhängigkeit, entmystifiziert und enttabuisiert viele Themen wie Mutterschaft und Homosexualität. 1970 gehören diese Forderungen und Themen zum feministischen Mainstream, sie sind nicht mehr kontrovers – und vor allem werden sie nicht mehr mit Simone und dem *Anderen Geschlecht* in Verbindung gebracht. Überhaupt ist unklar, welchen nachhaltigen Einfluss das Buch auf die französische Frauenbewegung gehabt hat. Die Meinungen dazu gehen weit auseinander. Sehr wahrscheinlich haben Simones Persönlichkeit und Lebensweise – kinderlos, unverheiratet, frei – (französische) Frauen mehr beeinflusst als *Das andere Geschlecht*: Simone ist ein inspirierendes Vorbild. Wahr ist aber auch, dass viele von Simones Ideen später ohne Verweis auf die eigentliche Urheberin von amerikanischen Feministinnen, darunter Betty Friedan und Kate Millett, übernommen werden.

Feministische Konzepte, von Simone inspiriert

Das andere Geschlecht gilt heute gemeinhin als irgendwie unmodern, als historisches Relikt. Tatsächlich hat das Buch aber moderne feministische Konzepte inspiriert oder zumindest beeinflusst – mal mehr, mal weniger. Da wäre zunächst die **Gendertheorie**: Mit ihrer Feststellung «Man wird nicht als Frau geboren, man wird es» stellt Simone mal eben die Annahme auf den Kopf, Geschlecht sei nicht mehr als eine biologische Gegebenheit. Stattdessen betont sie die Rolle von gesellschaftlichen und kulturellen Faktoren beim Prozess des Frauwerdens. Frausein, so ihr Schluss, ist nichts Natürliches, sondern etwas Anerzogenes. Eine Überlegung, die sich heute vor allem in der von den Gender Studies begründeten Unterscheidung zwischen *sex* (biologisches Geschlecht) und *gender* (soziales Geschlecht) zeigt. Auch über **geschlechtergerechte Sprache** macht sich Simone bereits in *Das andere Geschlecht* Gedanken – dabei wird ihr selbst oft der Vorwurf gemacht, sie benutze eine «männliche» Sprache. Simone weist darauf hin, dass der französische Begriff für Mensch, *homme*, gleichzeitig Mann bedeutet. Der Mann ist also automatisch männlich. Sprache, erkennt Simone, hat Macht. Und was sagt es über die Machtverhältnisse in einer Gesellschaft aus, wenn das weibliche Geschlecht schon sprachlich vom Menschsein ausgeschlossen oder lediglich mitgemeint ist? Nicht zuletzt zeigt Simone in *Das andere Geschlecht*,

dass das Private politisch ist – Jahrzehnte, bevor dies ein Slogan in der 1970er Frauenbewegung wird. Indem sie verschiedene Frauen zu Wort kommen und sie von ihren eigenen, individuellen Erfahrungen berichten lässt, gibt Simone ihnen eine Stimme und beweist, dass diese Erfahrungen eben nicht nur individuell sind, sondern auf ein gesellschaftliches Muster hinweisen.

Der Kampf für das Recht auf Abtreibung

Kritik am *Anderen Geschlecht* hin, Zweifel an seinem Einfluss her: Simone freut sich über die Kontaktaufnahme der jungen Feministinnen und beschließt, aktiv zu werden. Sie beteiligt sich am *Manifest der 343*, welches am 5. April 1971 in der Zeitschrift *Le Nouvel Observateur* erschien. Darin bekennen 343 Frauen, abgetrieben zu haben – unter anderem die Schauspielerin Jeanne Moreau und die Schriftstellerin Marguerite Duras. Simone, die selbst bekanntlich nie abgetrieben hat, geht es vor allem darum, sich solidarisch zu zeigen. Zu diesem Zeitpunkt hat sie sich endgültig von dem Gedanken verabschiedet, dass durch die sozialistische Revolution die Frauenfrage automatisch gelöst würde. Das bestätigt sie auch im Fernsehen. Am 6. April 1975 sitzt sie in der Sendung *Questionnaires* (Titel: *Pourquoi je suis féministe*, dt. Warum ich Feministin bin), mit hellblauem Kopftuch, die Hände verschränkt, immer in Bewegung, offenbar nervös. Dem Moderator Jean-Louis Servan-Schreiber erklärt sie: «Die Geschichte des Kommunismus und der Frauen ist eine komplizierte Geschichte, weil der Kommunismus die Probleme der Frauen, den Geschlechterkonflikt, als zweitrangig betrachtet, im Vergleich zum Klassenkonflikt, der erstrangig ist.» Das Schicksal von Frauen sei eben nicht dasselbe wie das der Männer, auch nicht in kommunistischen Ländern wie der Tschechoslowakei – und deshalb würde sie sich nun als Feministin bezeichnen. Simone hat im *Anderen Geschlecht* keine ausgefeilte Taktik, keine Methoden für die Befreiung der Frau entwickelt, sondern sich hauptsächlich auf die Analyse beschränkt. Nun erlebt sie zu ihrer Freude, dass junge Feministinnen eigene Ansätze entwickeln, bewusst oder unbewusst basierend auf denen aus *Das andere Geschlecht*. Ihre Rolle in der Frauenbewegung sieht Simone eher in der Unterstützung von Aktionen als in der Weiterentwicklung ihrer Analyse: Sie nutzt ihre Privilegien als berühmte Intellektuelle, um feministischen Forderungen und Anliegen die nötige Öffentlichkeit zu verschaffen. Sie steht der Bewegung, in ihren eigenen Worten, «zur Verfügung»[55]. Schon lange hat Simone es sich zur Gewohnheit gemacht, auf ihren politischen Reisen mit Sartre einheimische Frauen zu treffen und mit ihnen ihre Situation zu diskutieren. Sie hört den Frauen zu, lässt sich erzählen, wie diese Diskriminierung erleben, und scheut sich nicht, das Thema Frauenrechte in ihren zahlreichen Vorträgen anzuschneiden – oft zum Missfallen der Gastgeber. In Ägypten sagt ein älterer Mann zu ihr: «Aber die ungleiche Stellung der Frau, das ist doch die Religion, Madame, das steht im Koran geschrieben.»[56] Auch zu Hause in Frankreich sucht Simone das Gespräch zu Gleichgesinnten und saugt begierig alles auf, was die MLF-Frauen ihr erzählen – sie fühlt sich inspiriert. Alice Schwarzer antwortet sie in einem Interview 1976 auf die Frage, ob sie denn auch von den jungen Feministinnen etwas gelernt habe:

«Ja! Sehr viel! Sie haben mich in vielen meiner Ansichten radikalisiert! […] Man muss kämpfen! Was sie mir vor allem beigebracht haben, ist die Wachsamkeit. Nichts durchgehen lassen! Selbst nicht die banalsten Dinge, diesen alltäglichen Sexismus, den wir so gewöhnt sind. Das fängt schon bei der Sprache an.»[57]

Obwohl Simone sich nicht als «Militante im engeren Sinne»[58] sieht, ist sie an vielen feministischen Aktionen beteiligt. So wird sie Präsidentin der 1971 von der Anwältin Gisèle Halimi gegründeten Vereinigung *Choisir la cause des femmes*, die sich u. a. für das Recht auf Abtreibung einsetzt. 1972 tritt sie im Abtreibungsprozess von Bobigny als Zeugin auf: Vor Gericht stehen mehrere Frauen, die illegal abgetrieben haben, darunter eine Minderjährige, deren Schwangerschaft das Ergebnis einer Vergewaltigung war. Der Einsatz für das Recht auf Abtreibung lohnt sich: Durch das sogenannte *Loi Veil* – benannt nach der damaligen Gesundheitsministerin Simone Veil – wird Abtreibung 1975 in Frankreich legalisiert. Für Simone kein Grund, sich zurückzulehnen. Sie nimmt an feministischen Veranstaltungen und Diskussionen teil, ist zeitweise Vorsitzende der *Ligue du droit des femmes* (dt. Frauenrechtsliga), engagiert sich in der Bewegung gegen die Diskriminierung von Frauen am Arbeitsplatz und unterstützt (auch finanziell) verschiedene Frauenhäuser. In *Les Temps Modernes* ruft Simone 1973 die Rubrik *Le sexisme ordinaire* ins Leben – Leserinnen sind aufgefordert, ihre Erfahrungen mit alltäglichem Sexismus einzusenden. 1977 übernimmt sie die Herausgeberschaft der u. a. von Christine Delphy gegründeten Zeitschrift *Questions féministes* (dt. feministische Fragen, später *Nouvelles questions féministes*). Doch die Redaktion ist gespalten: Während Simone und Delphy sich dafür aussprechen, sich an der Politik der Linken zu orientieren, plädieren andere (darunter Monique Wittig) für eine autonome Frauenbewegung.[59]

Gisèle Halimi (*1927) –
Anwältin, Aktivistin & Mitstreiterin

Rebellisch ist Gisèle Halimi schon als Teenagerin: Mit 13 Jahren tritt sie in einen Hungerstreik, um nicht mehr das Bett ihres Bruders machen zu müssen. Denn Gisèle wird in Tunesien als Tochter einer traditionalistischen jüdischen Familie geboren – dort gibt es klare Vorstellungen von der «natürlichen» Rolle der Frau. Kein Wunder, dass aus Gisèle eine Rechtsanwältin wird, die sich immer wieder für Frauen einsetzt. Anfang 1960er Jahren lernen sie und Simone sich über den Fall Djamila Boupacha kennen und kämpfen danach gemeinsam für eine Legalisierung der Abtreibung in Frankreich: Beide unterzeichnen 1971 das *Manifest der 343* und sind in der von Halimi gegründeten feministischen Bewegung *Choisir la cause des femmes* aktiv. Später zeigt sich, dass dort für zwei willensstarke und eigensinnige Frauen kein Platz ist – sowohl Gisèle als auch Simone wollen immer recht haben und sind nicht bereit, Kompromisse zu machen. Letztendlich zieht Simone sich immer mehr zurück, die einstigen Weggefährtinnen gehen nach einiger Zeit getrennte Wege. Doch erstmal machen sie weiter gemeinsame Sache: Im Abtreibungsprozess von Bobigny 1972 verteidigt Gisèle eine Mutter, die ihrer Tochter nach einer Vergewaltigung zu einer Abtreibung verhalf, Simone tritt als Zeugin auf. Der öffentlichkeitswirksame Prozess trägt maßgeblich dazu bei, dass 1975 Abtreibung in Frankreich endlich legalisiert wird. Gisèles Kampf aber ist noch lange nicht zu Ende: Durch ihre Verteidigung 1978 von zwei jungen Frauen, die Opfer einer Vergewaltigung wurden, trägt sie zur Verabschiedung eines Gesetzes zwei Jahre später bei, das Sexualdelikte klar als

Verbrechen definiert. Gisèles Strategie, auf große Öffentlichkeit und Mediatisierung der Prozesse zu setzen, funktioniert also. Doch ihr Einsatz beschränkt sich nicht nur auf Frauenrechte. Wie Simone und Sartre gehört sie 1967 zum Russell-Tribunal. Von 1981 bis 1984 sitzt Gisèle als sozialistische Abgeordnete für das Département Isère in der Assemblée Nationale, kommt mit ihren politischen Vorhaben allerdings nicht recht voran – was laut Gisèle vor allem damit zu tun hat, dass im Parlament Frauenfeindlichkeit herrsche. Desillusioniert zieht sie sich aus der Parteipolitik zurück und widmet sich anderen Projekten: Von 1985 bis 1986 ist sie französische UNESCO-Botschafterin, ernannt von François Mitterrand. Gisèle hat Mitterrand zwar im Wahlkampf 1965 unterstützt – wie Colette Audry gehört sie zum *Mouvement démocratique féminin* –, ist nach seiner Wahl 1981 aber schnell von ihm enttäuscht und kritisiert seinen Führungsstil. 1998 gehört sie zu den Mitgründern der globalisierungskritischen Nichtregierungsorganisation Attac. Ihr eigentliches Thema aber bleibt die Gleichberechtigung. So stellt Gisèle noch 2008 genervt fest, dass es mit der Gleichberechtigung in Frankreich nicht weit her ist: «Das Problem lässt mich nicht los – es verfolgt mich wie eine Marotte»[60].

Gleichheitsfeminismus vs. Differenzfeminismus

Der Streit um die Autonomie der Frauenbewegung steht sinnbildlich für eine größere Spaltung innerhalb des MLF: Der zwischen dem Gleichheitsfeminismus, wie Simone ihn vertritt, und dem Differenzfeminismus. Worin besteht der Unterschied zwischen den beiden? Der Gleichheits- oder Egalitäts-feminismus geht davon aus, dass die Unterschiede zwischen Mann und Frau kulturell bzw. gesellschaftlich konstruiert sind. Den Geschlechtern werden aufgrund vermeintlich «männ-licher» oder «weiblicher» Eigenschaften Rollen zugeschrieben, die die Machtverhältnisse zugunsten der Männer bestimmen. Als Gegenentwurf zum Gleichheitsfeminismus gilt der Diffe-renzfeminismus, welcher auf der Wesensverschiedenheit von Mann und Frau sowie unterschiedlichen Geschlechterrollen besteht, aber trotzdem für Frauen eine gesellschaftliche Rolle einfordert. So geht es unter anderem darum, das Besondere sichtbar zu machen, das Frauen von Männern unterscheidet. Ein Beispiel dafür ist die sogenannte *écriture féminine* (dt. weibliche Schrift), die von Luce Irigaray, Julia Kristeva und Hélène Cixous begründet wurde: Dabei geht es darum, die «symbolische männliche Ordnung» aufzubrechen, und zwar von einem weiblichen Subjekt ausgehend. Sprache und Lite-ratur spielen dafür eine wichtige Rolle: Frauen sollen von sich selbst sprechen und schreiben und so eine weibliche Perspek-tive einbringen. Simone muss die *écriture féminine* sowie den Differenzfeminismus allgemein ablehnen, weil sie nicht an so etwas wie eine weibliche Essenz glaubt. Ihr Feminismus ist existenzialistisch, universalistisch und antibiologistisch, der Differenzfeminismus hingegen psychoanalytisch, differenzia-listisch, dekonstruktivistisch und postmodern. Diese unter-schiedlichen Auffassungen davon, was Gleichberechtigung überhaupt bedeutet und wie sie sich erreichen lässt, führen natürlich zu Konflikten. Es sind Konflikte, die Feministin-nen auch heute noch beschäftigen, nicht nur in Frankreich. Damals, in den 1970ern, haben junge französische Feminis-tinnen die in *Das andere Geschlecht* dargelegten Theorien und Ansätze entweder aufgenommen und sind bereit, diese weiterzuentwickeln, oder sie lehnen sie ab. Die Flügelkämpfe und die Spaltung innerhalb der feministischen Bewegung enttäuschen Simone, sie widmet sich aber sowieso lieber dem praktischen Engagement als theoretischen Diskussionen. 1981 unterstützt sie den Sozialisten François Mitterrand im Präsidentschaftswahlkampf und wird 1983 von Yvette Roudy, der Leiterin des neugeschaffenen Ministeriums für Frauenrechte, gebeten, der *Commission Femme et Culture* beizutreten. Dieser Kommission gehören Frauen aus verschiedenen Berufen und Gesellschaftsschichten an, die konkrete Vorschläge zur Gleichstellung der Geschlechter entwickeln sollen. Simone, die eine hohe Meinung von Yvette Roudy hat, übernimmt den Ehrenvorsitz und stürzt sich in die Arbeit. Einmal im Monat wird sie von Roudys Stellvertreterin zu Hause abgeholt und ins Ministerium gebracht, wo die liebevoll *Commission Beauvoir* genannte Gruppe tagt. Generell zieht Simone sich aber mehr und mehr aus dem feministischen Aktivismus zurück: Sie ist mittlerweile 75 Jahre alt und stellt vor allem ihren Namen zur Verfügung, ihre Unterstützung ist in vielen Fällen eher symbolisch.[61] Das hat einerseits damit zu tun, dass es genug jüngere feministische Aktivistinnen gibt, andererseits aber auch mit Simones Gesundheitszustand, der sich nach dem Tod Sartres 1980 rapide verschlechtert hat – zu viel Alkohol, zu viele Medikamente. Selbst eine Simone de Beauvoir ist mit ihren Kräften irgendwann mal am Ende.

Frauen in kreativen Berufen

Simone ist Schriftstellerin und sich als solche sehr bewusst, welchen Hindernissen Frauen in diesem und anderen kreativen Berufen begegnen. Sie kennt das typische Argument: «Na ja, vielleicht sind Frauen tatsächlich nicht so gut wie Männer! Vielleicht haben sie weniger Talent und dadurch auch weniger Erfolg!» Während eines Vortrags in Japan 1966 gibt Simone darauf eine klare und entschiedene Antwort: «Frauen selber, insofern sie etwas versuchen, versuchen es nicht mit dem gleichen Mut und der gleichen Hoffnung, wie Männer es tun. Sie sind geschlagen, bevor sie beginnen, denn sie wissen, dass die Gesellschaft ihnen ihre Chance nicht geben wird.»[62] Und in *Das andere Geschlecht* schreibt sie, dass viele Dinge, die man Frauen vorwirft, zum Beispiel Mittelmäßigkeit, einfach die Tatsache ausdrücken, «dass der Horizont ihnen versperrt ist».[63] Es ist nicht so, sagt Simone, dass Frauen weniger fähig, weniger kreativ, weniger gut seien – aber ihre Ausgangslage, ihre Situation in der Welt, ist einfach eine andere als die von Männern. Sie werden anders gesehen, anders bewertet. Und wie könnte das keinen Einfluss auf die kreativen Frauen selbst haben?

Emanzipation leben

Als Simone am 14. April 1986 stirbt, wird sie in zahlreichen Nachrufen in der linken Presse als feministisches Vorbild gefeiert. Der berühmte Satz: «Man kommt nicht als Frau zur Welt, man wird es», wird überall zitiert. Doch es gibt auch Artikel, die sich kritisch mit der Wirkung des *Anderen Geschlechts* auseinandersetzen und seine Bedeutung für den heutigen – französischen – Feminismus in Frage stellen. Viel wichtiger als Simones Theorien zum Geschlechterverhältnis, das wird klar, ist immer noch ihr Lebenswandel.[64] So spielen die *Memoiren* für viele Frauen eine bedeutende Rolle, ob in Frankreich oder anderswo. Sie mögen kein dezidiert feministisches Werk sein, aber in ihnen findet sich alles, was Simone so faszinierend macht: der Wunsch, etwas aus sich zu machen, der Drang nach Freiheit – die Geschichte einer Emanzipation. *Das andere Geschlecht* hingegen führt heute ein eher stiefmütterliches Dasein. Zwar wird es in feministischen Kontexten oft zitiert, aber nicht mehr gelesen. Tatsächlich dürfte es das am meisten zitierte, aber am wenigsten gelesene feministische Werk sein. Dabei lässt sich die Aktualität des Buches nicht verleugnen. Folgender Abschnitt beispielsweise liest sich wie ein Kommentar zur US-Wahl 2016, bei der die Mehrheit der weißen Frauen den – offen sexistischen und frauenfeindlichen – Kandidaten Donald Trump wählte:

«Sie leben verstreut unter den Männern, sind durch Wohnung, Arbeit, ökonomische Interessen und die soziale Stellung enger mit bestimmten Männern – sei es der Vater oder der Ehemann – verbunden als mit anderen Frauen. Als bürgerliche Frauen sind sie solidarisch mit den bürgerlichen Männern und nicht mit den Frauen des Proletariats, als Weiße mit den weißen Männern und nicht mit den schwarzen Frauen.»[65]

Auch der von Simone bereits 1949 entwickelte Gedanke vom Geschlecht als soziale Konstruktion ist immer noch hochaktuell: Er bildet den Grundpfeiler der Gender Studies.

«Nein, wir haben die Partie nicht gewonnen: in Wirklichkeit haben wir seit 1950 so gut wie nichts erreicht.»[66]

Noch mehr in Vergessenheit geraten ist, dass es eine Art Nachfolgewerk zu *Das andere Geschlecht* gibt: *Das Alter*. Es erscheint 1970 und setzt sich ähnlich radikal wie *Das andere Geschlecht* mit einer bestimmten Situation auseinander – in diesem Fall mit dem Alter. Genau wie das Geschlecht, so Simone, sei auch das Alter eine «kulturelle Tatsache»[67]. Wieder untersucht sie die verschiedensten Texte, entdeckt Mythen und Vorurteile und fügt dem Ganzen im zweiten Teil des Buches konkrete, individuelle Beispiele bei. Frauen, so Simone, haben durch das Altern noch viel mehr Nachteile als Männer – was mit der generellen Situation der Frau, ihrer Benachteiligung und Mystifizierung zusammenhängt. Altern ist für Simone ein sehr persönliches Thema: Sie hat Probleme mit dem Älterwerden und empfindet sich schon mit knapp 50 als eine Art Greisin. Mit der Realität hat das natürlich wenig zu tun, aber Simone kann sich eben nur schwer mit den Veränderungen in ihrem Körper abfinden. Eine gewisse Melancholie schwingt deshalb immer mit, wenn sie sich mit dem Älterwerden beschäftigt. Das zeigt sich auch in ihrer Geschichtensammlung *Eine gebrochene Frau* von 1967. Die Protagonistinnen sind alle nicht mehr ganz junge Frauen, die verschiedene Lebenskrisen durchmachen, sich alleine fühlen und eher pessimistisch in die Zukunft blicken. Von Feministinnen erhält Simone nach der Veröffentlichung viele vorwurfsvolle Briefe: Sie sind enttäuscht von den Erzählungen, «weil sie nichts Kämpferisches enthalten».[68] Simone, so empfinden es diese Frauen, solle starke feministische Vorbilder schaffen statt unglücklicher Frauenfiguren. Allerdings: Simones Roman-Heldinnen sind nie wirklich sympathisch. Sie alle haben ihre Fehler, ihre Eigenheiten. Sind sie deshalb weniger «feministisch», hat Simone dadurch feministische Ideale verraten? Sie selbst sieht das nicht so: «Vor allem aber fühlte ich mich nicht gedrängt, exemplarische Heldinnen zu wählen. Das Scheitern, den Irrtum, die Selbsttäuschung zu schildern, bedeutet meiner Meinung nach nicht, an irgendjemandem Verrat zu üben.»[69] In anderen Worten: Frauen, *Menschen*, sind fehlerhaft – und so stellt Simone sie auch dar. Wenn das als unfeministisch gilt, dann ist das eben so.

Die 3 größten Missverständnisse über Simone und *Das andere Geschlecht*

1. Simone hasst Kinder und Mutterschaft

Zugegeben, Simones Einstellung zum Thema Familiengründung ist nicht unbedingt positiv und hat ihr auch von vielen Feministinnen Kritik eingebracht. Oft heißt es, Simone lehne Mutterschaft deshalb ab, weil sie selber keine Kinder hat und niemals welche wollte. Das ist aber nur ein Teil der Erklärung. Der andere Teil ist historisch begründet: Als Simone *Das andere Geschlecht* schreibt, ist Abtreibung in Frankreich illegal, Verhütungsmittel sind verboten. Sie erlebt mit, wie unglücklich – da ungewollt – viele Schwangerschaften sind. Die Frauen können nicht selber entscheiden, ob sie Mutter werden wollen – der französische Staat nimmt ihnen diese Entscheidung ab. Für Simone, selbst bewusst kinderlos, ist das eine riesige Ungerechtigkeit, die sie unendlich wütend macht. Viel von dieser Wut findet sich in *Das andere Geschlecht*: Mutterschaft, so sieht es Simone, fesselt Frauen noch mehr an das Haus, an einen Mann. Auch das entspricht den Gegebenheiten im Frankreich der 1940er und 1950er Jahre. Später jedoch betont Simone immer wieder, dass Mutterschaft durchaus etwas Positives sein kann.[70]

2. Simone leugnet Geschlechtsunterschiede

Von wegen. Simone weist nur darauf hin, dass die vermeintlich «natürlichen» Unterschiede zwischen Männern und Frauen oft mehr mit Erziehung und gesellschaftlich-kulturellen Einflüssen zu tun haben als mit Biologie. Sie leugnet Geschlechtsunterschiede nicht, sie betont sogar, dass gewisse Unterschiede zwischen Männern und Frauen immer bestehen bleiben werden.[71] Aber für sie dürfen diese Unterschiede eben nicht die Grundlage für Ungleichheit und Ungerechtigkeit bilden.

3. Simone leugnet ihre eigene Weiblichkeit

Die Legende geht so: Simones Vater, Georges de Beauvoir, erklärt seiner pubertären Tochter, sie sei leider hässlich – woraufhin die alles daransetzt, mit Intellekt statt mit Aussehen zu punkten und sich um ihr Aussehen gar nicht mehr kümmert. Kein Wunder also, dass eine solche Frau Mutterschaft ablehnt (siehe Punkt 1) und quasi die Abschaffung der Geschlechter fordert (siehe Punkt 2). So simpel, so falsch. Die erwachsene Simone hat durchaus Spaß an schöner Kleidung und Schminke und löst durch ihr attraktives Äußeres bei ihren Schülerinnen wahre Hormon-Explosionen aus. Simone leugnet ihre Weiblichkeit nicht («Es ist offensichtlich, dass ich mich als Frau fühle»[72]), sie lässt sich aber eben auch nicht auf sie festlegen. Das findet sich genauso in *Das andere Geschlecht*. Dort lehnt Simone vermeintlich «weibliche» Werte und Eigenschaften nicht ab, sie betont sogar: «Auf ihre Weiblichkeit verzichten hieße, auf einen Teil ihrer Menschlichkeit zu verzichten.»[73] Der Mensch ist für Simone immer ein «geschlechtlicher Mensch»[74]. Sie weist aber auch darauf hin, dass viele Vorstellungen von Weiblichkeit mystifiziert und künstlich definiert sind, und Frauen mehr oder weniger aufgedrängt werden. Simone lehnt es ab, sozusagen mit den «Waffen der Frau» zu kämpfen und den «männlichen» sogenannte weibliche Werte entgegenzusetzen. Auch die Akzeptanz männlicher Werte durch Frauen ist für sie nicht zielführend. Was bleibt also? Simone fordert, dass Frauen sich als Menschen begreifen und mit den Männern «gleichsetzen» müssen. Es geht also gewissermaßen um eine *Menschwerdung*.

Simone ist sicherlich kein perfektes feministisches Vorbild: Nicht alles, was sie gesagt und getan hat, war richtig. Aber sie war bereit, dazuzulernen, bereit, jungen Feministinnen das Feld zu überlassen und ihnen nicht vorzuschreiben, wie «richtiger» Feminismus auszusehen hat. Sie hat ihre Prominenz der Frauenbewegung zur Verfügung gestellt, sich aber nicht aufgedrängt. Sie hat Emanzipation tatsächlich gelebt, leidenschaftlich und radikal. Sie hat, glasklar und selbstbewusst, ihre Erkenntnisse über Gleichberechtigung (und den Mangel daran) aufgeschrieben. Und: Sie hat schon früh erkannt, dass der Feminismus immer wieder in Frage gestellt, seine Notwendigkeit angezweifelt werden wird. Wozu noch Feminismus, Frauen haben doch schon alles erreicht! Simones Antwort, die sie in einer Rede von 1966 gibt, ist auch heute so richtig wie relevant:

«Ich werde zum Schluss kommen, indem ich sage, dass Feminismus meiner Meinung nach weit davon entfernt ist, überholt zu sein, und dass wir ihn im Gegenteil am Leben halten müssen. Sich etwas entgegenstellen oder es leugnen ist keine Überschreitung, sondern ein Rückschritt. Ich denke, dass Feminismus eine gemeinsame Angelegenheit von Männern und Frauen ist und dass Männer nur dann in einer gerechteren, besser organisierten Welt leben werden, wenn Frauen einen gerechteren und anständigeren Status haben. Der Erwerb von Gleichheit zwischen den Geschlechtern ist eine Aufgabe von beiden.»[75]

Epilog

In meiner Wohnung steht oben auf meinem Bücherregal eine lila Kiste. Sie ist gefüllt mit alten Tagebüchern, die allermeisten davon schlichte schwarze Moleskine-Notizbücher und in vielen davon, verstreut, findet sich, immer wieder, Simone. Der erste Eintrag stammt aus dem Januar 2007, das Jahr, in dem ich Abitur gemacht habe. In Rot habe ich oben auf die Seite *Simone de Beauvoir (1908–1986)* geschrieben, darunter klebt ein Ausdruck aus dem Internet: «Freiheit, Selbstbestimmung und Gleichberechtigung betrachten Jean-Paul Sartre und Simone de Beauvoir als die Fundamente aller Werte. Sie gehen davon aus, dass der Einzelne sich erst durch seine Handlungen definiert; es komme darauf an, sich zu entscheiden, ohne sich hinter Traditionen und Religionen, Doktrinen und Ideologien zu verstecken – auch wenn die Verdammung zur Freiheit Angst hervorrufe.»

Ein knappes Jahrhundert früher, im Juli 1929, notiert Simone in ihr Tagebuch: «[Aber] ich lasse mich auf das große Abenteuer ein, ich zu sein.»[1] Da ist sie erst 21, nahezu ihr ganzes Leben liegt noch vor ihr. Und doch hat sie schon so viel erlebt und vor allem einen schwierigen Schritt gewagt – die Abnabelung von ihrem Zuhause, der Bourgeoisie, und den damit verbundenen Werten und Erwartungen. Dabei ist Simone keine aufmüpfige Rebellin, ihr Weg wird auch durch gesellschaftliche Umstände geprägt. Simone nutzt diese Umstände als Starthilfe für ihr neues Leben. Ein Leben, das sie sich selbst aussucht und dessen Leitprinzip die Freiheit ist.

Simones Leben ist ihr Werk, und ihr Werk ist ihr Leben. Während ihres «großen Abenteuers», sie selbst zu sein, hat sie Fehler gemacht, falsche Entscheidungen getroffen. Aber, und das ist der Unterschied zu vielen anderen großen Denkern, darunter Jean-Paul Sartre: Simone ist mit offenen Augen durch die Welt gegangen, sie hat sich selbst genauso schonungslos hinterfragt wie ihre Umgebung. Ihr Blick war stets klar und unerschrocken. Ausreden ließ Simone nicht gelten, weder für sich noch für andere – immer wieder bewies sie die Fähigkeit zur Selbstkritik. Ihr Leben lang blieb sie neugierig, wollte dazulernen und Neues erfahren.

Ihre Furchtlosigkeit, ihre Neugier und ihr unbedingter Wille zur Freiheit sind es, die mich so an Simone faszinieren, seit ich 2007 zum ersten Mal ein Buch von ihr in die Hand nahm.

Noch immer suche ich in bestimmten Augenblicken zielgerichtet nach ihr: Ich lese die Briefe an Sartre, wenn ich durchhänge und Motivation brauche. Die Simone'sche Arbeitswut, die mich dort von fast jeder Seite anspringt, löst verlässlich das Bedürfnis aus, auch aktiv zu werden. Ich lese *Sie kam und blieb*, wenn ich mir Gedanken über Liebe und Partnerschaft mache. Ich lese *Pyrrhus und Cineas*, wenn ich darüber grüble, was mich antreibt, mich bewegt, auch im Hinblick auf andere. Und ich lese *Das andere Geschlecht*, wenn ich mich daran erinnern will, was der Feminismus schon erreicht hat. Vor allem aber auch: wenn ich mich daran erinnern will, was der Feminismus alles noch nicht erreicht hat und ich Munition und Denkanstöße brauche für mein feministisches Engagement.

«Denn das ist mein Leben; niemand kann mir dabei helfen, zu sein»[2], schreibt Simone im Mai 1929 in ihr Tagebuch. Wer heute ihre Bücher und Essays liest, ihre Briefe und Tagebücher, der stellt fest: Simone kann einem sehr wohl dabei helfen, zu sein. Dabei, das eigene Leben als nie endendes Abenteuer zu begreifen und sich auf dieses Abenteuer neugierig, furchtlos und frei einzulassen.

Danksagung

Schreiben ist eine eher einsame Tätigkeit – aber ohne die Unterstützung so vieler verschiedener Menschen wäre dieses Buch nie zustande gekommen. Immer an erster Stelle, meine Familie: Ihr seid die Besten, danke für euer Vertrauen in mich. Johanna und Thore, meine privilegierten Leser. Pia, Caroline, Kora, Madeleine, Katha, Leonie und Klara: Danke fürs Zuhören, Nachfragen, Diskutieren und für euren unendlichen Enthusiasmus. Nora Boeckl, die weltbeste Agentin, und Ida Thiemann, die uns beide zusammengebracht hat. Susanne Frank, die dieses Buch sorgfältig redigiert hat und bei Fragen stets zur Stelle war. Nicht zuletzt ein großes Danke an alle, die den «Oh, Simone»-Blog lesen und kommentieren – dieses Internet ist an sich eben doch eine tolle Sache.

Literaturübersicht

Eigene Werke

Romane

L'Invitée (1943). *Sie kam und blieb* (1953), Rowohlt, Reinbek bei
Hamburg.

Le sang des autres (1945). *Das Blut der anderen* (1963), Rowohlt,
Reinbek bei Hamburg.

Tous les hommes sont mortels (1946). *Alle Menschen sind sterblich*
(1949), Rowohlt, Reinbek bei Hamburg.

Les Mandarins (1954). *Die Mandarins von Paris* (1955), Rowohlt,
Reinbek bei Hamburg.

Les belles images (1966). *Die Welt der schönen Bilder* (1968),
Rowohlt, Reinbek bei Hamburg.

Erzählungen

Quand prime le spirituel (Paris 1979). *Marcelle, Chantal, Lisa ...*
(1981), Rowohlt, Reinbek bei Hamburg.

La femme rompue (1968). *Eine gebrochene Frau* (1969), Rowohlt,
Reinbek bei Hamburg.

Essays und Artikel

Pyrrhus et Cinéas (1944), in: *Soll man de Sade verbrennen? Drei
Essays zur Moral des Existenzialismus* (1964, 1983), Rowohlt,
Reinbek bei Hamburg.

Idéalisme moral et réalisme politique (1945). *Moralischer Idealismus
und politischer Realismus*, in: *Auge um Auge. Artikel zu Politik,*

Moral und Literatur 1945–1955 (1987), Rowohlt, Reinbek bei Hamburg.

Littérature et métaphysique (1946). *Literatur und Metaphysik*, in: *Auge um Auge. Artikel zu Politik, Moral und Literatur 1945–1955* (1987), Rowohlt, Reinbek bei Hamburg.

Œil pour œil (1946). *Auge um Auge*, in: *Auge um Auge. Artikel zu Politik, Moral und Literatur 1945–1955* (1987), Rowohlt, Reinbek bei Hamburg.

Pour une morale de l'ambiguité (1947). *Für eine Moral der Doppelsinnigkeit*, in: *Soll man de Sade verbrennen? Drei Essays zur Moral des Existenzialismus* (1964, 1983), Rowohlt, Reinbek bei Hamburg.

L'existentialisme et la sagesse des nations (1945). *Der Existentialismus und die Volksweisheit*, in: *Auge um Auge. Artikel zu Politik, Moral und Literatur 1945–1955* (1987), Rowohlt, Reinbek bei Hamburg.

Le deuxième sexe (1949). *Das andere Geschlecht* (1951), Rowohlt, Reinbek bei Hamburg.

La pensée de droite, aujourd'hui (1955). *Rechtes Denken, heute*, in: *Auge um Auge. Artikel zu Politik, Moral und Literatur 1945–1955* (1987), Rowohlt, Reinbek bei Hamburg.

Djamila Boupacha (mit Gisèle Halimi, 1962, nicht ins Deutsche übersetzt).

La vieillesse (1970). *Das Alter* (1972), Rowohlt, Reinbek bei Hamburg.

Faut-il brûler Sade? (1972). *Soll man de Sade verbrennen?*, in: *Soll man de Sade verbrennen? Drei Essays zur Moral des Existenzialismus* (1964, 1983), Rowohlt, Reinbek bei Hamburg.

Memoiren und Erinnerungen

Mémoires d'une jeune fille rangée (1958). *Memoiren einer Tochter aus gutem Hause* (1960), Rowohlt, Reinbek bei Hamburg.

La force de l'âge (1960). *In den besten Jahren* (1961), Rowohlt, Reinbek bei Hamburg.

La force des choses (1963). *Der Lauf der Dinge* (1966), Rowohlt,
  Reinbek bei Hamburg.
Une mort très douce (1964). *Ein sanfter Tod* (1965), Rowohlt,
  Reinbek bei Hamburg.
Tout compte fait (1972). *Alles in allem* (1974), Rowohlt, Reinbek
  bei Hamburg.
La cérémonie des adieux (1981). *Die Zeremonie des Abschieds und
  Gespräche mit Jean-Paul Sartre. August – September 1974* (1983),
  Rowohlt, Reinbek bei Hamburg.

Reiseberichte

L'Amérique au jour le jour. (1950). *Amerika Tag und Nacht* (1988),
  Rowohlt, Reinbek bei Hamburg.
La longue marche (1957). *China. Das weitgesteckte Ziel. Jahr-
  tausende – Jahrzehnte* (1960), Rowohlt, Reinbek bei
  Hamburg.

Theaterstücke

Les bouches inutiles (1945, nicht ins Deutsche übersetzt).

Posthum veröffentlichte Werke

Lettres à Sartre, 1930 – 1963 (1990). *Briefe an Sartre. Band 1:
  1930 – 1939* (1997), Rowohlt, Reinbek bei Hamburg.
Lettres à Sartre, 1930 – 1963 (1990). *Briefe an Sartre. Band 2:
  1940 – 1963* (1997), Rowohlt, Reinbek bei Hamburg.
Journal de guerre, Septembre 1939 – Janvier 1941 (1990). *Kriegstage-
  buch. September 1939 bis Januar 1941* (1994), Rowohlt, Reinbek
  bei Hamburg.
Malentendu à Moscou (2013). *Missverständnisse an der Moskwa*
  (1996), Rowohlt, Reinbek bei Hamburg.
Lettres à Nelson Algren: un amour transatlantique 1947 – 1964 (1997).
  Eine transatlantische Liebe. Briefe an Nelson Algren 1947 – 1964
  (1999), Rowohlt, Reinbek bei Hamburg.

Correspondances croisée avec Jacques-Laurent Bost (2004, nicht ins Deutsche übersetzt).
Cahiers de jeunesse 1926–1930 (2008, nicht ins Deutsche übersetzt).

Biographien über Simone de Beauvoir

Bair, Deirdre (1990): *Simone de Beauvoir. Eine Biographie*, Goldmann, München.

Hervé, Florence (2003): *Absolute Simone de Beauvoir*, orange-press, Berlin.

März, Ursula (2013): *Simone de Beauvoir. Leben in Bildern*, Deutscher Kunstverlag, Berlin.

Monteil, Claudine (2002): *Les amants de la liberté. Sartre et Beauvoir dans le siècle*, Éditions J'Ai Lu, Paris.

Monteil, Claudine (2003): *Die Schwestern Hélène und Simone de Beauvoir*, nymphenburger, München.

Rowley, Hazel (2007): *Tête-à-tête: Leben und Lieben von Simone de Beauvoir und Jean-Paul Sartre*, Parthas, Berlin.

Sallenave, Danièle (2008): *Castor de guerre*, Gallimard, Paris.

Seymour-Jones, Carole (2009): *A dangerous liaison. A revelatory new biography of Simone de Beauvoir and Jean-Paul Sartre*, Arrow Books, London.

Van Rossum, Walter (1998): *Simone de Beauvoir und Jean-Paul Sartre. Die Kunst der Nähe*, Rowohlt, Reinbek bei Hamburg.

Westerteicher, Inge (1999): *Das Paris der Simone de Beauvoir*, Edition Ebersbach, Berlin.

Thematische Analysen

Feminismus

Galster, Ingrid (2015): *Simone de Beauvoir und der Feminismus. Ausgewählte Aufsätze*, Argument, Hamburg.

Lundgren-Gothlin, Eva (1996): *Sex and existence. Simone de*

Beauvoir's The Second Sex, Wesleyan University Press, Hanover /
London.

Schönherr-Mann, Hans-Martin (2010): *Simone de Beauvoir und
das andere Geschlecht*, Deutscher Taschenbuch Verlag,
München.

Schwarzer, Alice (2007): *Simone de Beauvoir. Weggefährtinnen im
Gespräch*, Kiepenheuer & Witsch, Köln.

Simons, Margaret A. (1999): *Beauvoir and The Second Sex. Feminism, race, and the origins of existentialism*, Rowman & Littlefield Publishers, Lanham, Maryland.

Simons, Margaret A. / Timmermann, Marybeth (2015): *Simone de
Beauvoir. Feminist Writings*, University of Illinois Press,
Urbana / Chicago / Springfield.

Philosophie

Fullbrook, Edward / Fullbrook, Kate (1998): *Simone de Beauvoir. A
critical introduction*, Polity Press, Cambridge.

Kruks, Sonia (2012): *Simone de Beauvoir and the politics of ambiguity*, Oxford University Press, New York.

Moser, Susanne (2002): *Freiheit und Anerkennung bei Simone de
Beauvoir*, edition diskord, Tübingen.

Pilardi, Jo-Ann (1999): *Simone de Beauvoir. Writing the self.
Philosophy becomes autobiography*, Praeger, Westport /
Connecticut / London.

Vintges, Karen (1996): *Philosophy as passion. The thinking of Simone
de Beauvoir*, Indiana University Press, Bloomington / Indiana.

Werke aus Simone de Beauvoirs Umfeld

Algren, Nelson (1964): *Im Neon-Dschungel*, Rowohlt, Reinbek bei
Hamburg.

Algren, Nelson (1996): *Der Mann mit dem goldenen Arm*, Rowohlt,
Reinbek bei Hamburg.

De Beauvoir, Hélène / Karin Sagner (Hrsg.) (2014): *Souvenirs. Ich habe immer getan, was ich wollte*, Elisabeth Sandmann, München.

Camus, Albert (1997): *Der Fremde*, Rowohlt, Reinbek bei Hamburg.

Camus, Albert (1998): *Die Pest*, Rowohlt, Reinbek bei Hamburg.

Lamblin, Bianca (1994): *Memoiren eines getäuschten Mädchens*, Rowohlt, Reinbek bei Hamburg.

Lanzmann, Claude (2012): *Der patagonische Hase. Erinnerungen*, Rowohlt, Reinbek bei Hamburg.

Leduc, Violette (1989): *Die Bastardin*, Rowohlt, Reinbek bei Hamburg.

Merleau-Ponty, Maurice (2003): *Das Primat der Wahrnehmung*, Suhrkamp, Berlin.

Nizan, Paul (1986): *Aden / Wachhunde*, Rowohlt, Reinbek bei Hamburg.

Sartre, Jean-Paul (1949, 1986): *Zeit der Reife*, Rowohlt, Reinbek bei Hamburg.

Sartre, Jean-Paul (1965, 1973, 1986, 1994, 2000): *Der Existentialismus ist ein Humanismus und andere philosophische Essays 1943–1948*, Rowohlt, Reinbek bei Hamburg.

Sartre, Jean-Paul Sartre (1982): *Der Ekel*, Rowohlt, Reinbek bei Hamburg.

Sartre, Jean-Paul (1984): *Briefe an Simone de Beauvoir und andere. Band 1. 1926–1939*, Rowohlt, Reinbek bei Hamburg.

Sartre, Jean-Paul (1985): *Briefe an Simone de Beauvoir und andere. Band 2. 1940–1963*, Rowohlt, Reinbek bei Hamburg.

Vian, Boris (2015): *Der Schaum der Tage*, Karl Rauch Verlag, Düsseldorf.

Filme und Podcasts über Simone de Beauvoir

Dokumentationen

Simone de Beauvoir live. Ein Filmporträt von Alice Schwarzer (1974).

Spielfilme

Der Liebespakt. Simone de Beauvoir und Sartre (2006), von Ilan Duran Cohen, mit Anna Mouglalis, Loràent Deutsch und Clémence Poésy.

Violette (2014), von Martin Provost, mit Emmanuelle Devos und Sandrine Kiberlain.

Podcasts

Bragg, Melvyn (2015): *Simone de Beauvoir*, BBC. http://www.bbc.co.uk/programmes/b06j5ncn

Diger, Christine / Lecerf, Cristine (2015): *Simone de Beauvoir, absolument*, France Culture. https://www.franceculture.fr/emissions/simone-de-beauvoir-absolument

Knetsch, Gabriele (2010): *Simone de Beauvoir und Jean-Paul Sartre. Zwischen Utopie und Frust*, BR http://www.br.de/radio/bayern2/wissen/radiowissen/beauvoir-sartre-utopie100.html

Neuberger, Joan / Coffin, Judith (2016): *Simone de Beauvoir and ‹The Second Sex›*, 15 Minute History Podcast https://15minute-history.org/2016/05/11/episode-83-simone-de-beauvoir-and-the-second-sex/

thinkPhilosophy (2015): *‹What is a woman› and Simone de Beauvoir's The Second Sex*, thinkPhilosophy Podcast. http://www.thinkphilosophy.org/thinkphilosophy-podcast/ttp5

Personenverzeichnis

ALAIN-FOURNIER (eigentlich Henri-Alban Fournier, 1886–1914): französischer Schriftsteller

MAY ALCOTT, LOUISA (1832–1888): amerikanische Schriftstellerin

ALGREN, NELSON (1909–1981): amerikanischer Schriftsteller; Geliebter Simones

ALTMAN, GEORGES (1901–1960): französischer Journalist, Politiker und ehemaliger Résistance-Kämpfer; 1948 Mitgründer des sozialistischen *Rassemblement démocratique révolutionnaire*

ARAGON, LOUIS (1897–1982): französischer Dichter und Schriftsteller; Begründer des Surrealismus

ARON, RAYMOND (1905–1983): französischer Philosoph, Soziologe und Politologe; ehemaliger Kommilitone Sartres; Mitglied des ersten Redaktionsteams der *Temps Modernes*

AUDRY, COLETTE (1906–1990): französische Schriftstellerin, Dramaturgin, Drehbuchautorin, Sozialistin und Feministin; ehemalige Kollegin Simones in Rouen

BARTHES, ROLAND (1915–1980): französischer Philosoph, Schriftsteller und Literaturkritiker

BEACH, SYLVIA (1887–1962): amerikanische Buchhändlerin und Verlegerin; Inhaberin des Pariser Ladens *Shakespeare & Company*

DE BEAUVOIR, FRANÇOISE (1887–1963): Mutter von Simone und Hélène de Beauvoir

DE BEAUVOIR, GEORGES (1878–1941): Vater von Simone und Hélène de Beauvoir

DE BEAUVOIR, HÉLÈNE (später de Roulet, 1910–2001): französische Malerin; Schwester Simones; Ehefrau Lionel de Roulets

BIENENFELD, BIANCA (später Lamblin, 1921–2011): französische Schriftstellerin und Lehrerin; ehemalige Schülerin und Geliebte Simones

LE BON DE BEAUVOIR, SYLVIE (*1941): französische Philosophieprofessorin und Herausgeberin; Adoptivtochter und Nachlassverwalterin Simones

BOST, JACQUES-LAURENT (1916–1990): französischer Journalist und Schriftsteller; ehemaliger Schüler Sartres und Geliebter Simones; Ehemann Olga Kosakiewiczs

BOUPACHA, DJAMILA (*1938): ehemalige algerische Unabhängigkeitskämpferin

BRASILLACH, ROBERT (1909–1945): französischer Schriftsteller, Journalist und Filmkritiker; während des Zweiten Weltkriegs Kollaborateur der Deutschen

BRETON, ANDRÉ (1896–1966): französischer Dichter und Schriftsteller; Vertreter des Surrealismus

BUBER, MARTIN (1878–1965): österreichisch-israelischer jüdischer Religionsphilosoph

CAMUS, ALBERT (1913–1960): algerisch-französischer Schriftsteller, Journalist, Philosoph und Literaturnobelpreisträger; ehemaliger *Résistance*-Kämpfer

CASTRO, FIDEL (1926–2016): kubanischer Revolutionär und Politiker; ehemaliger Regierungschef, Staatspräsident und Vorsitzender der Kommunistischen Partei Kubas

CAU, JEAN (1925–1993): französischer Journalist und Schriftsteller; ehemaliger Sekretär Sartres

CHAMPIGNEULLE, JACQUES (1907–1955): Cousin und erste Liebe Simones

CHRUSCHTSCHOW, NIKITA (1894–1971): sowjetischer Politiker; ehemaliger Chef der Kommunistischen Partei und Regierungschef der Sowjetunion

CIXOUS, HÉLÈNE (*1937): französische Schriftstellerin und Feminstin; Vertreterin des Poststrukturalismus

COCTEAU, JEAN (1889–1963): französischer Schriftsteller, Dichter, Künstler und Filmemacher; Vertreter des Surrealismus

COLETTE (eigentlich Sidonie-Gabrielle Claudine Colette, 1873–1954): französische Schriftstellerin und Varieté-Künstlerin

DELPHY, CHRISTINE (*1941): französische Soziologin und Feministin; Mitgründerin der Zeitschrift *Nouvelles Questions Féministes*

DERRIDA, JACQUES (1930–2004): französischer Philosoph; Begründer des Dekonstruktivismus und Poststrukturalismus

DOS PASSOS, JOHN (1896–1970): amerikanischer Schriftsteller; Vertreter der amerikanischen Moderne

DOSTOJEWSKI, FJODOR (1821–1881): russischer Schriftsteller

ELIOT, GEORGE (eigentlich Mary Anne Evans, 1819–1880): britische Schriftstellerin, Journalistin und Übersetzerin

ELKAIM-SARTRE, ARLETTE (1935–2016): algerisch-französische Übersetzerin und Herausgeberin; Adoptivtochter und Nachlassverwalterin Sartres

FOUCAULT, MICHEL (1926–1984): französischer Philosoph; Vertreter des Poststrukturalismus

FOUQUE, ANTOINETTE (1936–2014): französische Psychoanalytikerin, Politikerin, Politologin und Feministin

DE GANDILLAC, MAURICE (1906–2006): französischer Philosoph; ehemaliger Kommilitone und Verehrer Simones

GARRIC, ROBERT (1896–1967): französischer Literat und Gründer der *Équipes sociales*; ehemaliger Philosophieprofessor Simones

DE GAULLE, CHARLES (1890–1970): französischer konservativer Politiker und ehemaliger Präsident Frankreichs

GENET, JEAN (1910–1986): französischer Schriftsteller, Dichter und Dramatiker

GERASSI, FERNANDO (1899–1974): in der Türkei geborener Maler; Freund Simones; Ehemann Stephania «Stépha» Gerassis

GERASSI, STEPHANIA «STÉPHA» (?–?): ukrainischstämmige Freundin Simones; Ehefrau Fernando Gerassis

GIACOMETTI, ALBERTO (1901–1966): Schweizer Bildhauer, Maler und Grafiker

GIDE, ANDRÉ (1869–1951): französischer Schriftsteller und Literaturnobelpreisträger

GRENIER, JEAN (1898–1971): französischer Schriftsteller und Philosoph; ehemaliger Lehrer Albert Camus'

GUEVARA, CHE (1928–1967, eigentlich Ernesto Rafael Guevara de la Serna): argentinischer marxistischer Revolutionär und Guerillaführer

GUILLE, PIERRE (?–1971): ehemaliger Kommilitone und Freund Sartres

HALIMI, GISÈLE (*1927): tunesisch-französische Anwältin, Feministin und Politikerin; Gründerin von *Choisir la cause des femmes*

HAMMETT, DASHIELL (1894–1961): amerikanischer Schriftsteller; Begründer des amerikanischen Kriminalromans

HEGEL, GEORG WILHELM FRIEDRICH (1770–1831): deutscher Philosoph; Vertreter des deutschen Idealismus

HEIDEGGER, MARTIN (1889–1976): deutscher Philosoph; Vertreter der Phänomenologie und der Existenzphilosophie

HEMINGWAY, ERNEST (1899–1961): amerikanischer Schriftsteller, Journalist und Literaturnobelpreisträger; Vertreter des modernen Klassizismus

HUSSERL, EDMUND (1859–1938): österreichisch-deutscher Philosoph und Mathematiker; Vertreter der Phänomenologie

IRIGARAY, LUCE (*1930): französische Psychoanalytikerin, Philosophin, Linguistin und Feministin; Begründerin der *écriture féminine*

JASPERS, KARL (1883–1969): deutscher Psychiater und Philosoph; Vertreter der Existenzphilosophie

JEANSON, FRANCIS (1922–2009): französischer Philosoph und Herausgeber

KAFKA, FRANZ (1883–1924): deutschsprachiger Schriftsteller

KANT, IMMANUEL (1724–1804): deutscher Philosoph; Vertreter der Aufklärung

KIERKEGAARD, SÖREN (1813–1855): dänischer Philosoph und Theologe; Vertreter der Existenzphilosophie

KOESTLER, ARTHUR (1905–1983): österreichisch-ungarischer Schriftsteller und Journalist

KOSAKIEWICZ, OLGA (1915–1983): russischstämmige ehemalige Schülerin und Geliebte Simones; Ehefrau Jacques-Laurent Bosts und Schwester Wanda Kosakiewiczs

KOSAKIEWICZ, WANDA (1917–1989): russischstämmige französische Schauspielerin; Geliebte Jean-Paul Sartres und Schwester Olga Kosakiewiczs

KRISTEVA, JULIA (*1941): bulgarisch-französische Linguistin, Psychoanalytikerin und Schriftstellerin

LACAN, JACQUES (1901–1981): französischer Psychoanalytiker und Psychiater; Vertreter des Poststrukturalismus

LACOIN, ÉLISABETH «ZAZA» (1907–1929): französische ehemalige Mitschülerin und Kindheitsfreundin Simones

LANZMANN, CLAUDE (*1925): französischer Journalist, Schriftsteller und Filmemacher; ehemaliger Geliebter Simones

LAWRENCE, D. H. (1885–1930): britischer Schriftsteller, Dichter und Dramatiker

LEBRUN, ALBERT (1871–1950): französischer liberaler Politiker und ehemaliger Präsident Frankreichs

LEDUC, VIOLETTE (1907–1972): französische Schriftstellerin; Schützling Simones

LEIBNIZ, GOTTFRIED WILHELM (1646–1716): deutscher Philosoph und Universalgelehrter; Vordenker der Aufklärung

LEIRIS, LOUISE «ZETTE» (1902–1988): französische Galeristin; Ehefrau Michel Leiris'

LEIRIS, MICHEL (1901–1990): französischer Schriftsteller und Ethnologe; Mitglied des ersten Redaktionsteams der *Temps Modernes*; Ehemann Zette Leiris'

LEVINAS, EMMANUEL (1906–1995): litauisch-französischer
Philosoph und Autor

LÉVI-STRAUSS, CLAUDE (1908–2009): französischer Ethnologe
und Anthropologe; Begründer des Strukturalismus

LÉVY, BERNARD-HENRI (*1948): französischer Philosoph, Journalist und Publizist

MAHEU, RENÉ (1905–1975): französischer Philosophieprofessor
und UNESCO-Diplomat; ehemaliger Geliebter Simones und
Kommilitone Sartres

MALRAUX, ANDRÉ (1901–1976): französischer Schriftsteller,
Filmemacher und linker Politiker; Vordenker des Existenzialismus

MANSFIELD, KATHERINE (1888–1923): neuseeländisch-britische
Schriftstellerin

MARCEL, GABRIEL (1889–1973): französischer Philosoph; Vertreter des christlichen Existenzialismus

MAURIAC, FRANÇOIS (1885–1970): französischer Schriftsteller,
Publizist und Literaturnobelpreisträger

MERLEAU-PONTY, MAURICE (1908–1961): französischer Philosoph; Vertreter der Phänomenologie; ehemaliger Kommilitone
und Freund Simone de Beauvoirs; Mitglied des ersten Redaktionsteams der *Temps Modernes*

MITTERRAND, FRANÇOIS (1916–1966): französischer sozialisti-
scher Politiker und ehemaliger Präsident Frankreichs

MONNIER, ADRIENNE (1892–1955): französische Buchhändlerin
und Verlegerin; Inhaberin des Pariser Buchladens *La Maison
des Amis des Livres*

NIETZSCHE, FRIEDRICH (1844–1900): deutscher Philologe und
Philosoph

NIZAN, HENRIETTE (1907–1993): französische Journalistin und
Übersetzerin; Ehefrau Paul Nizans

NIZAN, PAUL (1905–1940): französischer Schriftsteller, Journalist, Kritiker und marxistischer Aktivist; Kindheitsfreund und
ehemaliger Kommilitone Sartres

OLLIVIER, ALBERT (1915–1964): französischer Historiker, Schriftsteller, gaullistischer Politiker und ehemaliger *Résistance*-Kämpfer; Mitglied des ersten Redaktionsteams der *Temps Modernes*

PARAIN, BRICE (1897–1971): französischer Philosoph, Essayist und Übersetzer; Mitarbeiter des Verlags *Gallimard*

PARDO, GÉRALDINE «GÉGÉ» (?–?): französische Künstlerin; Freundin Hélène und Simone de Beauvoirs

PARSHLEY, HOWARD M. (1884–1953): amerikanischer Zoologe und Übersetzer von *Das andere Geschlecht*

PAULHAN, JEAN (1884–1968): französischer Schriftsteller, Publizist und Literaturkritiker; Chefredakteur der Zeitschrift *Nouvelle Revue Française*; Mitglied des ersten Redaktionsteams der *Temps Modernes*

PÉTAIN, PHILIPPE (1856–1951): französischer Militär, konservativer Politiker und Kollaborateur; Führer des Vichy-Regimes

PICASSO, PABLO (1881–1973): spanischer Maler, Grafiker und Bildhauer

PROUST, MARCEL (1871–1922): französischer Schriftsteller, Kritiker und Essayist

RADIGUET, RAYMOND (1903–1923): französischer Dichter, Schriftsteller und Journalist

REYNAUD, PAUL (1878–1966): französischer liberaler Politiker

ROUDY, YVETTE (*1929): französische sozialistische Politikerin; ehemalige französische Ministerin für Frauenrechte, Mitglied des Europäischen Parlaments und der französischen Nationalversammlung

DE ROULET, LIONEL (?–1990): französischer Diplomat; ehemaliger Schüler Sartres; Ehemann Hélène de Beauvoirs

ROUSSET, DAVID (1912–1997): französischer Schriftsteller und politischer Aktivist; 1948 Mitgründer des sozialistischen *Rassemblement démocratique révolutionnaire*

RUSSELL, BERTRAND (1872–1970): britischer Philosoph, Mathematiker, Historiker, politischer Aktivist und Literaturnobelpreisträger; 1966 Gründer des Russell-Tribunals

VON SALOMON, ERNST (1902–1972): deutscher Schriftsteller und Drehbuchautor; in der Weimarer Republik Mitglied der rechtsterroristischen und antisemitischen Organisation *Consul*

SARRAUTE, NATHALIE (1900–1999): französische Schriftstellerin; Vertreterin des *nouveau roman*

SARTRE, JEAN-PAUL (1905–1980): französischer Philosoph, Schriftsteller, Dramatiker und Publizist; Vertreter des Existenzialismus

SCHWARZER, ALICE (*1942): deutsche Journalistin, Publizistin und Feministin; Gründerin der Zeitschrift *EMMA*

SOROKINE, NATHALIE (später Moffatt, 1926–1967): französische russischstämmige ehemalige Schülerin und Geliebte Simones

STENDHAL (eigentlich Marie-Henri Beyle, 1783–1842): französischer Schriftsteller, Militär und Politiker; Vertreter des literarischen Realismus

VALÉRY, PAUL (1871–1945): französischer Dichter, Philosoph und Essayist

VANETTI EHRENREICH, DOLORÈS (?–?): französische Journalistin und Übersetzerin; ehemalige Geliebte Sartres

VEIL, SIMONE (1927–2017): französische liberale Politikerin; ehemalige französische Gesundheitsministerin

WEIL, SIMONE (1909–1943): französische Philosophin, Mystikerin und politische Aktivistin; ehemalige Kommilitonin Simones

WITTIG, MONIQUE (1935–2003): französische Schriftstellerin und Feministin

WOOLF, VIRGINIA (1882–1941): britische Schriftstellerin und Publizistin

WRIGHT, ELLEN (1912–2004): amerikanische Literaturagentin; Ehefrau Richard Wrights

WRIGHT, RICHARD (1908–1960): amerikanischer Schriftsteller; Ehemann Ellen Wrights

ZANTA, LÉONTINE (1872–1942): französische Philosophin, Lehrerin, Schriftstellerin und Feministin

Quellen

1 Motto, S. 7: de Beauvoir, Simone (1999): *Eine transatlantische Liebe. Briefe an Nelson Algren. 1947–1964*, Rowohlt, Reinbek bei Hamburg, S. 59.

Teil I: Werden

1 De Beauvoir, Simone (1966): *Der Lauf der Dinge*, Rowohlt, Reinbek bei Hamburg, S. 614.
2 De Beauvoir, Simone (1966): *Der Lauf der Dinge*, Rowohlt, Reinbek bei Hamburg, S. 357.
3 De Beauvoir, Hélène (2014): *Souvenirs. Ich habe immer getan, was ich wollte*, Elisabeth Sandmann Verlag, München, S. 31.
4 De Beauvoir, Simone (1958): *Memoiren einer Tochter aus gutem Hause*, Rowohlt, Reinbek bei Hamburg, S. 64.
5 De Beauvoir, Hélène (2014): *Souvenirs. Ich habe immer getan, was ich wollte*, Elisabeth Sandmann Verlag, München, S. 67.
6 Vgl. http://www.faz.net/aktuell/feuilleton/kunstmarkt/ galerien/helene-de-beauvoir-die-andere-beauvoir-1716521. html?printPagedArticle=true#pageIndex_2 (letzter Zugriff: 26.06.2017).
7 De Beauvoir, Hélène (2014): *Souvenirs. Ich habe immer getan, was ich wollte*, Elisabeth Sandmann Verlag, München, S. 81.
8 De Beauvoir, Simone (1958): *Memoiren einer Tochter aus gutem Hause*, Rowohlt, Reinbek bei Hamburg, S. 38.
9 De Beauvoir, Simone (1958): *Memoiren einer Tochter aus gutem Hause*, Rowohlt, Reinbek bei Hamburg, S. 52.

10 De Beauvoir, Simone (1958): *Memoiren einer Tochter aus gutem Hause*, Rowohlt, Reinbek bei Hamburg, S. 117 f.

11 De Beauvoir, Simone (1958): *Memoiren einer Tochter aus gutem Hause*, Rowohlt, Reinbek bei Hamburg, S. 56.

12 De Beauvoir, Simone (1965): *Ein sanfter Tod*, Rowohlt, Reinbek bei Hamburg, S. 19.

13 De Beauvoir, Simone (1965): *Ein sanfter Tod*, Rowohlt, Reinbek bei Hamburg, S. 76.

14 De Beauvoir, Simone (1958): *Memoiren einer Tochter aus gutem Hause*, Rowohlt, Reinbek bei Hamburg, S. 32.

15 De Beauvoir, Simone (1958): *Memoiren einer Tochter aus gutem Hause*, Rowohlt, Reinbek bei Hamburg, S. 33.

16 De Beauvoir, Simone (1965): *Ein sanfter Tod*, Rowohlt, Reinbek bei Hamburg, S. 47.

17 De Beauvoir, Simone (1958): *Memoiren einer Tochter aus gutem Hause*, Rowohlt, Reinbek bei Hamburg, S. 149.

18 De Beauvoir, Simone (2008): *Cahiers de jeunesse. 1926–1930*, Gallimard, Paris, S. 74. (Übersetzung durch die Autorin.)

19 De Beauvoir, Simone (1958): *Memoiren einer Tochter aus gutem Hause*, Rowohlt, Reinbek bei Hamburg, S. 148 f.

20 De Beauvoir, Simone (1958): *Memoiren einer Tochter aus gutem Hause*, Rowohlt, Reinbek bei Hamburg, S. 161.

21 Vgl. Bair, Deirdre (1990): *Simone de Beauvoir. Eine Biographie*, Goldmann, München, S. 67.

22 De Beauvoir, Simone (1958): *Memoiren einer Tochter aus gutem Hause*, Rowohlt, Reinbek bei Hamburg, S. 60 f.

23 De Beauvoir, Simone (1958): *Memoiren einer Tochter aus gutem Hause*, Rowohlt, Reinbek bei Hamburg, S. 61.

24 De Beauvoir, Simone (1999): *Eine transatlantische Liebe. Briefe an Nelson Algren. 1947–1964*, Rowohlt, Reinbek bei Hamburg, S. 433.

25 De Beauvoir, Simone (1966): *Der Lauf der Dinge*, Rowohlt, Reinbek bei Hamburg, S. 230.

26 Bair, Deirdre (1990): *Simone de Beauvoir. Eine Biographie*, Goldmann, München, S. 69.

27 De Beauvoir, Simone (1958): *Memoiren einer Tochter aus gutem Hause*, Rowohlt, Reinbek bei Hamburg, S. 107.

28 De Beauvoir, Simone (1958): *Memoiren einer Tochter aus gutem Hause*, Rowohlt, Reinbek bei Hamburg, S. 175.

29 De Beauvoir, Simone (1958): *Memoiren einer Tochter aus gutem Hause*, Rowohlt, Reinbek bei Hamburg, S. 176 f.

30 Vgl. de Beauvoir, Simone (1958): *Memoiren einer Tochter aus gutem Hause*, Rowohlt, Reinbek bei Hamburg, S. 194.

31 De Beauvoir, Simone (1958): *Memoiren einer Tochter aus gutem Hause*, Rowohlt, Reinbek bei Hamburg, S. 195 f.

32 Vgl. de Beauvoir, Simone (1958): *Memoiren einer Tochter aus gutem Hause*, Rowohlt, Reinbek bei Hamburg, S. 246.

33 Bair, Deirdre (1990): *Simone de Beauvoir. Eine Biographie*, Goldmann, München, S. 107.

34 De Beauvoir, Simone (1958): *Memoiren einer Tochter aus gutem Hause*, Rowohlt, Reinbek bei Hamburg, S. 227.

35 De Beauvoir, Simone (1958): *Memoiren einer Tochter aus gutem Hause*, Rowohlt, Reinbek bei Hamburg, S. 242.

36 De Beauvoir, Simone (1958): *Memoiren einer Tochter aus gutem Hause*, Rowohlt, Reinbek bei Hamburg, S. 254.

37 De Beauvoir, Simone (1958): *Memoiren einer Tochter aus gutem Hause*, Rowohlt, Reinbek bei Hamburg, S. 251.

38 De Beauvoir, Simone (1958): *Memoiren einer Tochter aus gutem Hause*, Rowohlt, Reinbek bei Hamburg, S. 250.

39 De Beauvoir, Simone (1958): *Memoiren einer Tochter aus gutem Hause*, Rowohlt, Reinbek bei Hamburg, S. 279.

40 Bair, Deirdre (1990): *Simone de Beauvoir. Eine Biographie*, Goldmann, München, S. 128.

41 De Beauvoir, Simone (2008): *Cahiers de jeunesse. 1926–1930*, Gallimard, Paris, S. 279 f. (Übersetzung durch die Autorin.)

42 De Beauvoir, Simone (1958): *Memoiren einer Tochter aus gutem Hause*, Rowohlt, Reinbek bei Hamburg, S. 259.

43 De Beauvoir, Simone (1958): *Memoiren einer Tochter aus gutem Hause*, Rowohlt, Reinbek bei Hamburg, S. 260.

44 De Beauvoir, Simone (1958): *Memoiren einer Tochter aus gutem Hause*, Rowohlt, Reinbek bei Hamburg, S. 326 f.

45 De Beauvoir, Simone (1958): *Memoiren einer Tochter aus gutem Hause*, Rowohlt, Reinbek bei Hamburg, S. 409.

46 De Beauvoir, Simone (1958): *Memoiren einer Tochter aus gutem Hause*, Rowohlt, Reinbek bei Hamburg, S. 445.

47 De Beauvoir, Simone (1958): *Memoiren einer Tochter aus gutem Hause*, Rowohlt, Reinbek bei Hamburg, S. 398.

48 De Beauvoir, Simone (1958): *Memoiren einer Tochter aus gutem Hause*, Rowohlt, Reinbek bei Hamburg, S. 519.

49 De Beauvoir, Simone (1965): *Ein sanfter Tod*, Rowohlt, Reinbek bei Hamburg, S. 74.

50 De Beauvoir, Simone (1958): *Memoiren einer Tochter aus gutem Hause*, Rowohlt, Reinbek bei Hamburg, S. 245 f.

51 De Beauvoir, Simone (1958): *Memoiren einer Tochter aus gutem Hause*, Rowohlt, Reinbek bei Hamburg, S. 392.

Teil II: Lieben

1 De Beauvoir, Simone (1961): *In den besten Jahren*, Rowohlt, Reinbek bei Hamburg, S. 24.

2 De Beauvoir, Simone (2008): *Cahiers de jeunesse. 1926–1930*, Gallimard, Paris, S. 733 f. (Übersetzung durch die Autorin.)

3 De Beauvoir, Simone (1958): *Memoiren einer Tochter aus gutem Hause*, Rowohlt, Reinbek bei Hamburg, S. 448.

4 De Beauvoir, Simone (2008): *Cahiers de jeunesse. 1926–1930*, Gallimard, Paris, S. 604. (Übersetzung durch die Autorin.)

5 De Beauvoir, Simone (1958): *Memoiren einer Tochter aus gutem Hause*, Rowohlt, Reinbek bei Hamburg, S. 467.

6 Vgl. Seymour-Jones, Carole (2009): *A dangerous liaison. A*

revelatory new biography of Simone de Beauvoir and Jean-Paul Sartre, Arrow Books, London, S. 65 f.

7   Vgl. Monteil, Claudine (2003): *Die Schwestern Hélène und Simone de Beauvoir*, nymphenburger, München, S. 34.

8   Sartre, Jean-Paul (1965): *Die Wörter*, Rowohlt, Reinbek bei Hamburg, S. 60.

9   Sartre, Jean-Paul (1965): *Die Wörter*, Rowohlt, Reinbek bei Hamburg, S. 65.

10 De Beauvoir, Simone (2008): *Cahiers de jeunesse. 1926–1930*, Gallimard, Paris, S. 704. (Übersetzung durch die Autorin.)

11 De Beauvoir, Simone (2008): *Cahiers de jeunesse. 1926–1930*, Gallimard, Paris, S. 721. (Übersetzung durch die Autorin.)

12 De Beauvoir, Simone (2008): *Cahiers de jeunesse. 1926–1930*, Gallimard, Paris, S. 721. (Übersetzung durch die Autorin.)

13 De Beauvoir, Simone (2008): *Cahiers de jeunesse. 1926–1930*, Gallimard, Paris, S. 723. (Übersetzung durch die Autorin.)

14 De Beauvoir, Simone (1958): *Memoiren einer Tochter aus gutem Hause*, Rowohlt, Reinbek bei Hamburg, S. 490.

15 De Beauvoir, Simone (2008): *Cahiers de jeunesse. 1926–1930*, Gallimard, Paris, S. 727. (Übersetzung durch die Autorin.)

16 De Beauvoir, Simone (1958): *Memoiren einer Tochter aus gutem Hause*, Rowohlt, Reinbek bei Hamburg, S. 209 f.

17 Bair, Deirdre (1990): *Simone de Beauvoir. Eine Biographie*, Goldmann, München, S. 186.

18 Bair, Deirdre (1990): *Simone de Beauvoir. Eine Biographie*, Goldmann, München, S. 186.

19 De Beauvoir, Simone (2008): *Cahiers de jeunesse. 1926–1930*, Gallimard, Paris, S. 758. (Übersetzung durch die Autorin.)

20 De Beauvoir, Simone (1961): *In den besten Jahren*, Rowohlt, Reinbek bei Hamburg, S. 23.

21 Vgl. Seymour-Jones, Carole (2009): *A dangerous liaison. A revelatory new biography of Simone de Beauvoir and Jean-Paul Sartre*, Arrow Books, London, S. 95.

22 De Beauvoir, Simone (1961): *In den besten Jahren*, Rowohlt, Reinbek bei Hamburg, S. 269.

23 De Beauvoir, Simone (1961): *In den besten Jahren*, Rowohlt, Reinbek bei Hamburg, S. 142.

24 De Beauvoir, Simone (1966): *Der Lauf der Dinge*, Rowohlt, Reinbek bei Hamburg, S. 609.

25 De Beauvoir, Simone (1961): *In den besten Jahren*, Rowohlt, Reinbek bei Hamburg, S. 222.

26 Lamblin, Bianca (1994): *Memoiren eines getäuschten Mädchens*, Rowohlt, Reinbek bei Hamburg, S. 21.

27 De Beauvoir, Simone (1997): *Briefe an Sartre. Band 2: 1940–1963*, Rowohlt, Reinbek bei Hamburg, S. 104.

28 De Beauvoir, Simone (1997): *Briefe an Sartre. Band 2: 1940–1963*, Rowohlt, Reinbek bei Hamburg, S. 81.

29 Rowley, Hazel (2006): *Tête-à-tête: The lives and loves of Simone de Beauvoir & Jean-Paul Sartre*, Vintage, London, S. 61.

30 Schwarzer, Alice (2007): *Simone de Beauvoir. Weggefährtinnen im Gespräch*, Kiepenheuer & Witsch, Köln, S. 55 f.

31 De Beauvoir, Simone (1966): *Der Lauf der Dinge*, Rowohlt, Reinbek bei Hamburg, S. 74.

32 Bair, Deirdre (1990): *Simone de Beauvoir. Eine Biographie*, Goldmann, München, S. 412.

33 Der Spiegel 27/1997, S. 159.

34 De Beauvoir, Simone (1999): *Eine transatlantische Liebe. Briefe an Nelson Algren. 1947–1964*, Rowohlt, Reinbek bei Hamburg, S. 232.

35 De Beauvoir, Simone (1999): *Eine transatlantische Liebe. Briefe an Nelson Algren. 1947–1964*, Rowohlt, Reinbek bei Hamburg, S. 74.

36 De Beauvoir, Simone (1999): *Eine transatlantische Liebe. Briefe an Nelson Algren. 1947–1964*, Rowohlt, Reinbek bei Hamburg, S. 557.

37 Lanzmann, Claude (2012): *Der patagonische Hase. Erinnerungen*, Rowohlt, Reinbek bei Hamburg, S. 278.

38 Lanzmann, Claude (2012): *Der patagonische Hase. Erinnerungen*, Rowohlt, Reinbek bei Hamburg, S. 275.

39 http://sz-magazin.sueddeutsche.de/texte/anzeigen/43840/
Ich-wollte-erfahren-wie-man-fuenf-Millionen-Menschen-vergast (letzter Zugriff: 26. 06. 2017).

40 http://sz-magazin.sueddeutsche.de/texte/anzeigen/43840/
Ich-wollte-erfahren-wie-man-fuenf-Millionen-Menschen-vergast (letzter Zugriff: 26. 06. 2017).

41 De Beauvoir, Simone (1999): *Eine transatlantische Liebe. Briefe an Nelson Algren. 1947–1964*, Rowohlt, Reinbek bei Hamburg, S. 791.

42 Vgl. Seymour-Jones, Carole (2009): *A dangerous liaison. A revelatory new biography of Simone de Beauvoir and Jean-Paul Sartre*, Arrow Books, London, S. 407.

43 De Beauvoir, Simone (1966): *Der Lauf der Dinge*, Rowohlt, Reinbek bei Hamburg, S. 161.

44 Bair, Deirdre (1990): *Simone de Beauvoir. Eine Biographie*, Goldmann, München, S. 640.

45 Schwarzer, Alice (2007): *Simone de Beauvoir. Weggefährtinnen im Gespräch*, Kiepenheuer & Witsch, Köln, S. 93.

46 Vgl. Bair, Deirdre (1990): *Simone de Beauvoir. Eine Biographie*, Goldmann, München, S. 647.

47 De Beauvoir, Simone (1966): *Der Lauf der Dinge*, Rowohlt, Reinbek bei Hamburg, S. 611.

Teil III: Denken

1 De Beauvoir, Simone (1958): *Memoiren einer Tochter aus gutem Hause*, Rowohlt, Reinbek bei Hamburg, S. 497.

2 De Beauvoir, Simone (1961): *In den besten Jahren*, Rowohlt, Reinbek bei Hamburg, S. 467.

3 De Beauvoir, Simone (1961): *In den besten Jahren*, Rowohlt, Reinbek bei Hamburg, S. 469.

4 De Beauvoir, Simone (1958): *Memoiren einer Tochter aus gutem Hause*, Rowohlt, Reinbek bei Hamburg, S. 226.

5 De Beauvoir, Simone (1958): *Memoiren einer Tochter aus gutem Hause*, Rowohlt, Reinbek bei Hamburg, S. 227.

6 De Beauvoir, Simone (1958): *Memoiren einer Tochter aus gutem Hause*, Rowohlt, Reinbek bei Hamburg, S. 343.

7 De Beauvoir, Simone (1958): *Memoiren einer Tochter aus gutem Hause*, Rowohlt, Reinbek bei Hamburg, S. 343.

8 De Beauvoir, Simone (1958): *Memoiren einer Tochter aus gutem Hause*, Rowohlt, Reinbek bei Hamburg, S. 343.

9 De Beauvoir, Simone (1958): *Memoiren einer Tochter aus gutem Hause*, Rowohlt, Reinbek bei Hamburg, S. 343.

10 De Beauvoir, Simone (1958): *Memoiren einer Tochter aus gutem Hause*, Rowohlt, Reinbek bei Hamburg, S. 497.

11 Cohen-Solal, Annie (1988): *Sartre. 1905–1980*, Rowohlt, Reinbek bei Hamburg, S. 137 f.

12 De Beauvoir, Simone (1961): *In den besten Jahren*, Rowohlt, Reinbek bei Hamburg, S. 41.

13 De Beauvoir, Simone (1961): *In den besten Jahren*, Rowohlt, Reinbek bei Hamburg, S. 110.

14 De Beauvoir, Simone (1961): *In den besten Jahren*, Rowohlt, Reinbek bei Hamburg, S. 112.

15 De Beauvoir, Simone (1961): *In den besten Jahren*, Rowohlt, Reinbek bei Hamburg, S. 118.

16 De Beauvoir, Simone (1961): *In den besten Jahren*, Rowohlt, Reinbek bei Hamburg, S. 118.

17 De Beauvoir, Simone (1961): *In den besten Jahren*, Rowohlt, Reinbek bei Hamburg, S. 173.

18 De Beauvoir, Simone (1961): *In den besten Jahren*, Rowohlt, Reinbek bei Hamburg, S. 84.

19 De Beauvoir, Simone (1961): *In den besten Jahren*, Rowohlt, Reinbek bei Hamburg, S. 84.

20 De Beauvoir, Simone (1966): *Der Lauf der Dinge*, Rowohlt, Reinbek bei Hamburg, S. 12.

21 De Beauvoir, Simone (1966): *Der Lauf der Dinge*, Rowohlt, Reinbek bei Hamburg, S. 45.

22 De Beauvoir, Simone (1966): *Der Lauf der Dinge*, Rowohlt, Reinbek bei Hamburg, S. 45.

23 De Beauvoir, Simone (1966): *Der Lauf der Dinge*, Rowohlt, Reinbek bei Hamburg, S. 46.

24 De Beauvoir, Simone (1966): *Der Lauf der Dinge*, Rowohlt, Reinbek bei Hamburg, S. 45.

25 De Beauvoir, Simone (1966): *Der Lauf der Dinge*, Rowohlt, Reinbek bei Hamburg, S. 143.

26 Sartre, Jean-Paul (1965, 1973, 1986, 1994, 2000): *Der Existentialismus ist ein Humanismus und andere philosophische Essays 1943–1948*, Rowohlt, Reinbek bei Hamburg, S. 146.

27 De Beauvoir, Simone (1987): *Auge um Auge*, in: *Auge um Auge. Artikel zu Politik, Moral und Literatur 1945–1955*, Rowohlt, Reinbek bei Hamburg, S. 35.

28 http://www.zeit.de/1949/14/die-mode-der-existentialisten/komplettansicht (letzter Zugriff: 26.06.2017).

29 Sartre, Jean-Paul (1965, 1973, 1986, 1994, 2000): *Zum Existentialismus. Eine Klarstellung*, in: *Der Existentialismus ist ein Humanismus und andere philosophische Essays 1943–1948*, Rowohlt, Reinbek bei Hamburg, S. 116.

30 Sartre, Jean-Paul (1965, 1973, 1986, 1994, 2000): *Der Existentialismus ist ein Humanismus*, in: *Der Existentialismus ist ein Humanismus und andere philosophische Essays 1943–1948*, Rowohlt, Reinbek bei Hamburg, S. 150.

31 Sartre, Jean-Paul (1965, 1973, 1986, 1994, 2000): *Der Existentialismus ist ein Humanismus*, in: *Der Existentialismus ist ein Humanismus und andere philosophische Essays 1943–1948*, Rowohlt, Reinbek bei Hamburg, S. 154.

32 Sartre, Jean-Paul (1965, 1973, 1986, 1994, 2000): *Der Existentialismus ist ein Humanismus*, in: *Der Existentialismus ist ein Humanismus und andere philosophische Essays 1943–1948*, Rowohlt, Reinbek bei Hamburg, S. 155.

33 De Beauvoir, Simone (1964, 1983): *Für eine Moral der Doppelsinnigkeit*, in: *Soll man de Sade verbrennen? Drei Essays zur Moral des Existenzialismus*, Rowohlt, Reinbek bei Hamburg, S. 169.

34 De Beauvoir, Simone (1964, 1983): *Pyrrhus und Cineas*, in: *Soll man de Sade verbrennen? Drei Essays zur Moral des Existenzialismus*, Rowohlt, Reinbek bei Hamburg, S. 196.

35 Sartre, Jean-Paul (1965, 1973, 1986, 1994, 2000): *Der Existentialismus ist ein Humanismus*, in: *Der Existentialismus ist ein Humanismus und andere philosophische Essays 1943–1948*, Rowohlt, Reinbek bei Hamburg, S. 172.

36 De Beauvoir, Simone (1964, 1983): *Soll man de Sade verbrennen?*, in: *Soll man de Sade verbrennen? Drei Essays zur Moral des Existenzialismus*, Rowohlt, Reinbek bei Hamburg, S. 70.

37 Vgl. de Beauvoir, Simone (1964, 1983): *Für eine Moral der Doppelsinnigkeit*, in: *Soll man de Sade verbrennen? Drei Essays zur Moral des Existenzialismus*, Rowohlt, Reinbek bei Hamburg, S. 145.

38 Vgl. Moser, Susanne (2002): *Freiheit und Anerkennung bei Simone de Beauvoir*, edition diskord, Tübingen, S. 92.

39 Vgl. de Beauvoir, Simone (1958): *Memoiren einer Tochter aus gutem Hause*, Rowohlt, Reinbek bei Hamburg, S. 425 f.

40 De Beauvoir, Simone (1953): *Sie kam und blieb*, Rowohlt, Reinbek bei Hamburg, S. 413.

41 De Beauvoir, Simone (1961): *In den besten Jahren*, Rowohlt, Reinbek bei Hamburg, S. 467.

42 Vgl. Moser, Susanne (2002): *Freiheit und Anerkennung bei Simone de Beauvoir*, edition diskord, Tübingen, S. 58.

43 Vgl. Moser, Susanne (2002): *Freiheit und Anerkennung bei Simone de Beauvoir*, edition diskord, Tübingen, S. 63.

44 De Beauvoir, Simone (1961): *In den besten Jahren*, Rowohlt, Reinbek bei Hamburg, S. 468 f.

45 De Beauvoir, Simone (1964, 1983): *Für eine Moral der Doppelsinnigkeit*, in: *Soll man de Sade verbrennen? Drei Essays zur*

Moral des Existenzialismus, Rowohlt, Reinbek bei Hamburg,
S. 85.

46 De Beauvoir, Simone (1964, 1983): *Für eine Moral der Doppel-
sinnigkeit?*, in: *Soll man de Sade verbrennen? Drei Essays zur
Moral des Existenzialismus*, Rowohlt, Reinbek bei Hamburg,
S. 87.

47 Vgl. de Beauvoir, Simone (1964, 1983): *Für eine Moral der
Doppelsinnigkeit*, in: *Soll man de Sade verbrennen? Drei
Essays zur Moral des Existenzialismus*, Rowohlt, Reinbek bei
Hamburg, S. 87.

48 De Beauvoir, Simone (1964, 1983): *Für eine Moral der Doppel-
sinnigkeit*, in: *Soll man de Sade verbrennen? Drei Essays zur
Moral des Existenzialismus*, Rowohlt, Reinbek bei Hamburg,
S. 127.

49 De Beauvoir, Simone (1987): *Literatur und Metaphysik*,
in: *Auge um Auge. Artikel zu Politik, Moral und Literatur
1945–1955*, Rowohlt, Reinbek bei Hamburg, S. 97.

50 De Beauvoir, Simone (1953): *Sie kam und blieb*, Rowohlt,
Reinbek bei Hamburg, S. 414.

51 De Beauvoir, Simone (1961): *In den besten Jahren*, Rowohlt,
Reinbek bei Hamburg, S. 189.

52 De Beauvoir, Simone (1961): *In den besten Jahren*, Rowohlt,
Reinbek bei Hamburg, S. 189 f.

53 De Beauvoir, Simone (1961): *In den besten Jahren*, Rowohlt,
Reinbek bei Hamburg, S. 189.

54 Simons, Margaret A. (1999): *Beauvoir and The Second Sex.
Feminism, Race and the Origins of Existentialism*, Rowman &
Littlefield Publishers, Lanham / Oxford, S. 93. (Übersetzung
durch die Autorin.)

55 De Beauvoir, Simone (1958): *Memoiren einer Tochter aus gutem
Hause*, Rowohlt, Reinbek bei Hamburg, S. 203 f.

Teil IV: Schreiben

1 De Beauvoir, Simone (1974): *Alles in allem*, Rowohlt, Reinbek bei Hamburg, S. 123.

2 De Beauvoir, Simone (1958): *Memoiren einer Tochter aus gutem Hause*, Rowohlt, Reinbek bei Hamburg, S. 74.

3 De Beauvoir, Simone (1958): *Memoiren einer Tochter aus gutem Hause*, Rowohlt, Reinbek bei Hamburg, S. 129.

4 De Beauvoir, Simone (1958): *Memoiren einer Tochter aus gutem Hause*, Rowohlt, Reinbek bei Hamburg, S. 76.

5 De Beauvoir, Simone (1958): *Memoiren einer Tochter aus gutem Hause*, Rowohlt, Reinbek bei Hamburg, S. 202.

6 De Beauvoir, Simone (1958): *Memoiren einer Tochter aus gutem Hause*, Rowohlt, Reinbek bei Hamburg, S. 202.

7 Vgl. de Beauvoir, Simone (1958): *Memoiren einer Tochter aus gutem Hause*, Rowohlt, Reinbek bei Hamburg, S. 202.

8 De Beauvoir, Simone (1958): *Memoiren einer Tochter aus gutem Hause*, Rowohlt, Reinbek bei Hamburg, S. 202f.

9 De Beauvoir, Simone (1958): *Memoiren einer Tochter aus gutem Hause*, Rowohlt, Reinbek bei Hamburg, S. 201.

10 De Beauvoir, Simone (1958): *Memoiren einer Tochter aus gutem Hause*, Rowohlt, Reinbek bei Hamburg, S. 203f.

11 De Beauvoir, Simone (1958): *Memoiren einer Tochter aus gutem Hause*, Rowohlt, Reinbek bei Hamburg, S. 266.

12 De Beauvoir, Simone (1958): *Memoiren einer Tochter aus gutem Hause*, Rowohlt, Reinbek bei Hamburg, S. 266.

13 De Beauvoir, Simone (1958): *Memoiren einer Tochter aus gutem Hause*, Rowohlt, Reinbek bei Hamburg, S. 336.

14 De Beauvoir, Simone (1961): *In den besten Jahren*, Rowohlt, Reinbek bei Hamburg, S. 309.

15 De Beauvoir, Simone (1961): *In den besten Jahren*, Rowohlt, Reinbek bei Hamburg, S. 292.

16 Vgl. de Beauvoir, Simone (1961): *In den besten Jahren*, Rowohlt, Reinbek bei Hamburg, S. 49.

17 De Beauvoir, Simone (1961): *In den besten Jahren*, Rowohlt, Reinbek bei Hamburg, S. 55.

18 De Beauvoir, Simone (1961): *In den besten Jahren*, Rowohlt, Reinbek bei Hamburg, S. 160.

19 De Beauvoir, Simone (1961): *In den besten Jahren*, Rowohlt, Reinbek bei Hamburg, S. 161.

20 Vgl. https://www.theparisreview.org/interviews/4444/simone-debeauvoir-the-art-of-fiction-no-35-simone-de-beauvoir (letzter Zugriff: 26.06.2017).

21 Vgl. de Beauvoir, Simone (1974): *Alles in allem*, Rowohlt, Reinbek bei Hamburg, S. 470.

22 De Beauvoir, Simone (1999): *Eine transatlantische Liebe. Briefe an Nelson Algren. 1947–1964*, Rowohlt, Reinbek bei Hamburg, S. 366.

23 De Beauvoir, Simone (1966): *Der Lauf der Dinge*, Rowohlt, Reinbek bei Hamburg, S. 52.

24 De Beauvoir, Simone (1961): *In den besten Jahren*, Rowohlt, Reinbek bei Hamburg, S. 89.

25 De Beauvoir, Simone (1961): *In den besten Jahren*, Rowohlt, Reinbek bei Hamburg, S. 190.

26 De Beauvoir, Simone (1961): *In den besten Jahren*, Rowohlt, Reinbek bei Hamburg, S. 277.

27 Bair, Deirdre (1990): *Simone de Beauvoir. Eine Biographie*, Goldmann, München, S. 251.

28 De Beauvoir, Simone (1999): *Eine transatlantische Liebe. Briefe an Nelson Algren. 1947–1964*, Rowohlt, Reinbek bei Hamburg, S. 205.

29 De Beauvoir, Simone (1961): *In den besten Jahren*, Rowohlt, Reinbek bei Hamburg, S. 268.

30 De Beauvoir, Simone (1961): *In den besten Jahren*, Rowohlt, Reinbek bei Hamburg, S. 268.

31 De Beauvoir, Simone (1961): *In den besten Jahren*, Rowohlt, Reinbek bei Hamburg, S. 310.

32 De Beauvoir, Simone (1953): *Sie kam und blieb*, Rowohlt,
    Reinbek bei Hamburg, S. 218 f.

33 De Beauvoir, Simone (1953): *Sie kam und blieb*, Rowohlt,
    Reinbek bei Hamburg, S. 75.

34 De Beauvoir, Simone (1961): *In den besten Jahren*, Rowohlt,
    Reinbek bei Hamburg, S. 288.

35 Vgl. de Beauvoir, Simone (1961): *In den besten Jahren*, Rowohlt,
    Reinbek bei Hamburg, S. 207.

36 De Beauvoir, Simone (1961): *In den besten Jahren*, Rowohlt,
    Reinbek bei Hamburg, S. 292.

37 De Beauvoir, Simone (1961): *In den besten Jahren*, Rowohlt,
    Reinbek bei Hamburg, S. 292.

38 Bair, Deirdre (1990): *Simone de Beauvoir. Eine Biographie*,
    Goldmann, München, S. 277.

39 De Beauvoir, Simone (1961): *In den besten Jahren*, Rowohlt,
    Reinbek bei Hamburg, S. 287.

40 De Beauvoir, Simone (1961): *In den besten Jahren*, Rowohlt,
    Reinbek bei Hamburg, S. 161.

41 De Beauvoir, Simone (1961): *In den besten Jahren*, Rowohlt,
    Reinbek bei Hamburg, S. 467.

42 De Beauvoir, Simone (1961): *In den besten Jahren*, Rowohlt,
    Reinbek bei Hamburg, S. 467.

43 De Beauvoir, Simone (1963): *Das Blut der anderen*, Rowohlt,
    Reinbek bei Hamburg, S. 113.

44 Vgl. de Beauvoir, Simone (1961): *In den besten Jahren*, Rowohlt,
    Reinbek bei Hamburg, S. 465.

45 De Beauvoir, Simone (1961): *In den besten Jahren*, Rowohlt,
    Reinbek bei Hamburg, S. 517 f.

46 De Beauvoir, Simone (1966): *Der Lauf der Dinge*, Rowohlt,
    Reinbek bei Hamburg, S. 255.

47 De Beauvoir, Simone (1966): *Der Lauf der Dinge*, Rowohlt,
    Reinbek bei Hamburg, S. 256.

48 De Beauvoir, Simone (1974): *Alles in allem*, Rowohlt, Reinbek
    bei Hamburg, S. 35.

49 De Beauvoir, Simone (1966): *Der Lauf der Dinge*, Rowohlt, Reinbek bei Hamburg, S. 256.

50 De Beauvoir, Simone (1966): *Der Lauf der Dinge*, Rowohlt, Reinbek bei Hamburg, S. 259 f.

51 De Beauvoir, Simone (1966): *Der Lauf der Dinge*, Rowohlt, Reinbek bei Hamburg, S. 261.

52 De Beauvoir, Simone (1999): *Eine transatlantische Liebe. Briefe an Nelson Algren. 1947–1964*, Rowohlt, Reinbek bei Hamburg, S. 309.

53 De Beauvoir, Simone (1999): *Eine transatlantische Liebe. Briefe an Nelson Algren. 1947–1964*, Rowohlt, Reinbek bei Hamburg, S. 122.

54 De Beauvoir, Simone (1999): *Eine transatlantische Liebe. Briefe an Nelson Algren. 1947–1964*, Rowohlt, Reinbek bei Hamburg, S. 44.

55 De Beauvoir, Simone (1999): *Eine transatlantische Liebe. Briefe an Nelson Algren. 1947–1964*, Rowohlt, Reinbek bei Hamburg, S. 399.

56 De Beauvoir, Simone (1999): *Eine transatlantische Liebe. Briefe an Nelson Algren. 1947–1964*, Rowohlt, Reinbek bei Hamburg, S. 733 f.

57 De Beauvoir, Simone (1966): *Der Lauf der Dinge*, Rowohlt, Reinbek bei Hamburg, S. 440.

58 De Beauvoir, Simone (1966): *Der Lauf der Dinge*, Rowohlt, Reinbek bei Hamburg, S. 265.

59 De Beauvoir, Simone (1966): *Der Lauf der Dinge*, Rowohlt, Reinbek bei Hamburg, S. 357.

60 De Beauvoir, Simone (1961): *In den besten Jahren*, Rowohlt, Reinbek bei Hamburg, S. 8.

61 De Beauvoir, Simone (1958): *Memoiren einer Tochter aus gutem Hause*, Rowohlt, Reinbek bei Hamburg, S. 14.

62 De Beauvoir, Simone (1958): *Memoiren einer Tochter aus gutem Hause*, Rowohlt, Reinbek bei Hamburg, S. 20.

63 De Beauvoir, Simone (1966): *Der Lauf der Dinge*, Rowohlt,
   Reinbek bei Hamburg, S. 546.

64 De Beauvoir, Simone (1966): *Der Lauf der Dinge*, Rowohlt,
   Reinbek bei Hamburg, S. 611.

65 De Beauvoir, Simone (1999): *Eine transatlantische Liebe. Briefe
   an Nelson Algren. 1947–1964*, Rowohlt, Reinbek bei Hamburg,
   S. 107.

66 De Beauvoir, Simone (1958): *Memoiren einer Tochter aus gutem
   Hause*, Rowohlt, Reinbek bei Hamburg, S. 202 f.

67 De Beauvoir, Simone (1966): *Der Lauf der Dinge*, Rowohlt,
   Reinbek bei Hamburg, S. 611.

68 De Beauvoir, Simone (1974): *Alles in allem*, Rowohlt, Reinbek
   bei Hamburg, S. 469.

69 De Beauvoir, Simone (1974): *Alles in allem*, Rowohlt, Reinbek
   bei Hamburg, S. 470.

70 De Beauvoir, Simone (1974): *Alles in allem*, Rowohlt, Reinbek
   bei Hamburg, S. 470.

71 De Beauvoir, Simone (1974): *Alles in allem*, Rowohlt, Reinbek
   bei Hamburg, S. 470.

Teil V: Handeln

1 De Beauvoir, Simone (1961): *In den besten Jahren*, Rowohlt,
   Reinbek bei Hamburg, S. 511.

2 Hervé, Florence (2003): *Absolute Simone de Beauvoir*,
   orange-press, Berlin, S. 189.

3 De Beauvoir, Simone (1961): *In den besten Jahren*, Rowohlt,
   Reinbek bei Hamburg, S. 17.

4 De Beauvoir, Simone (1961): *In den besten Jahren*, Rowohlt,
   Reinbek bei Hamburg, S. 41.

5 De Beauvoir, Simone (1961): *In den besten Jahren*, Rowohlt,
   Reinbek bei Hamburg, S. 235.

6 Vgl. Bair, Deirdre (1990): *Simone de Beauvoir. Eine Biographie*, Goldmann, München, S. 295.

7 De Beauvoir, Simone (1961): *In den besten Jahren*, Rowohlt, Reinbek bei Hamburg, S. 393.

8 Vgl. Galster, Ingrid (2015): *Simone de Beauvoir und der Feminismus. Ausgewählte Aufsätze*, Argument, Hamburg, S. 122 f.

9 De Beauvoir, Simone (1997): *Briefe an Sartre. Band 2: 1940–1963*, Rowohlt, Reinbek bei Hamburg, S. 145.

10 Vgl. Galster, Ingrid (2015): *Simone de Beauvoir und der Feminismus. Ausgewählte Aufsätze*, Argument, Hamburg, S. 122.

11 Vgl. Galster, Ingrid (2015): *Simone de Beauvoir und der Feminismus. Ausgewählte Aufsätze*, Argument, Hamburg, S. 123.

12 Bair, Deirdre (1990): *Simone de Beauvoir. Eine Biographie*, Goldmann, München, S. 296.

13 De Beauvoir, Simone (1961): *In den besten Jahren*, Rowohlt, Reinbek bei Hamburg, S. 361.

14 De Beauvoir, Simone (1961): *In den besten Jahren*, Rowohlt, Reinbek bei Hamburg, S. 410.

15 De Beauvoir, Simone (1961): *In den besten Jahren*, Rowohlt, Reinbek bei Hamburg, S. 411.

16 De Beauvoir, Simone (1961): *In den besten Jahren*, Rowohlt, Reinbek bei Hamburg, S. 304.

17 De Beauvoir, Simone (1997): *Briefe an Sartre. Band 1: 1930–1939*, Rowohlt, Reinbek bei Hamburg, S. 209.

18 Sartre, Jean-Paul (1984): *Briefe an Simone de Beauvoir und andere. Band 1. 1926–1939*, Rowohlt, Reinbek bei Hamburg, S. 370.

19 Vgl. Galster, Ingrid (2015): *Simone de Beauvoir und der Feminismus. Ausgewählte Aufsätze*, Argument, Hamburg, S. 99.

20 De Beauvoir, Simone (1961): *In den besten Jahren*, Rowohlt, Reinbek bei Hamburg, S. 415.

21 Vgl. de Beauvoir, Simone (1961): *In den besten Jahren*, Rowohlt, Reinbek bei Hamburg, S. 413.

22 Vgl. Galster, Ingrid (2015): *Simone de Beauvoir und der Feminismus. Ausgewählte Aufsätze*, Argument, Hamburg, S. 106.

23 Vgl. Galster, Ingrid (2015): *Simone de Beauvoir und der Feminismus. Ausgewählte Aufsätze*, Argument, Hamburg, S. 119.

24 De Beauvoir, Simone (1961): *In den besten Jahren*, Rowohlt, Reinbek bei Hamburg, S. 440.

25 De Beauvoir, Simone (1961): *In den besten Jahren*, Rowohlt, Reinbek bei Hamburg, S. 482.

26 Seymour-Jones, Carole (2009): *A dangerous liaison. A revelatory new biography of Simone de Beauvoir and Jean-Paul Sartre*, Arrow Books, London, S. 323.

27 De Beauvoir, Simone (1961): *In den besten Jahren*, Rowohlt, Reinbek bei Hamburg, S. 511.

28 De Beauvoir, Simone (1966): *Der Lauf der Dinge*, Rowohlt, Reinbek bei Hamburg, S. 28.

29 De Beauvoir, Simone (1966): *Der Lauf der Dinge*, Rowohlt, Reinbek bei Hamburg, S. 54.

30 Vgl. Bair, Deirdre (1990): *Simone de Beauvoir. Eine Biographie*, Goldmann, München, S. 443.

31 Vgl. Bair, Deirdre (1990): *Simone de Beauvoir. Eine Biographie*, Goldmann, München, S. 443.

32 Vgl. Kruks, Sonia (2012): *Simone de Beauvoir and the politics of ambiguity*, Oxford University Press, New York, S. 33.

33 Vgl. Kruks, Sonia (2012): *Simone de Beauvoir and the politics of ambiguity*, Oxford University Press, New York, S. 150.

34 De Beauvoir, Simone (1988): *Amerika Tag und Nacht*, Rowohlt, Reinbek bei Hamburg, S. 199.

35 De Beauvoir, Simone (1988): *Amerika Tag und Nacht*, Rowohlt, Reinbek bei Hamburg, S. 229.

36 De Beauvoir, Simone (1966): *Der Lauf der Dinge*, Rowohlt, Reinbek bei Hamburg, S. 438.

37 De Beauvoir, Simone (1966): *Der Lauf der Dinge*, Rowohlt,
    Reinbek bei Hamburg, S. 439.

38 De Beauvoir, Simone (1966): *Der Lauf der Dinge*, Rowohlt,
    Reinbek bei Hamburg, S. 581.

39 De Beauvoir, Simone (1966): *Der Lauf der Dinge*, Rowohlt,
    Reinbek bei Hamburg, S. 52.

40 Vgl. Bair, Deirdre (1990): *Simone de Beauvoir. Eine Biographie*,
    Goldmann, München, S. 670.

41 De Beauvoir, Simone (1974): *Alles in allem*, Rowohlt, Reinbek
    bei Hamburg, S. 217.

42 De Beauvoir, Simone (1974): *Alles in allem*, Rowohlt, Reinbek
    bei Hamburg, S. 341.

43 De Beauvoir, Simone (1974): *Alles in allem*, Rowohlt, Reinbek
    bei Hamburg, S. 343.

44 De Beauvoir, Simone (1966): *Der Lauf der Dinge*, Rowohlt,
    Reinbek bei Hamburg, S. 467.

45 De Beauvoir, Simone (1974): *Alles in allem*, Rowohlt, Reinbek
    bei Hamburg, S. 314.

46 Vgl. de Beauvoir, Simone (1974): *Alles in allem*, Rowohlt,
    Reinbek bei Hamburg, S. 297.

47 De Beauvoir, Simone (1974): *Alles in allem*, Rowohlt, Reinbek
    bei Hamburg, S. 287.

48 De Beauvoir, Simone (1974): *Alles in allem*, Rowohlt, Reinbek
    bei Hamburg, S. 356.

49 Vgl. de Beauvoir, Simone (1974): *Alles in allem*, Rowohlt,
    Reinbek bei Hamburg, S. 351.

50 De Beauvoir, Simone (1974): *Alles in allem*, Rowohlt, Reinbek
    bei Hamburg, S. 391.

51 Lanzmann, Claude (2012): *Der patagonische Hase. Erinnerun-
    gen*, Rowohlt, Reinbek bei Hamburg, S. 343.

52 De Beauvoir, Simone (1966): *Der Lauf der Dinge*, Rowohlt,
    Reinbek bei Hamburg, S. 32.

53 De Beauvoir, Simone (1961): *In den besten Jahren*, Rowohlt,
    Reinbek bei Hamburg, S. 616.

Teil VI: Kämpfen

1 Schwarzer, Alice (2007): *Simone de Beauvoir. Weggefährtinnen im Gespräch*, Kiepenheuer & Witsch, Köln, S. 75.

2 Vgl. de Beauvoir, Simone (1966): *Der Lauf der Dinge*, Rowohlt, Reinbek bei Hamburg, S. 97.

3 De Beauvoir, Simone (1958): *Memoiren einer Tochter aus gutem Hause*, Rowohlt, Reinbek bei Hamburg, S. 426.

4 De Beauvoir, Simone (1966): *Der Lauf der Dinge*, Rowohlt, Reinbek bei Hamburg, S. 97 f.

5 De Beauvoir, Simone (1966): *Der Lauf der Dinge*, Rowohlt, Reinbek bei Hamburg, S. 98.

6 De Beauvoir, Simone (1966): *Der Lauf der Dinge*, Rowohlt, Reinbek bei Hamburg, S. 183.

7 Vgl. de Beauvoir, Simone (1958): *Memoiren einer Tochter aus gutem Hause*, Rowohlt, Reinbek bei Hamburg, S. 427.

8 De Beauvoir, Simone (1958): *Memoiren einer Tochter aus gutem Hause*, Rowohlt, Reinbek bei Hamburg, S. 427.

9 De Beauvoir, Simone (1999): *Eine transatlantische Liebe. Briefe an Nelson Algren. 1947–1964*, Rowohlt, Reinbek bei Hamburg, S. 195.

10 Vgl. Seymour-Jones, Carole (2009): *A dangerous liaison. A revelatory new biography of Simone de Beauvoir and Jean-Paul Sartre*, Arrow Books, London, S. 338.

11 De Beauvoir, Simone (1988): *Amerika Tag und Nacht*, Rowohlt, Reinbek bei Hamburg, S. 53.

12 De Beauvoir, Simone (1988): *Amerika Tag und Nacht*, Rowohlt, Reinbek bei Hamburg, S. 317 f.

13 De Beauvoir, Simone (1999): *Eine transatlantische Liebe. Briefe an Nelson Algren. 1947–1964*, Rowohlt, Reinbek bei Hamburg, S. 164.

14 Vgl. de Beauvoir, Simone (1999): *Eine transatlantische Liebe. Briefe an Nelson Algren. 1947–1964*, Rowohlt, Reinbek bei Hamburg, S. 428.

15 De Beauvoir, Simone (1966): *Der Lauf der Dinge*, Rowohlt,
    Reinbek bei Hamburg, S. 184.

16 De Beauvoir, Simone (1966): *Der Lauf der Dinge*, Rowohlt,
    Reinbek bei Hamburg, S. 184.

17 Vgl. de Beauvoir, Simone (1966): *Der Lauf der Dinge*, Rowohlt,
    Reinbek bei Hamburg, S. 184 f.

18 Bair, Deirdre (1990): *Simone de Beauvoir. Eine Biographie*,
    Goldmann, München, S. 509.

19 Vgl. Hervé, Florence (2003): *Absolute Simone de Beauvoir*,
    orange-press, Berlin, S. 73.

20 De Beauvoir, Simone (1999): *Eine transatlantische Liebe. Briefe
    an Nelson Algren. 1947–1964*, Rowohlt, Reinbek bei Hamburg,
    S. 366 f.

21 Vgl. de Beauvoir, Simone (1999): *Eine transatlantische Liebe.
    Briefe an Nelson Algren. 1947–1964*, Rowohlt, Reinbek bei
    Hamburg, S. 453.

22 Vgl. Hervé, Florence (2003): *Absolute Simone de Beauvoir*,
    orange-press, Berlin, S. 73.

23 Vgl. Bair, Deirdre (1990): *Simone de Beauvoir. Eine Biographie*,
    Goldmann, München, S. 220.

24 Bair, Deirdre (1990): *Simone de Beauvoir. Eine Biographie*,
    Goldmann, München, S. 470.

25 De Beauvoir, Simone (1951): *Das andere Geschlecht*, Rowohlt,
    Reinbek bei Hamburg, S. 12.

26 De Beauvoir, Simone (1951): *Das andere Geschlecht*, Rowohlt,
    Reinbek bei Hamburg, S. 13.

27 De Beauvoir, Simone (1951): *Das andere Geschlecht*, Rowohlt,
    Reinbek bei Hamburg, S. 26.

28 De Beauvoir, Simone (1951): *Das andere Geschlecht*, Rowohlt,
    Reinbek bei Hamburg, S. 25.

29 De Beauvoir, Simone (1951): *Das andere Geschlecht*, Rowohlt,
    Reinbek bei Hamburg, S. 11.

30 De Beauvoir, Simone (1951): *Das andere Geschlecht*, Rowohlt,
    Reinbek bei Hamburg, S. 334.

31 De Beauvoir, Simone (1951): *Das andere Geschlecht*, Rowohlt, Reinbek bei Hamburg, S. 11.

32 De Beauvoir, Simone (1951): *Das andere Geschlecht*, Rowohlt, Reinbek bei Hamburg, S. 103.

33 De Beauvoir, Simone (1951): *Das andere Geschlecht*, Rowohlt, Reinbek bei Hamburg, S. 323.

34 De Beauvoir, Simone (1951): *Das andere Geschlecht*, Rowohlt, Reinbek bei Hamburg, S. 334.

35 De Beauvoir, Simone (1951): *Das andere Geschlecht*, Rowohlt, Reinbek bei Hamburg, S. 844.

36 De Beauvoir, Simone (1951): *Das andere Geschlecht*, Rowohlt, Reinbek bei Hamburg, S. 895.

37 De Beauvoir, Simone (1951): *Das andere Geschlecht*, Rowohlt, Reinbek bei Hamburg, S. 647.

38 Vgl. Seymour-Jones, Carole (2009): *A dangerous liaison. A revelatory new biography of Simone de Beauvoir and Jean-Paul Sartre*, Arrow Books, London, S. 243 f.

39 De Beauvoir, Simone (1951): *Das andere Geschlecht*, Rowohlt, Reinbek bei Hamburg, S. 892.

40 De Beauvoir, Simone (1951): *Das andere Geschlecht*, Rowohlt, Reinbek bei Hamburg, S. 841.

41 De Beauvoir, Simone (1951): *Das andere Geschlecht*, Rowohlt, Reinbek bei Hamburg, S. 878.

42 De Beauvoir, Simone (1951): *Das andere Geschlecht*, Rowohlt, Reinbek bei Hamburg, S. 898.

43 De Beauvoir, Simone (1951): *Das andere Geschlecht*, Rowohlt, Reinbek bei Hamburg, S. 899.

44 De Beauvoir, Simone (1951): *Das andere Geschlecht*, Rowohlt, Reinbek bei Hamburg, S. 892.

45 De Beauvoir, Simone (1951): *Das andere Geschlecht*, Rowohlt, Reinbek bei Hamburg, S. 27.

46 De Beauvoir, Simone (1966): *Der Lauf der Dinge*, Rowohlt, Reinbek bei Hamburg, S. 190.

47 Vgl. Simons, Margaret A. (1999): *Beauvoir and The Second Sex.*

Feminism, Race and the Origins of Existentialism, Rowman & Littlefield Publishers, Lanham / Oxford, S. 70.

48 De Beauvoir, Simone (1999): *Eine transatlantische Liebe. Briefe an Nelson Algren. 1947–1964*, Rowohlt, Reinbek bei Hamburg, S. 728.

49 De Beauvoir, Simone (1974): *Alles in allem*, Rowohlt, Reinbek bei Hamburg, S. 461.

50 Jeanson, Francis (1966): *Simone de Beauvoir ou l'entreprise de vivre*, Éditions du Seuil, Paris, S. 264. (Übersetzung durch die Autorin.)

51 Vgl. Jeanson, Francis (1966): *Simone de Beauvoir ou l'entreprise de vivre*, Éditions du Seuil, Paris, S. 258.

52 De Beauvoir, Simone (1974): *Alles in allem*, Rowohlt, Reinbek bei Hamburg, S. 455.

53 Hervé, Florence (2003): *Absolute Simone de Beauvoir*, orangepress, Berlin, S. 9.

54 Schwarzer, Alice (2011): *Lebenslauf*, Kiepenheuer & Witsch, Köln, S. 208.

55 Schwarzer, Alice (2007): *Simone de Beauvoir. Weggefährtinnen im Gespräch*, Kiepenheuer & Witsch, Köln, S. 74.

56 De Beauvoir, Simone (1974): *Alles in allem*, Rowohlt, Reinbek bei Hamburg, S. 384.

57 Schwarzer, Alice (2007): *Simone de Beauvoir. Weggefährtinnen im Gespräch*, Kiepenheuer & Witsch, Köln, S. 75.

58 Schwarzer, Alice (2007): *Simone de Beauvoir. Weggefährtinnen im Gespräch*, Kiepenheuer & Witsch, Köln, S. 74.

59 Vgl. Bair, Deirdre (1990): *Simone de Beauvoir. Eine Biographie*, Goldmann, München, S. 692 f.

60 http://www.spiegel.de/panorama/gesellschaft/frauenrechtegleichberechtigung-durch-juristischen-kunstgriff-a-593058.html (letzter Zugriff: 26.06.2017).

61 Vgl. Bair, Deirdre (1990): *Simone de Beauvoir. Eine Biographie*, Goldmann, München, S. 760 ff.

62 Simons, Margaret A. / Timmermann, Marybeth (2015): *Simone*

de Beauvoir. Feminist Writings, University of Illinois Press, Urbana / Chicago / Springfield, S. 157. (Übersetzung durch die Autorin.)

63 De Beauvoir, Simone (1951): *Das andere Geschlecht*, Rowohlt, Reinbek bei Hamburg, S. 753.

64 Galster, Ingrid (2015): *Simone de Beauvoir und der Feminismus. Ausgewählte Aufsätze*, Argument, Hamburg, S. 140 ff.

65 De Beauvoir, Simone (1951): *Das andere Geschlecht*, Rowohlt, Reinbek bei Hamburg, S. 15.

66 De Beauvoir, Simone (1974): *Alles in allem*, Rowohlt, Reinbek bei Hamburg, S. 462.

67 De Beauvoir, Simone (1972): *Das Alter*, Rowohlt, Reinbek bei Hamburg, S. 18.

68 De Beauvoir, Simone (1974): *Alles in allem*, Rowohlt, Reinbek bei Hamburg, S. 137.

69 De Beauvoir, Simone (1974): *Alles in allem*, Rowohlt, Reinbek bei Hamburg, S. 137.

70 Vgl. Jeanson, Francis (1966): *Simone de Beauvoir ou l'entreprise de vivre*, Éditions du Seuil, Paris, S. 282 f.

71 Vgl. de Beauvoir, Simone (1951): *Das andere Geschlecht*, Rowohlt, Reinbek bei Hamburg, S. 898.

72 Vgl. Jeanson, Francis (1966): *Simone de Beauvoir ou l'entreprise de vivre*, Éditions du Seuil, Paris, S. 264.

73 De Beauvoir, Simone (1951): *Das andere Geschlecht*, Rowohlt, Reinbek bei Hamburg, S. 844.

74 De Beauvoir, Simone (1951): *Das andere Geschlecht*, Rowohlt, Reinbek bei Hamburg, S. 844.

75 Simons, Margaret A. / Timmermann, Marybeth (2015): *Simone de Beauvoir. Feminist Writings*, University of Illinois Press, Urbana / Chicago / Springfield, S. 145. (Übersetzung durch die Autorin.)

Epilog

1 De Beauvoir, Simone (2008): *Cahiers de jeunesse. 1926–1930*, Gallimard, Paris, S. 734. (Übersetzung durch die Autorin.)
2 De Beauvoir, Simone (2008): *Cahiers de jeunesse. 1926–1930*, Gallimard, Paris, S. 637. (Übersetzung durch die Autorin.)

Simone de Beauvoir
Das andere Geschlecht

Das berühmte Standardwerk von Simone de Beauvoir!

Die universelle Standortbestimmung der Frau, die aus jahr-tausendealter Abhängigkeit von männlicher Vorherrschaft ausgebrochen ist, hat nichts an Gültigkeit eingebüßt. Die Scharfsichtigkeit der grundlegenden Analyse tritt in der Neuübersetzung noch deutlicher hervor.

Simone de Beauvoir überprüft die subjektiven und objek-tiven Einschränkungen und Belastungen, denen Frauen ausgesetzt waren und sind. Aus souveränem Verständnis, profundem Wissen und umsichtig angeordnetem überrei-chem Quellenmaterial formt sie die Diagnose von Ängsten, Frustrationen, Unterlegenheitsgefühlen, Kompensation und ausweichenden Reaktionen, die der weiblichen Emanzipa-tion noch immer entgegenstehen.

944 Seiten

Weitere Informationen finden Sie unter www.rowohlt.de